764 DAGEN

HERINNERINGEN VAN EEN DWANGARBEIDER

MARGREET LENSTRA

ISBN: 9789492371997 (ebook)

ISBN: 9789492371980 (paperback)

NUR: 689

Uitgever: Amsterdam Publishers, The Netherlands

Afbeeldingen omslag: Boven: Hollandse dwangarbeiders bij de door de Wehrmacht gevorderde bus van de Deutsche Reichspost; Chris Lenstra staat rechts. Onder: Werkausweiß van Preschona, Werk Peterswaldau.

Ontwerp omslag: Jelle Koopman

Om privacyredenen zijn alle namen in *764 Dagen* gefingeerd, met uitzondering van die van de protagonist en zijn familie alsmede die van historische personen. Mogelijke overeenkomsten tussen bestaande personen en personages in *764 Dagen* berusten dan ook op toeval.

Voor meer informatie zie: www.764dagen.nl

INHOUDSOPGAVE

Heimwee

Als je ver bent van je vrienden,
ver van je geboortegrond.
Ver van alles wat je lief was,
waar je zoveel ondervond.
Als je daar in vreemde landen,
alles zo heel anders vindt.
Dan bemerk je voor het eerst pas,
wat je aan dat land zo bindt.

Als je ergens in de vreemde,
plots' de taal hoort van je land.
Komt een glimlach om je lippen,
en je voelt de hechte band.
Als je denkt aan wat geweest is,
schijnt je ballingschap een straf.
Dan pas ga je goed beseffen,
wat dat kleine land je gaf.

Ik verlang naar vader en moeder,
naar de duinen en het strand.
Naar mijn zusters en mijn broeders,
naar mijn dierbaar vaderland.
Zij zijn steeds in mijn gedachten,
hen vergeten kan ik niet.
O, hoe lang moet ik nog wachten,
voordat ik hen wederzie?

Ik werd gedwongen te gaan werken,
in een heel groot wereldland.
Ik moest daar helpen versterken,
voor een grote wereldbrand.
Maar k'heb Holland trouw gezworen,
ook Oranje blijf ik trouw.
Geen land kan mij bekoren,
nee, ik wacht op 'n Hollandse vrouw.

Geschreven door Chris Lenstra en Cornelis van der Meer,
Oudejaarsavond 1944, Steinseifersdorf.

Chris Lenstra, in 1944 gefotografeerd in Steinseifersdorf.

INLEIDING

Mijn vader Chris Lenstra werd 29 juni 1924 geboren in het Westfriese Westwoud als tweede zoon in het gezin van Ebbel Lenstra en Grietje Pluijlaar. Zijn broer Jan was hem anderhalf jaar eerder voorgegaan, na hem volgden Lien (die Zus werd genoemd), Joop, Eef en Gré. In 1928 verhuisde het gezin naar Kwadijk waar mijn grootvader de bakkerij van bakker Groen had overgenomen. Jarenlang schoof hij brood, koek en gebak in zijn op takkenbossen gestookte oven, vente zijn producten in Kwadijk en de Purmer terwijl mijn grootmoeder verantwoordelijk was voor de winkel aan huis.

De kinderen Lenstra hadden een fijne, zorgeloze jeugd. Ze bezochten de openbare lagere school in het dorp. Na schooltijd kon er naar hartenlust worden gespeeld op het grote erf, bij vrienden of op straat want druk was het niet in het overwegend protestantse dorp van ruim vierhonderd inwoners. Een enkele auto, paard en wagens, hondenkarren, fietsers en wandelaars maakten gebruik van de dorpsstraat die van de Purmerbrug licht slingerde richting de Beemsterbrug.

Tijdens de crisisjaren namen in Europa de politieke spanningen toe, najaar 1939 waren die dermate opgelopen dat velen hun hart vasthielden voor de nabije toekomst. Voor mijn vader was dat aanleiding om een dagboek te beginnen:

Duitse troepen overschrijden de Poolse grens, order van de Duitse Rijkskanselier Adolf Hitler aan de Wehrmacht, waarin hij verklaart, gezien de Poolse agressieve handelingen, geweld tegenover geweld te zullen plaatsen.

Hij was 15 jaar toen hij met deze bedreigende mededeling op 1 september 1939 zijn eerste dagboek over de Tweede Wereldoorlog begon.

Een belangrijke notitie, voor hemzelf en de geschiedenis van de Tweede Wereldoorlog, want na de invasie van Polen door nazi-Duitsland verklaarden Engeland, Frankrijk, Australië, Nieuw-Zeeland en India 3 september 1939 de oorlog aan het Duitsland van Hitler, enkele dagen later sloten Canada en Zuid-Afrika zich hierbij aan. Alhoewel de Nederlandse regering verwachtte evenals tijdens de Eerste Wereldoorlog neutraal te kunnen blijven, werden toch voorzorgsmaatregelen getroffen; op 26 augustus 1939 werd de Algemeene Mobilisatie afgekondigd.

De maanden die volgden maakte mijn vader korte notities van het dagelijks nieuws, al schreef hij niet elke dag in het dikke folio schrift, hij pakte zijn pen als in zijn ogen iets bijzonders of belangrijks te melden viel en dat was best vaak. Zijn teksten illustreerde hij met uit kranten geknipte artikelen, foto's en distributiebonnen. Hij volgde op dat moment een grafische opleiding en werkte bij een drukkerij; zijn grafische belangstelling blijkt uit de uitvoering van zijn dagboek.

Hij hield het oorlogsnieuws vooral in de gaten in *Het Nieuws van den Dag* waarop zijn ouders waren geabonneerd en via de radio. Mijn grootvader luisterde graag naar het KRO-programma Lichtbaken waarin pater Henri de Greeve actuele vraagstukken behandelde. De Greeve was fel tegenstander van het nationaalsocialisme en werd tijdens de Tweede Wereldoorlog opgepakt door de Duitse bezetter.

Op 10 mei 1940 gebeurde dat, waar velen bang voor waren: Duitsland viel Nederland binnen. Mijn grootouders bespraken ongetwijfeld dit beangstigende nieuws met elkaar maar deelden deze zorgen niet met hun kinderen.

"Er werd thuis niet over gesproken, maar in het zuiden zagen we enorme, zwarte rookwolken. In Amsterdam-Noord hadden Engelse commando's olietanks in brand gestoken om te voorkomen dat de olie door de Duitsers zou worden gebruikt bij hun oorlogsvoering", vertelde mijn vader.

Het Nederlandse leger bood verzet, vader en zoon Lenstra lazen stellig in *Het Nieuws van den Dag* van 11 mei 1940 het oorlogsnieuws met op de voorpagina koppen als: 'Nederlandsche troepen heroveren vliegvelden',

'Meer dan honderd neergeschoten', 'Veertien Duitse vliegtuigen buitgemaakt'. Maar ook 'Roosevelt prijst oproep onzer Koningin: New York, 10 Mei. – De president der Vereenigde Staten, Roosevelt, heeft, voor zich persoonlijk, het volgende oordeel over de jongste gebeurtenissen uitgesproken: "De schitterende verklaring van Koningin Wilhelmina heeft mijn volle sympathie. Deze verklaring verdient door iedereen gelezen te worden."'

Over het uitbreken van de oorlog noteerde mijn vader in zijn dagboek:

Over een lengte van 500 km overschrijdt het Duitse leger de grenzen van Nederland, België, Luxemburg en Frankrijk. Het Nederlandse leger strijdt met heldenmoed tegen de vijand. Die krijgt rake klappen onder andere op de Afsluitdijk tussen Friesland en Noord-Holland en op de Grebbeberg, daar sneuvelden veel soldaten. In onze omgeving werd polder de Zeevang onder water gezet, als onderdeel van de Stelling van Amsterdam. 's Morgens vroeg vond de laffe aanval van de Duitsers plaats, omstreeks twee uur in de nacht. Op klaarlichte dag daalden reeds Duitse parachutisten omlaag om zo ons land te veroveren. Ons afweer was prima maar... het lukte ons niet de vijand tegen te houden. Daarna kwam het bombardement van Rotterdam, dat was hevig, er kwamen heel wat burgers om het leven.

Het leven ging zo goed mogelijk verder maar met steeds meer beperkingen en zorgen. Mijn vader noteerde naast het wereldnieuws allerlei verordeningen, nieuws over de distributie en de invoering van het gehate persoonsbewijs in zijn dagboek.

De schaarste aan bepaalde goederen, waaronder die aan meel, nam spoedig toe. Daardoor werd het voor mijn grootvader steeds moeilijker zijn ambacht uit te oefenen, maar ook zijn gezondheid speelde een rol bij het besluit de bakkerij te verkopen waarna het gezin verhuisde naar een andere woning in het dorp.

Nederland kwam in verzet, steeds meer mensen doken onder, de oorlog werd grimmiger. Duitsland leed grote verliezen aan manschappen, waaronder tijdens de maandenlange Slag om Stalingrad waarbij zo'n 750.000 Duitsers omkwamen. Die verliezen werden gecompenseerd met Duitsers uit de *Heimat*, talloze mannen moesten werk of studie opgeven om aan te treden. Zij vulden niet alleen de gaten op maar zorgden ook voor versterking om Hitlers droom te verwezenlijken: het Derde Rijk. Keerzijde van de medaille was het ontstane nijpende tekort aan arbeidskrachten dat aangevuld diende te worden door arbeiders uit de door Duitsland bezette gebieden. Er kwam een propagandacircus op gang om vrijwilligers te werven, die waren er wel, maar bij lange na niet voldoende, daarom werd in een later stadium overgegaan tot dwang.

In 1942 werkte mijn vader bij drukkerij Mensink. Het bedrijf werd getroffen door papierschaarste waardoor Hein Mensink drie mensen moest ontslaan, waaronder mijn vader. Zijn chef Clemens de Graaff, een NSB'er, moest ook vertrekken. Volgens mijn vader kon De Graaff bij uitgeverij Hamer in Amsterdam aan de slag, hij vroeg mijn vader mee te gaan. "Als je mee gaat, kun je verder komen in het vak", moedigde De Graaff hem aan.

Maar hij voelde er niets voor. "Ik wilde niet mee, want die uitgeverij was absoluut niet mijn kleur", herinnerde hij zich vol overtuiging. Hij wist dat Hamer een nationaalsocialistische uitgeverij was, in 1940 opgericht door NSB'er Henk Feldmeijer, de door de bezetter aangewezen voorman van de Nederlandse SS, met als doel 'het bevorderen van de Groot-Germaanse Kultuurgemeenschap'. Feldmeijer, die als soldaat had gevochten in de Slag om Stalingrad, ging de geschiedenis in als één van de fanatiekste nazi's van Nederland.

De Graaff was ontstemd; mijn vaders weigering kreeg mogelijk een staartje want in augustus datzelfde jaar viel een oproepkaart van het Arbeidsbureau op de mat, hij moest in Duitsland gaan werken. Paniek! De procedure startte met een keuring door dokter Talsma in Purmerend. Mijn vader meldde zich op het afgesproken tijdstip, allesbehalve op zijn gemak. Hij verwachtte lichamelijk gekeurd te worden maar zover kwam het niet, de arts nam de oproepkaart van hem aan, keek er niet eens naar en verscheurde deze zonder dralen. Hij keek mijn vader recht in de ogen en zei: "Maak dat je weg komt, je bent hier niet geweest!"

Daarmee was de kous af, mijn vader ging naar huis en hoorde er niets meer van.

Alhoewel mijn vader niet beter wist dat De Graaff in dienst trad bij Uitgeverij Hamer, blijkt uit naoorlogse krantenberichten dat De Graaff bedrijfsleider zou zijn geworden bij de SS-uitgeverij Storm. Als overtuigd NSB'er had hij een brief geschreven aan het Arbeidsbureau in Purmerend waarin hij acht personen, waaronder drie typografen van drukkerij Mensink (onder andere mijn vader) aangaf voor tewerkstelling in Duitsland. De directeur van het Purmerender Arbeidsbureau had contact opgenomen met de burgemeester. Met een door hen opgesteld rapport leidden ze De Graaff om de tuin en wisten daarmee te voorkomen dat de acht personen naar Duitsland moesten. Was dat het moment waarop mijn vader in 1942 aan de arbeidsinzet was ontkomen? De Graaff werd overigens na de oorlog onder andere wegens deze kwestie berecht.

Was mijn vader in 1942 de dans ontsprongen, in mei 1943 besloot de Duitse bezetter dat alle Nederlandse jonge mannen tussen de 18 en 35 jaar zich moesten melden voor de arbeidsinzet, in een later stadium werd de leeftijdsgrens verhoogd. Een vreselijke maatregel die er toe leidde dat ruim 500.000 Nederlanders naar Duitsland moesten om daar korte of langere tijd te werken. Eén van hen was mijn vader. In zijn dagboek noteerde hij op 17 juni 1943: *De lichtingen 1923 en 1924 van de Arbeidsinzet moeten in het geheel, zonder een enkele uitzondering, naar Duitsland.* In die tijd hielp mijn vader zo nu en dan bij boer Tijmen Wals, die het vreselijk vond dat de jonge knul naar Duitsland moest. Wals had zelf drie jonge kinderen, hij kon zich de zorgen van mijn grootouders goed voorstellen en besprak de kwestie met zijn vrouw. "Als je wilt, kun je bij ons onderduiken", stelde hij mijn vader voor. Er kon vast wel ergens in de grote stolpboerderij een schuilplaats worden gemaakt, in de hooiberg misschien of anders in de polder, tussen het riet. Een prachtig aanbod, toch sloeg mijn vader het af omdat hij de risico's te groot vond. Hij was bang voor verraad en represailles voor de familie Wals en zijn eigen familie, dus besloot hij naar Duitsland te gaan, zeer tegen zijn zin.

Een week later sloot hij zijn *Herinneringsboek van Oorlog, Distributie, enz.* af: *Tot zover dit dagboek. Ik kan er jammer genoeg niet mee verder gaan, omdat ik door de moffen verplicht wordt te gaan werken in Duitsland. Ik zal proberen daar een een tweede dagboek bij te houden.*

In de hoop spoedig weer thuis te zijn vertrok mijn vader 24 juni 1943 met een zware koffer en zijn enige pak op de rug; hij kwam pas in juli 1945 terug in een kostuum, geschonken door het Amerikaanse Rode Kruis. Zijn eigen schoenen waren in die periode tot op de zool versleten maar in de chaos van de naoorlogse periode had hij een paar andere gekregen, nota bene van een Duitser. Die waren erg welkom want eind juni 1945, ruim een maand na de bevrijding in Nederland, stond hem een reis van zo'n twaalfhonderd kilometer te wachten. Een reis door een land in puin waar chaos regeerde.

De twee gedwongen jaren in Duitsland waren de zwaarste van zijn leven. "Erger dan de oorlog, kon het niet meer worden", vertelde hij regelmatig.

Tientallen bombardementen maakte hij mee waarvan hij er een paar ternauwernood overleefde. Hij verloor enkele vrienden, leed honger, was verschillende malen al dan niet ernstig ziek, moest dwangarbeid verrichten, saboteerde en werd vernederd. Hij hielp stiekem gedeporteerde joden, sloot (internationale) vriendschappen met medewdwangarbeiders, leerde naast onsympathieke, ook sympathieke Duitsers kennen, ja, werd zelfs verliefd. Tussen alle ervaringen en gebeurtenissen door was er het steeds groter wordende verlangen naar huis, naar zijn ouders, broers en zusters.

Na zijn eerste, in 1939 gestarte dagboek hield hij met gevaar voor eigen leven in Duitsland een dagboek bij tot het moment dat hij eindelijk zijn terugreis kon aanvangen. Tijdens zijn lange, enerverende reis huiswaarts noteerde hij het verloop ervan. Eenmaal thuis heeft hij het in een dik schrift bijgehouden dagboek omgezet in een aangevulde, getypte versie die hij als titel heeft gegeven *Mijn belevenissen in Duitsland*. Zijn wetenswaardigheden van de terugreis heeft hij eveneens in een getypte variant bewaard: *De reis terug*. Dit laatste dagboek is afgesloten op 25 juli 1945, de dag dat hij zijn ouders, broers en zusters na ruim twee jaar eindelijk terugzag, hij was toen net 21 jaar.

Ik kende de grote lijnen van mijn vaders oorlogstijd, hij had er regelmatig over verteld, ik had weleens in zijn dagboeken gelezen en de foto's en documenten bekeken. Toen hij in 1994 een samenvatting van zijn dagboeken had gemaakt was ik een van de eersten die dit aangrijpende verhaal las en diep onder de indruk was. Verschillende mensen die het ook lazen waren dezelfde mening toegedaan.

Voorjaar 2016, hij was toen bijna 92 jaar, vertelde hij het belangrijk te vinden dat zijn oorlogservaringen werden vastgelegd voor een groter publiek omdat de arbeidsinzet ook deel uit maakt van de geschiedschrijving van de Tweede Wereldoorlog. Hij vroeg mij hem daarbij te helpen. Met als uitgangspunt zijn dagboeken en de tientallen foto's en documenten ben ik aan de slag gegaan. Tijdens het schrijfproces ontstonden vragen waarop mooie, bijzondere en soms ook emotionele gesprekken met elkaar volgden. Ik was verrast dat mijn vader zich nog ontzettend veel herinnerde over die zware episode in zijn leven, details waar we het nooit met elkaar over hadden gehad. Ik leerde hem op een heel andere manier kennen, als een jongeman die had gesaboteerd en het gezag aan zijn laars had gelapt, mijn lieve, bescheiden en rustige vader... Er ontstond diepe bewondering voor de wijze waarop hij zich op jonge leeftijd staande had gehouden in die vreselijke tijd.

Waar wenselijk verrichtte ik aanvullend onderzoek en zo kreeg *764 Dagen* langzamerhand vorm en hoop ik aan mijn vaders wens, zijn oorlogsverhaal te beschrijven, te hebben voldaan.

Margreet Lenstra

... trekkingen met Engeland.

13 Juli — Bonnen en Sluidrukt en Sluitvuuren...

Nieuwe verduisteringsvoorschriften. Hij die een overtreding begaat met niet goed verduisteren, wordt gestraft met een geldboete van f 15,—

13 Juli — President Lebrun afgetreden.
Maarschalk Pétain hoofd van de Fransche Staat.

20 Juli — Rijksdagrede van Hitler, waarin hij een laatst beroep doet op het gezonde verstand van Engeland, twee dagen later gevolgd door een afwijzing van Churchill.

22 Juli — Vlees op de bon. Iedere bon 100 gram been inbegrepen, of ... vleesch bonnen waarop ... "Worst" die ... op 100 gram worst.

(bonnen: "VLEESCH 17 ZEVEN-TIEN" en "WORST 17 VLEESCH-WAREN")

23 Juli — Voorstel tot invoering van algemeenen dienstplicht in de V.S. ..., dat later aangenomen wordt.

29 Juli — Boter distributie. 1 bon. Boter ... op een half pond boter. Dagenen die ... hebben, kunnen op de bon "VET" ... een half pond margarine of boter. Men moet er v14 dagen mee toe.

(bon: "VET 33")

1 Augustus — Londen ... Het ... en Bristol. Totaal ... dooden en ... gewonden.

Pagina uit Chris' eerste dagboek, juli 1940.

8

Door Engelse commando's in brand gestoken olietanks in Amsterdam-Noord. (Bron: Waterlands Archief, Purmerend)

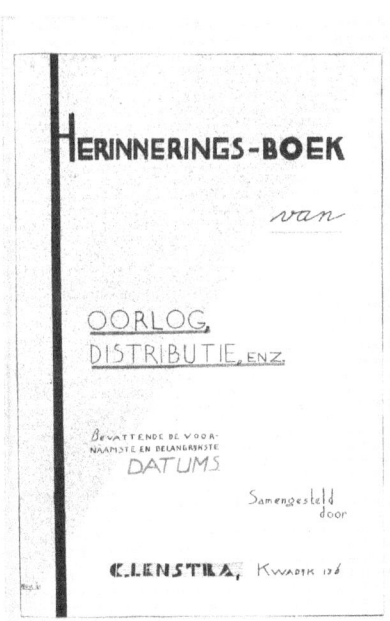

Titelpagina van het Herinnerings-boek van Oorlog, Distributie, enz., dat Chris begon op 15-jarige leeftijd in september 1939.

9

BEVEL.

Op bevel van de **Duitsche Weermacht** worden volgens de Verordening van den Rijks-commissaris voor het bezette Nederlandsche gebied, No. 42/1941, betreffende de verplichting tot het verrichten van diensten en betreffende de beperking ten aanzien van het veranderen van betrekking en in overeenstemming met de Verordening No. 48/1942 alle mannen in den leeftijd van 17 tot 40 jaar (jaargangen 1905—1928) voor den arbeidsinzet opgeroepen.

Hiervoor moeten **ALLE** mannen van dezen leeftijd onmiddellijk na ontvangst van dit bevel met de voorgeschreven uitrusting op straat gaan staan.

Alle andere bewoners, ook vrouwen en kinderen, moeten in de huizen blijven totdat de actie ten einde is. De huisdeuren moeten geopend blijven. De mannen van de genoemde jaargangen, die bij een huiszoeking nog in huis worden aangetroffen, worden gestraft, waarbij hun particulier eigendom zal worden aangesproken.

Bewijzen van vrijstelling van burgerlijke of militaire instanties moeten ter contrôle worden meegebracht. Ook zij, die in het bezit zijn van zulke bewijzen, zijn verplicht zich op straat te begeven.

Er moeten worden medegebracht: warme kleeding, stevige schoenen, dekens, bescherming tegen regen, eetgerei, mes, vork, lepel, drinkbeker en boterhammen voor één dag.

De dagelijksche vergoeding bestaat uit goeden kost, rookartikelen en loon volgens het geldende tarief. Voor de achterblijvende familieleden zal worden gezorgd.

Het is aan alle bewoners der gemeente verboden hun woonplaats te verlaten.

Op hen, die pogen te ontvluchten of weerstand te bieden, zal worden geschoten.

Bevel van de Duitsche Weermacht in het kader van de arbeidsinzet. (Bron: Waterlands Archief, Purmerend)

Titelpagina van het na de oorlog door Chris uitgewerkte dagboek Mijn belevenissen in Duitsland.

1 REHBRÜCKE

Onbekende bestemming

Donderdag 24 juni 1943, vijf dagen voor zijn 19de verjaardag verliet Chris Lenstra zijn woonplaats Kwadijk. Niet alleen, want zijn vrienden Cor de Boer en Piet Kok hadden net als hij een bevel ontvangen zich te melden voor de arbeidsinzet. Ze kenden elkaar bijna hun hele leven want ze hadden bij elkaar in de klas gezeten op de lagere school in Kwadijk.

De drie jongens vertrokken op de fiets naar Purmerend met op hun bagagedrager een zware koffer. Vader en moeder Lenstra hadden timmerman Jan Bos een stevige koffer laten maken, een van triplex, die wel tegen een stootje kon.

Chris had met zijn moeder de koffer ingepakt: "Neem maar een paar extra sokken en ondergoed mee", was haar advies. "En een warme trui. Want voor je het weet is het winter en je weet niet waar je terecht komt."

Toen alle kleren waren ingepakt had ze voor onderweg en de eerste dagen nog wat eten in de koffer gestopt. Boterhammen met kaas en een paar chocoladerepen en rolletjes King, want daar was Chris gek op. Ze wilde hem graag verwennen, nu kon het nog.

Chris had zijn mondharmonica en papier en schrijfgerei in de koffer gedaan want hij had beloofd dat hij regelmatig zou schrijven. En hij wilde een dagboek bijhouden. Ter afsluiting had hij een pakje Triumph sigaretten in de koffer gestopt, niet omdat hij rookte, maar het leek hem handig eventueel als ruilmiddel te gebruiken.

En zo vertrok Chris met zijn loodzware koffer, maar ook met het spreekwoordelijke lood in z'n schoenen. Hij had zijn nette pak aangetrokken want hij wilde er keurig uitzien, ondanks zijn gedwongen vertrek. De schoenen die hij droeg waren het enige paar dat hij bij zich had. Het afscheid was hem zwaar gevallen; hij was nooit lang van huis geweest. Met een brok in zijn keel had hij zijn ouders, broers Jan, Joop en Eef en zus Lien omhelsd. Zijn zusje Gré had hij opgetild en een knuffel gegeven. Ze was 7 jaar en begreep niet waarom haar broer weg moest: "Kom je gauw weer thuis?" had ze gevraagd.

Hij had een beetje geknikt, zonder echt antwoord te geven op haar vraag. Want hij wist het niet. In zijn hart hoopte hij met een week of zes, hooguit acht, weer thuis te zijn. Dat was te overzien, dat hield hij vast wel vol. Hij moest er niet aan denken om komende winter nog in Duitsland te zitten, al had zijn moeder een toespeling gemaakt, met die warme trui.

Als laatste had hij Tommy, hun hond, geaaid. Tommy was net een wandelende rolmops, zo dik was het dier. Die ouwe lobbes, zou hij hem terugzien? Het dier had natuurlijk niet het eeuwige leven.

Met een somber gevoel had hij Kwadijk verlaten. Hij liet niet alleen zijn familie achter, maar ook vrienden en andere bekenden. Zijn gedachten waren nog even bij boer Wals en zijn gezin. Tijmen Wals had hem een onderduikplek aangeboden maar het leek Chris te riskant. Hij was bang voor eventuele represailles voor zowel de familie Wals als zijn eigen familie. Nee, het moest zo maar zijn, hij zou naar Duitsland gaan maar wel onder dwang. Hij zou proberen er het beste van te maken. Wie weet lukte het om te vluchten, al had hij dat maar niet tegen zijn ouders gezegd.

In Purmerend hadden de jongens het trammetje naar Amsterdam genomen. Met het pontje van Bergmann waren ze het IJ overgestoken en aan de achterkant van het Centraal Station gearriveerd. Tot zover was de reis Chris bekend. Hij kwam af en toe in Amsterdam, meestal met zijn beste vriend Elbert Kastelein om bijvoorbeeld een voorstelling in Carré of de Stadsschouwburg te bezoeken. Hij had ook een enkele keer met de trein gereisd omdat hij bij de fanfare speelde en met het korps een paar keer had deelgenomen aan een concours. Maar nu was het anders, ditmaal zou het een lange reis worden en absoluut geen plezierreisje. Dit was er een onder dwang, van grote onzekerheid en met onbekende bestemming.

Het was druk op het Centraal Station, vooral jonge mannen, zoals Chris, honderden. Maar ook vaders, moeders, broers, zussen en verloofdes.

De jongens kochten een enkele reis naar Oldenzaal voor *f* 4,20 per kaartje. Ze vonden het absurd want zij moesten naar Duitsland, dan konden de moffen toch wel betalen?

Met veel moeite zeulden Chris, Cor en Piet hun koffers door het station, de trappen op naar het perron, ook daar was grote drukte en hing een gelaten sfeer. Niet alleen vanwege het naderende afscheid maar ook door de vele soldaten die eventuele vluchtpogingen moesten verhinderen. Verder zagen ze veel Nederlandse SS'ers en Duitsers van het Deutsche Arbeitsfront, de in 1933 door de nazi's opgerichte vakbondsorganisatie. Zij begeleidden het transport van de dwangarbeiders naar Duitsland.

Kwart voor een vertrok de trein van de Deutsche Reichsbahn. Er vloeiden heel wat tranen. Toen de trein het station verliet klonk uit honderden kelen het *Wilhelmus* en *Oranje Boven*. De Duitsgezinde Nederlandse transportbegeleiders hoorden het gelaten aan maar reageerden niet. Met de trein meehollende achterblijvers probeerden zo lang mogelijk oogcontact met hun dierbaren te houden. Talloze handen werden wanhopig tegen de ruiten gedrukt, zowel binnen als buiten de trein. Geëmotioneerde vrouwen wierpen kushandjes naar hun geliefden.

Overal langs de kant van de spoorlijn staan mensen die ons nawuiven. Zij weten dat deze trein met jonge jongens naar Duitsland gaat. De jongemannen moeten weg, ver weg, ver van huis en haard, ver van vader en moeder, broers en zusters en niemand weet wat hen te wachten staat.

Afscheid, voor hoe lang? Niemand kon daar een antwoord op geven, het was niet de eerste en ook niet de laatste trein die Nederlandse dwangarbeiders naar Duitsland bracht. Maar dit was wel de trein die Chris met de minuut verder van huis bracht, een onzekere tijd tegemoet. Hij had geen idee wat de eindbestemming van de reis zou zijn en ook dat maakte hem onzeker.

Als een transport dwangarbeiders bestemd was voor grote bedrijven zoals AEG, Argus, Daimler Benz, IG Farben, Junkers, Krupp, Messerschmidt of een overheidsinstelling als Deutsche Post, Deutsche Reichsbahn of mantelorganisaties als de Organisation Todt en Organisation Ley, dan stond de eindbestemming van tevoren vast. Was dat niet het geval, dan kwamen dwangarbeiders terecht in een *Durchgangslager*, een verdeelstation. Wat werd de bestemming van deze trein?

Het werd in elk geval een lange, vermoeiende reis. De stemming was bedrukt, er werd wat gekaart, gegeten en gepraat. Maar de gedachten van Chris, Piet en Cor waren in Kwadijk. De kilometers gleden onder hen langs, sneller en sneller.

In Amersfoort en Apeldoorn stapten nog meer mannen in, *slachtoffers*, noemt Chris ze in zijn dagboek want zelf voelde hij zich ook zo, slachtoffer van het naziregime. Telkens als de trein stopte was er zware bewaking waardoor ontsnappen onmogelijk was. De bewapende soldaten bezorgden Chris een verschrikkelijk, beklemmend gevoel.

Rond vier uur kwam de trein in Oldenzaal aan waar de jongens nog berichtjes naar huis konden sturen. Chris schreef:

Na enkele minuten zette de trein zich weer in beweging en reed op de Duitse grens aan. De laatste kilometers Holland schoven onder ons door en spoedig zagen we de eerste Duitse wachten. We waren in Duitsland.

Over de grens werd gestopt in Bentheim. De jongens hadden afgesproken te vluchten zodra dat mogelijk was, ze zouden dan naar Duisburg gaan waar familie van Piet Kok woonde. Eenmaal daar zouden ze wel verder zien. Maar zover kwam het niet; de koffers moesten in de trein blijven wat vluchten onmogelijk maakte. Een grote teleurstelling, want de jongens hadden hun hoop erop gevestigd. Misschien kwam er nog een kans. Alles was beter dan werken in het gehate Duitsland.

De jongens werden naar wat Chris als een kamp omschreef gebracht, waar een lid van het Deutsche Arbeitsfront hen opwachtte:

Hij vertelde in gebroken Hollands dat wij met open armen werden ontvangen, we zouden het hier goed krijgen. Hij vertelde nog veel meer van die onzin, maar ik vreesde dat de werkelijkheid wel eens heel anders kon zijn.

Chris zat er niet ver naast, zo zou hij spoedig ervaren. Er werd gegeten in een kantine, twee sneden zuur, droog brood en een bord soep. Al mocht het die naam niet dragen want het was niet te eten. Ze mochten een paar uurtjes Bentheim in. Als ze de reden, waarom ze in het stadje waren even konden vergeten, leken ze wel toeristen in deze mooie plaats. Alles was nieuw, voor die jongens van het Noord-Hollandse platteland. Ze keken hun ogen uit en verbaasden zich over de taal. Die was een struikelblok in een café, het bier smaakte ze prima, maar toen het op betalen aan kwam, was er een probleem. Uiteindelijk lukte het. Daarna wachtte de trein en ging de reis verder.

"De omgeving was prachtig, mooie bossen en velden," herinnerde Chris zich. Het was een van de weinige momenten tijdens de reis dat hij het landschap in zich had opgenomen.

"Maar het interesseerde me totaal niet. Ook in Nederland niet. Bekende plaatsen waar we langs kwamen, deden me helemaal niets. Ik kon maar aan één ding denken: Ik wil niet naar Duitsland, wanneer zou ik weer thuis zijn?"

Vlak vóór Osnabrück sloeg de schrik hen om het hart.

"De trein stopte dichtbij een fabriek waar Hollanders werkten. Ze riepen naar ons dat het er erg slecht was, dat ze weinig eten en drinken kregen. De moed zonk ons in de schoenen."

Toen de trein door Osnabrück reed werden ze voor het eerst geconfronteerd met de sporen van oorlogsgeweld door de geallieerden die de stad enkele malen hadden gebombardeerd.

Het werd avond, de jongens probeerden te slapen en trokken hun jassen over hun hoofden. Maar het lukte niet, in gedachten waren ze thuis. Bovendien bleef het nog lang licht en schudde de trein nogal. Er was luchtalarm, maar de trein denderde gewoon door. Halftwaalf kwamen ze in Hannover aan en moesten uitstappen, er was nog steeds luchtalarm.

De groep werd naar een schuilkelder onder het station gebracht. Ze moesten maar proberen op de houten banken te slapen. Het zou een paar uur duren voordat ze op een andere trein moesten overstappen.

Zo begon de eerste nacht, ver van huis in een schuilkelder in Hannover. In plaats van in zijn vertrouwde bed in Kwadijk, moest Chris slapen op een harde, houten bank. Was het gek dat hij de slaap niet kon vatten? Bovendien was het benauwd. Hij liep wat heen en weer om de tijd te doden. Er waren meer buitenlanders, Fransen, Russen, Polen, Italianen. Ze stonken en zaten onder de luizen, Chris werd er niet vrolijk van. Waren deze mannen al zo lang van huis, of was er een andere reden? Hij wilde het niet weten. Het werd drie uur, halfvier en vier uur, nog steeds geen trein.

De volgende ochtend reisden ze via Maagdenburg naar Dessau. Het lukte Chris zowaar wat te slapen. Gelukkig had hij geen weet van wat hem te wachten stond. Dan had hij vast geen oog dicht gedaan. In Dessau moesten ze overstappen, de reis was nog niet ten einde. Maar het schoot op, het einddoel naderde.

Het is ondertussen drie uur geworden als de trein opeens stopt, midden in een bos. Wat zou er gaan gebeuren, want de trein begint achteruit te rijden. Waar gaan we naartoe? De trein rijdt achteruit een hek door, waarvan de poort meteen wordt gesloten. We rijden nog een paar minuten door, dan stopt de trein. 'Allemaal uitstappen en bagage meenemen!', wordt er geschreeuwd. Als we uitstappen, blijkt dat we in een kamp zijn aangekomen. Wat zouden de moffen met ons van plan zijn? We moeten wachten. Waarop, dat weten we niet. Een paar uur later kwamen we erachter waar we beland waren, namelijk in het beruchte Rehbrücke.

De hel van Rehbrücke

Chris was aangekomen in het beruchte Durchgangslager Rehbrücke in Potsdam, ongeveer 650 kilometer van huis. Er waren nog enkele Durchgangslagers rond Berlijn maar de meeste dwangarbeiders uit Nederland, België en Frankrijk kwamen in Rehbrücke terecht om van daaruit tewerkgesteld te worden. Meestal in Potsdam of Berlijn, soms verder weg. Het kamp was in maart 1943 opgeleverd, dus nog maar enkele maanden in gebruik. Officieel bood het plaats aan twaalfhonderd personen maar het kwam herhaaldelijk voor dat er wel tweeduizend mensen waren ondergebracht. In Rehbrücke werden de dwangarbeiders als slaven verhandeld omdat vertegenwoordigers van grote bedrijven voor hen moesten betalen.

Bij aankomst volgde registratie met een foto en beoordeling op fysieke- en beroepsmogelijkheden, daarnaast werd gecontroleerd op luizen en ziektes. Van dat alles had Chris nog geen weet.

Net aangekomen besloot hij te kijken of er bekenden in het kamp waren:

Ik kijk om me heen of ik misschien bekenden zie. En ja, ik zie mijn dorpsgenoot Wim de Jong. Hij schreeuwt dat wij al ons eten uit de koffers moeten halen omdat er bijna geen eten in het kamp is. Terwijl hij dat zegt, komt er plotseling een bloedhond van een Duitser naar enkele jongens toe. Hij begint te slaan en te schreeuwen en duwt ze achteruit wat hij lang niet zachtzinnig doet.

Chris' kennismaking met Rehbrücke was geen positieve. Er zou een zware periode voor hem aanbreken, die hij later als *de hel* zou omschrijven. Met hem velen.

"Niet alleen de chaos en de honger maakten Rehbrücke tot een hel. Het was er vreselijk, al het gerotzooi tussen mannen en vrouwen. Gelukkig gebeurde dat niet in onze barak, maar ik hoorde de verhalen wel."

Iedereen moest zijn koffer inleveren, het eten mocht eruit worden gehaald. Gelukkig maar, Chris zou het hard nodig hebben. Daarna vond registratie plaats en kreeg hij een nummer: 383, het nummer van zijn transport. Verder kreeg hij een kaart waarmee hij recht had op eten en sigaretten.

Naast Wim de Jong was ook Kwadijker Bert Jansen in het kamp. Zij waren een paar dagen eerder aangekomen en deelden hun ervaringen met de nieuwkomers, die waren niet positief. Per dag werd een rantsoen van soep en twee boterhammen verstrekt. Daarop moesten ze het vierentwintig uur zien uit te houden. Maar zelfs die belofte werd niet nagekomen want Bert en Wim hadden al twee dagen geen eten gehad. Het voedsel dat Chris, Piet en Cor van thuis hadden meegekregen werd dan ook dankbaar gedeeld.

Chris kwam terecht in Barak II waar ook Wim de Jong en Bert Jansen sliepen. Wat een contrast met thuis, het was er vuil en het stonk, bovendien wemelde het van de vlooien en wandluizen.

De barak bestond uit verschillende kamers, gemeubileerd met een tafel, enkele krukken, 32 bedden en evenzoveel kasten. De bedden waren slecht: twee boven elkaar, kort en slechts één meter breed, strozakken en kussens ontbraken. In ieder bed moesten twee personen slapen.

Rehbrücke telde acht van deze barakken, verder een bagagebarak, een kantine, een soort ziekenhuisje, enkele administratieve gebouwen en een klein postkantoortje. In het midden van het kamp was een met bomen omzoomd pleintje. Er stond een grote luidspreker waarmee de hele dag door de namen werden omgeroepen van degenen waarvoor zich een werkgever had gemeld.

'Hollanders, opgelet!' klonk het regelmatig. Of 'Attention!' voor de Fransen. En het rauwe: 'Achtung, Achtung!'

Het wemelde in het kamp van de nationaliteiten. Naast de Hollanders mensen uit Italië, Frankrijk, België, Polen, Rusland, Bulgarije en Spanje. Mannen en vrouwen, velen hadden last van vlooien en luizen. De meesten waren hier ook onder dwang gekomen, maar er waren ook vrijwilligers, vandaar de vrouwen. Over hen schreef Chris:

Wat dit voor vrouwen en meisjes zijn, daar praat ik liever niet over. Dit is van het minste soort dat op de aarde rondloopt.

De vrijwilligers hadden zich laten imponeren door beloften als 'Fijn, om te werken in vrijheid!' en 'Waar het goed van eten en drinken was!' Maar het was in Rehbrücke helemaal niet 'goed van eten en drinken'. Daar kwamen Chris en zijn vrienden de eerste dag al achter; ze moesten een uur in de rij staan. In zijn dagboek schreef hij:

Als we alle drie soep hebben gekregen zoeken we een tafel op en gaan eten. We hebben nog geen lepel doorgeslikt, of het komt er weer uit. De rest van de soep laten we staan want het is echt niet te eten. We gooien de soep uit het raam naar buiten en leveren het bord en de lepel weer in. Daarna krijgen we twee sneetjes brood belegd met jam en worst. De worst ziet er lekker uit maar als ik het op wil eten, schrik ik van de stank die ervan af komt. Ik neem het stuk worst in mijn hand en slinger het door de kantine, Piet en Cor volgen mijn voorbeeld.

Diezelfde dag schreef Chris zijn eerste brief naar huis:

Ik pak papier en potlood en begin te schrijven van 'dat het me hier goed bevalt' en 'dat het hier goed is van eten en drinken'. Het zijn leugens, maar ik durf de waarheid niet te schrijven, anders worden mijn ouders ongerust.

Dat hij hiermee een stukje opvoeding aan zijn laars lapte, nam hij voor lief, prettig voelde hij zich er allerminst bij. Zo was hij niet, maar de omstandigheden maakten dat hij deze woorden schreef. Hij wilde absoluut niet dat zijn ouders ongerust werden al vermoedde hij dat ze dat toch wel waren. Vooral zijn moeder.

Tijdens het schrijven werden verschillende Franse namen omgeroepen maar hij sloeg er weinig acht op. Bert en Piet meenden dat Chris' naam ook was omgeroepen, maar hij had het niet gehoord. Chris wist niet of hij blij moest zijn als hij Rehbrücke spoedig kon verlaten. Misschien was het beter als hij hier enkele dagen moest blijven? Aan de ene kant wilde hij graag weg, dan trof hij misschien een baas die rekening hield met zijn situatie en waar het eten hopelijk beter was. Aan de andere kant kon dat natuurlijk tegenvallen. Bovendien was hij moe, erg moe. De reis was hem zwaar gevallen, vooral wegens slaapgebrek. Maar dat was niet de enige reden. Hij was in een totaal andere wereld terecht gekomen. Van een dorp met veel ruimte en vrijheid zat hij nu opgesloten in een kamp. Hij had veel indrukken opgedaan, geen prettige. Dat alles moest hij verwerken. Al was Chris nog maar ruim een dag van huis, in gedachten was hij in Kwadijk. Daar was het rustig en merkte je niet zoveel van de oorlog.

Diezelfde dag verliet Wim de Jong Rehbrücke. Hij werd tewerkgesteld in een fabriek in Berlijn waar kanonnen werden gemaakt. Hij was blij, zijn verblijf in Rehbrücke was tenminste voorbij.

De eerste avond in Rehbrücke eindigde ondanks de omstandigheden best gezellig want ergens in Barak II klonk muziek. Chris, Piet, Cor en Bert gingen eropaf. Het waren landgenoten met een saxofoon, gitaar en mondorgel die Hollandse liedjes speelden. Iedereen zong uit volle borst mee. Een half uur ging het goed, toen werd omgeroepen dat iedereen rustig moest zijn want het was tijd om te gaan slapen. De groep negeerde het bevel totdat nogmaals werd gesommeerd en met de Gestapo werd gedreigd.

Met de jas van Chris als hoofdkussen en die van Piet als deken, vielen de jongens doodmoe in slaap in het bovenste bed om de volgende ochtend met stijve ledematen wakker te worden.

De dagen verliepen volgens een vast patroon: opstaan met een pijnlijk lijf, daarna een wasbeurt en wat eten uit eigen voorraad en dan naar buiten. Elke dag arriveerden nieuwe groepen dwangarbeiders, wie weet zaten er bekenden tussen. Natuurlijk hoopten de jongens ondertussen dat hun naam werd omgeroepen.

Omdat het eten zo slecht was, verdeelde Chris zijn voorraadje in rantsoenen.

Zaterdag 26 juni verliet Bert Jansen Rehbrücke, hij moest met een groep Hollanders in een Berlijnse wapenfabriek werken. Chris, Piet en Cor bleven achter, gedesillusioneerd dat zij nog niet mochten vertrekken. Toen zij 's avonds in de kantine met andere landgenoten het *Wilhelmus* en *Ouwe taaie* zongen, verdreef dat voor even hun teleurstelling.

De tweede nacht in het kamp kwam er niet veel van slapen want: *we zitten onder de vlooien. De hele nacht lig ik te krabben, ik val pas tegen de ochtend in slaap.*

Dat er inderdaad wel tweeduizend mensen tegelijkertijd in Rehbrücke verbleven, beschreef Chris op 27 juni in zijn dagboek. Het gerucht ging dat de kampbewoners het kamp een poosje mochten verlaten. Maar daarvan was helaas geen sprake, zo bleek na enkele verwachtingsvolle uren:

Als het drie uur is, gebeurt er nog steeds niets. Om halfvijf wordt bekendgemaakt dat wij in het kamp moeten blijven omdat er te veel mensen zijn, namelijk tweeduizend.

Een enorme tegenvaller, onder de Fransen braken opstootjes uit. Bang voor ongelukken trokken de Kwadijkers zich terug in hun barak.

Het ongedierteprobleem werd groter; de beestjes zaten zelfs in de kasten op het voedsel: *Als ik een stukje brood wil eten, zie ik dat er drie dikke wandluizen op mijn boter zitten.* Als Chris op bed lag, zijn benen naar boven zwaaide en het plafond ermee aanraakte, dan vielen de wandluizen spontaan naar beneden.

Maandag 28 juni werden verschillende namen van transport 383 omgeroepen. De drie vrienden luisterden gespannen, ze werden beloond:

"De Boer!" En kort daarna: "Kok!"

Aandachtig luisterden ze of Chris' naam ook volgde. Cor en Piet meenden 'Lenstra' te hebben gehoord; ze meldden zich met z'n drieën. Hun toekomstige baas stond de groep op te wachten en las alle namen van zijn lijst voor:

"De Boer?"

"Aanwezig!"

"Kok?"

"Aanwezig!"

"Leenstra?"

"Aanwezig!" klonk het in de groep. Maar het was de stem van een andere man, die Leenstra heette.

Chris was verbaasd en informeerde of er sprake was van een vergissing. Nee, het klopte, Leenstra stond op de lijst.

Chris bleef alleen achter terwijl zijn vrienden werden opgehaald om in Frankfurt tewerkgesteld te worden. De hoop bij elkaar te kunnen blijven was in een paar seconden vervlogen. Voordat Piet en Cor vertrokken probeerden ze Chris op te beuren: "Jij bent ook vast snel aan de beurt."

Er ging heel wat door hem heen. Zijn Kwadijker vrienden waren nu weg, hoe lang moest hij nog in het kamp blijven, alleen?

De rest van de dag hoopte Chris dat hij alsnog werd omgeroepen, helaas, dat gebeurde niet. Vermoeid en gedesillusioneerd zocht hij zijn bed op, in zijn hoofd spookte maar één gedachte: *Misschien morgen…*

Er was niemand die hem de volgende ochtend feliciteerde met zijn 19de verjaardag op dinsdag 29 juni 1943. Hij werd alleen wakker in het bovenste bed dat hij de vorige nacht nog met Piet Kok had gedeeld. Stram stond hij op en waste zich, trek in eten had hij niet.

Het werd een zware dag, vorige maand was hij ervan uitgegaan thuis zijn verjaardag te vieren, maar nu zat hij moederziel alleen in Duitsland, opgesloten, ver van zijn familie. Zijn gedachten gingen terug naar vorige verjaardagen. Als hij nu thuis was had hij iets gekregen van zijn ouders, een paar sokken misschien, of een stropdas, een nieuwe mondharmonica. Zijn familie was muzikaal, vader Lenstra speelde mondharmonica. Hij had het zijn zoons Chris en Jan geleerd, later waren ze lid geworden van de fanfare. Chris speelde tweede alt. De muzikaliteit zat in de genen, want grootvader Evert Lenstra had viool gespeeld in een combo waar hij af en toe mee optrad in het Friese Appelscha en omgeving, waar hij vandaan kwam. Chris had zijn grootvader nooit gekend want Evert Lenstra was overleden toen Chris' vader 17 jaar was. Ebbel Lenstra had zijn kinderen verteld over zijn ouders Evert Lenstra en Roelofje Klokker. Roelofje was na de dood van haar man hertrouwd en met haar tweede man en kinderen Ebbel, Jan en Minke naar Schellinkhout in Noord-Holland verhuisd. Verjaardagen werden in huize Lenstra niet uitgebreid gevierd, een cadeautje, een lekker koekje bij de koffie, dat was het wel. Verder was het een dag als alle andere in het grote gezin. Dat Chris zich allesbehalve jarig voelde, blijkt uit zijn dagboek:

Dan ga ik naar buiten en slenter door het kamp. Ik ben alleen over in dit vreselijke kamp en dat nog wel op mijn verjaardag want ik ben vandaag 19 geworden. Vreemde gedachten komen in mij op, ik vraag me af of ik mijn verjaardag ooit nog thuis zal vieren. Zal ik levend uit deze Duitse hel komen? Wat zal de toekomst mij brengen? Ik probeer die nare gedachten van mij af te zetten wat niet erg lukt. Daarom ga ik maar wat vertier zoeken bij de andere Hollanders.

Daar maakte hij kennis met Johan de Vries, een jongen van zijn leeftijd die dezelfde dag als hij in Rehbrücke was aangekomen. Ze sloten vriendschap en zouden lange tijd lief en leed met elkaar delen. Omdat er genoeg plaats was in de kamer van Chris, kwam Johan bij hem wonen.

Was het op zijn 19de verjaardag geweest dat Chris begon te roken? Dat wist hij niet meer precies, wel dat hij voor het eerst van zijn leven een sigaret had opgestoken in Rehbrücke. Niet uit verveling, maar vanwege nervositeit.

Woensdag 30 juni werd een dag als de voorgaande dagen. Toen 's morgens negen uur een nieuw transport arriveerde ging Chris kijken of er bekenden bij zaten. Misschien zijn broer Jan want ook hij moest als dwangarbeider naar Duitsland. Chris vond het verschrikkelijk voor zijn ouders twee zoons te moeten missen. Aan de ene kant hoopte hij helemaal niet dat Jan kwam, maar aan de andere kant verlangde hij naar contact met een bekende. Misschien had Jan nieuws van thuis, een brief, of eten. Maar Jan was er niet bij, er zaten helemaal geen bekenden bij dit transport.

's Middags kwam er een tweede transport binnen. Chris en Johan luisterden op dat moment naar de luidspreker in de hoop eindelijk omgeroepen te worden. Bij het nieuwe transport zaten enkele bekenden: Hans Muntingh, Jan Spijkers en Ben Lensink. Jammer genoeg niet zijn broer. De nieuwkomers kwamen bij Chris en Johan op de kamer, 's avonds maakten ze het gezellig met elkaar. Hans bracht Chris op de hoogte van het laatste nieuws uit Kwadijk, dat deed hem goed. Verder werd er gekaart en Chris speelde op zijn mondorgel. Gelukkig voelde hij zich minder eenzaam want naast zijn vriendschap met Johan waren er nu bekenden uit Holland. Hij had het wel moeilijk omdat hij nog steeds niet was omgeroepen en maakte zich daar zorgen om. Er was bijna niemand meer over van transport 383, sterker nog, er waren al jongens van transport 388 vertrokken, wanneer was hij aan de beurt?

De volgende dag leek het eten slechter dan de voorgaande dagen:

Hetgeen we te eten krijgen eten we niet op want het lijkt wel varkensvoer. Bij ons in Holland krijgen de varkens beter te eten dan de mensen hier.

Nadat eerst 'Attention!' voor de Fransen had geklonken en veel Fransen waren vertrokken, klonk het 's middags:

"Opgepast, Hollanders!"

Chris en zijn vrienden lagen van verveling op bed maar stoven overeind, helaas, ze werden niet omgeroepen. Toch gloorde er hoop toen later die dag werd bekendgemaakt dat degenen die langer dan zes dagen in Rehbrücke waren zich moesten melden. Chris en Johan sloten zich aan in de lange rij bij de microfoon op het plein midden in het kamp. De jongens besloten hun beroep te veranderen, misschien vergrootte dat hun kans op een spoedig vertrek? Vanaf dat moment stond Chris als landarbeider en Johan als bakker geregistreerd. Ze gingen terug naar Barak II, ongeveer een uur later werd gemeld dat dertig Nederlanders zouden worden omgeroepen en bij die dertig zaten Chris en Johan. Dolblij dat ze zouden vertrekken, meldden ze zich:

Als we op de plaats aankomen waar we ons moeten melden zien we dat er al meer jongens staan. Na even te hebben gewacht komt er een dik kereltje aanlopen met een stapel papieren in zijn hand. Hij is de baas en heeft een 'slavendrijver' bij zich, een Hollandse SS'er die meteen begint te commanderen: 'Ga in de houding staan!' Maar wij laten ons de les niet lezen door zo'n landverrader en blijven gewoon staan. Dat bevalt hem allerminst.

In de bagagebarak kreeg Chris zijn koffer terug. Daarna nam hij in Barak II afscheid van de achterblijvers en hoopte voor hen dat ze spoedig konden vertrekken.

Na een week verliet Chris eindelijk Rehbrücke:

Via de poort verlaten we het kamp en bevinden ons op straat. We slaken een zucht van verlichting, blij dat we dit ellendige kamp hebben verlaten. Vaarwel Rehbrücke, we zullen je NOOIT vergeten.

Natuurlijk was er een gevoel van bevrijding toen hij de poort passeerde, maar dat van onzekerheid overheerste. Waar zou hij terecht komen, voor wie moest hij werken, zou hij erop vooruitgaan of werd het erger dan Rehbrücke?

Eerste pagina van het door Chris in Duitsland bijgehouden dagboek Mijn belevenissen in Duitsland.

*Een van de weinige resterende barakken van Durchgangslager
Rehbrücke in Potsdam, 2016. (Foto Laurens Wisman)*

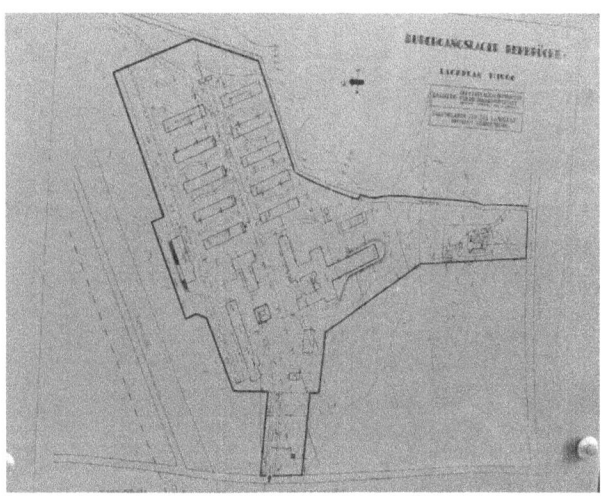

*Plattegrond van het vroegere Durchgangslager Rehbrücke,
2016. (Foto Laurens Wisman)*

Gedenksteen van het vroegere Durchgangslager Rehbrücke,
2016. (Foto Laurens Wisman)

2 BERLIJN

Preschona Berlijn

Het werd Berlijn. Chris kwam terecht in *Barakkenlager* Neukölln in de Emserstraße bij station Neukölln. De reis naar Berlijn was goed verlopen, als provinciaal had hij zijn ogen uitgekeken, ondanks de onprettige begeleiders. Want de groep dwangarbeiders werd door een Duitser en de Nederlandse SS'ers Geel en Van Petten naar Berlijn gebracht.

"Geel was wel redelijk, maar Van Petten was een gemene vent. Hij stond erg op zijn strepen", omschreef Chris de twee. In zijn dagboek heeft hij een PS-je opgenomen:

Na de capitulatie is hij (Van Petten) *gesneuveld in Berlijn, doodgeschoten door Russische troepen.*

Van Geel en Van Petten begrepen ze dat ze bij Preschona, een fabriek voor vliegtuigonderdelen, tewerk werden gesteld. Met dat gegeven onderging Chris de reis naar Berlijn. Hij vond het vreselijk te worden bewaakt door de twee overgelopen Hollanders. Desondanks imponeerde de treinreis:

Na een paar minuten rijden stoomt de trein de voorsteden van Berlijn binnen en stopt op station Wannsee. Hier moeten we overstappen in een soort electrische trein, de S-Bahn. Deze trein rijdt met een enorme snelheid en stopt regelmatig op de vele stations. Bij station Ostkreuz moeten we

*nogmaals overstappen en na een paar stations te zijn gepasseerd, rijden we
station Neukölln binnen.*

Neukölln was het eindpunt van de reis; Chris was in een wereldstad
aangekomen die vóór het uitbreken van de Tweede Wereldoorlog in 1939
4,5 miljoen inwoners telde.

De S-Bahn ('Stadtschnellbahn') die hij noemt was de oudste in zijn soort
in Duitsland en vanaf 1924 geëlektrificeerd. Toen de nationaalsocialisten
in 1933 aan de macht kwamen, riepen zij Berlijn uit tot hoofdstad van
het Derde Rijk. De ambities van Hitler en de zijnen reikten echter
verder. Berlijn moest de *Welthauptstadt* van het *Großgermanisches Reich*
worden. Maar de Tweede Wereldoorlog en de verovering van de stad
door de Russen in 1945, gooiden roet in het eten.

Het euforische gevoel tijdens de treinreis verdween als sneeuw voor de
zon toen Chris station Neukölln had verlaten:

*Verbaasd kijk ik om me heen. Is dit Berlijn? Deze verlaten omgeving, oude
huizen en gebouwen, niets netjes in de verf en de straten zijn stoffig. Zo
had ik me Berlijn niet voorgesteld.*

Het nog in aanbouw zijnde *Lager* in de Emserstraße verrees op de locatie
waar onlangs huizen door een bombardement waren verwoest.
Landgenoten die er reeds woonden vertelden dat het eten niet al te
best was.

Barak I waar Chris moest wonen, lag op een heuvel. Ging hij erop
vooruit, ten opzichte van Rehbrücke? In een opzicht in elk geval: er
waren dekens, ieder kreeg er drie. Chris hoefde tenminste niet meer
onder zijn jas te slapen. Bovendien lag er een matras in het ledikant, al
was die, evenals het kussen van papier. Veel stelde het dus niet voor.
Verder kregen de jongens elk een blauwe handdoek, vork, lepel, pannetje
en een slot met twee sleutels voor hun kast.

Op zo'n tien minuten lopen van het Lager konden ze in de
Siegfriedstraße op vertoon van hun etenskaart terecht voor maaltijden.
Chris beschreef de centrale keuken waar ze hun eten moesten halen
als volgt:

*We kunnen de keuken het allerbeste vergelijken met een varkensstal. Wat
een vuile beweging hier.*

In het personeel hadden ze weinig vertrouwen, er werkten slonzige vrouwen. De porties eten waren karig, zondermeer onvoldoende voor de jonge kerels. Het menu van de eerste dag bestond uit een pannetje aardappelsoep, brood, wat boter en een stukje worst. Ze schrokken van de hoeveelheden, was dit het dagrantsoen, hoe moest dat verder? Hongerlijden? Ze vreesden het ergste, Chris' honger was in ieder geval niet gestild.

Chris woonde met veertien Nederlandse jongens in kamer 4 van Barak I: Hilbert Bindels, Cees Bodegraven, Simon Bordewijk, Eb Bos, Joost Broekman, Piet Dibbets, Dirk Groot, Frans Kalter, Bart Laan, Joop Pieterse, Tom Schoon, Jaap Smit, Jo Veldt en Bram Zeeman. De jongens waren afkomstig uit onder andere Amsterdam, Amstelveen, Haarlem en Apeldoorn.

Zijn eerste avond in Berlijn ging Chris met Johan de Vries, Joost Broekman en een Hollander die al vijf maanden in het Lager woonde, de stad in. Ze dronken een biertje en maakten er het beste van. Chris was geschrokken dat zijn nieuwe vriend al vijf maanden in Berlijn verbleef. Zou toen de hoop, binnen zes weken thuis te zijn, zijn vervlogen? Hij was welbeschouwd nog maar een week van huis...

Al was het bed in zijn nieuwe verblijfplaats niet dat van thuis, hij sliep de eerste nacht goed. Toch begon de volgende dag vervelend: hij werd wakker van de honger maar zijn rantsoen van de vorige dag was op:

Gelukkig heb ik nog een stukje brood uit Rehbrücke. Ik haal het uit het papier en kom tot de ontdekking dat het beschimmeld is. Maar omdat ik zo'n honger heb haal ik de schimmel er zo goed mogelijk van af en eet het op. Het smaakt niet erg, maar als je honger hebt, smaken rauwe bonen zoet.

De honger overheerste die dag, ze wisten toen nog niet dat honger eerder regel dan uitzondering zou worden. Het rantsoen viel zwaar tegen want de soep was gemaakt van zieke aardappelen. Ten einde raad zochten de jongens een café op, daar probeerden ze iets te kopen. Het werd geen succes, voor veel geld kregen zij slechts enkele koude aardappelen met rauwe uien.

's Avonds schreef Chris naar huis, net als in Rehbrücke met gemengde gevoelens:

Terug in het Lager ga ik aan tafel zitten om een brief naar huis te schrijven. Ik durf de waarheid niet te vertellen, anders maak ik ze thuis erg ongerust en dat wil ik niet. Als de brief klaar is breng ik hem naar de post en verstuur de brief aangetekend want anders ben ik bang dat hij niet aankomt. Hiervoor krijg ik een ontvangstbewijs.

Het weekend van 3 en 4 juli voerde honger opnieuw de boventoon. Zondags gingen Chris en Johan naar Rehbrücke om te kijken of er bekenden waren aangekomen, Chris hoopte zijn broer Jan te treffen. De jongens kwamen echter van een koude kermis thuis; ze mochten het kamp niet in en werden met geweld weggejaagd door de bewakers bij de poort. Teleurgesteld bezochten ze 's avonds een bioscoop in Berlijn.

Maandag 5 juli werden de jongens vroeg wakker gemaakt. Er werd geschreeuwd dat er gewerkt moest worden. Omdat er geen eten was, verliet Chris met honger het Lager. Een groep van dertig jongens reisde met de U-Bahn via de stations Bergstraße, Ratthaus Neukölln en Hermannplatz naar Garde-Pionier-Platz.

Ze staken het plein over en gingen de Blücherstraße in, na een minuut of vijf was links de ingang van Preschona, Werk B: 'Armaturen und Apparatenfabrik Preschona v/h Adolf Meijer' stond er boven de poort. Werk A was in de Gneissenaustraße en Werk C in de Alexanderstraße.

Hoe lang zou Chris hier moeten werken, voor een week of wat, of werd het langer? Een gevoel van onzekerheid en onbehagen bekroop hem, hij voelde zich opgesloten in de grote stad en deze fabriek waar zo'n vijfhonderd mensen werkten, zowel mannen als vrouwen. Vijfhonderd. In zijn woonplaats Kwadijk woonden minder mensen...

Werk B bestond uit een draaierij (de afdeling waar Chris moest werken), boorderij, slijperij, smederij, wasserij en controle-afdeling. Er was ook een kantine en, zoals Chris schreef, *Natuurlijk ontbreekt het portret van Jansen (Hitler) er niet. Dat zie je overal; om gek van te worden.* De jongens hadden afgesproken Hitler 'Jansen' te noemen, zodat het de Duitsers niet opviel als zij het over de door hen gehate Führer hadden.

Directeur van Werk B was Schmidt, de assistent-bedrijfsleider heette Damme die zich gehaat maakte door zijn gescheld en gevloek op alle buitenlanders. Hij kreeg de bijnaam 'Hondenkop' want hij *scheldt en vloekt op iedere buitenlander en vanwege dat rare hoofd van hem.* Er liep ook een Hollander rond die Bruintjes heette, gezien zijn leeftijd dachten de jongens dat hij vrijwillig naar Duitsland was gegaan. Chris' chef was Meister Bühlmann, onder elkaar noemden ze hem de 'Bullebak'. Verder kregen de jongens te maken met Herr Lehmann, hij was weliswaar hun tolk, maar sprak geen Hollands, wel Frans en Italiaans. *Tuig* noemt Chris het personeel van Preschona:

Het zijn natuurlijk allemaal mensen van de 'beweging'. Het is te hopen dat de oorlog gauw ten einde is, dan hebben we met dit tuig niets meer te maken.

Iedereen kreeg een persoonsnummer, dat van mij was 1555. Ik vond het vreselijk, een nummer, het voelde alsof ik als persoon niet meer bestond.

Chris werd ingedeeld in de draaierij, hij moest het 'vak' leren van de Italiaan Rossi. Hij wist niet of hij ook dwangarbeider was, want hij was wat ouder. Rossi sprak gebrekkig Duits, met handgebaren en tekeningetjes deed de Italiaan zijn best maar Chris had absoluut geen zin zijn werk snel onder de knie te krijgen, het was niet zijn keuze hier te werken, waarom zou hij zich druk maken? Begon hiermee het saboteren dat hem later duur kwam te staan? Uit protest wilde hij zo weinig mogelijk presteren want hij weigerde mee te werken aan de oorlogsindustrie dus probeerde hij zijn productie zo laag mogelijk te houden. Controleurs namen steekproeven van de gemaakte onderdelen, elk goed geproduceerd onderdeel werd uitbetaald, afgekeurde exemplaren gingen naar de schroothoop. Dat waren er vele, ook gemaakt door Chris. Het maakte hem niet zoveel uit wat hij verdiende, liever maakte hij slechte, afgekeurde onderdelen voor minder salaris dan dat hij goed presteerde voor de oorlogsindustrie:

Met tegenzin staan we aan de draaibank, we doen zo weinig mogelijk in de hoop dat er zo min mogelijk vliegtuigen gemaakt kunnen worden. Want we weten dat we op die manier saboteren. De onderdelen die we maken proberen we te verprutsen.

Hun werkdagen begonnen om halfzeven, dat betekende halfzes opstaan. Bij aankomst en vertrek moest hun arbeidskaart afgestempeld, noodzakelijk om de gewerkte uren te berekenen en verzuim na te gaan. Wie ongeoorloofd afwezig was, kon rekenen op straf, bijvoorbeeld in de vorm van loonsverlaging. Dat zou Chris ook overkomen. Het werk beschreef hij als volgt:

Er worden bij Preschona vliegtuigonderdelen gefabriceerd. Als er een opdracht komt is die meestal een duizend stuks groot, soms nog wel meer. De onderdelen worden gemaakt met behulp van een zogenoemde revolverdraaibank, een Pittler 36. Er zijn ook zwaardere machines, maar de machine waaraan ik moet staan is een Pittler 36.

Naast Hollanders waren er ook Belgen, Denen, Fransen, Italianen, Oekraïners en Tsjechen tewerkgesteld. Van alle buitenlanders stonden de Hollanders het slechtst aangeschreven, ze zouden lui zijn en weinig presteren. Uiteraard werkten er ook Duitsers bij Preschona, velen van hen hadden de gevolgen van de oorlog aan den lijve ondervonden, Chris noemde de fabriek niet voor niets *Tehuis voor Invaliden en Ouden van Dagen*. Er mankeerde vaak wat aan hen, de één miste een arm, de ander een been, er waren kreupele mannen, of zij die een oog misten. Maar ook kinderen die eigenlijk in de schoolbanken hoorden te zitten en mensen die al gepensioneerd waren, behoorden tot het gemêleerde personeelsbestand dat Preschona draaiende moest houden.

De eerste dag werkte Chris zonder ook maar iets te eten:

Om negen uur gaat de bel en kunnen we gaan schaften in de kantine. Wij nieuwelingen gaan bij elkaar zitten en praten wat met elkaar. We hebben niets te eten. Maar er gaat wat in je om als je anderen wel ziet eten: brood met boter en worst terwijl we zelf niets hebben, zelfs geen droge broodkorst. Dat zou al heerlijk zijn, want we hebben sinds gistermiddag niets meer gegeten.

Tijdens de middagpauze was er voor het vaste personeel eten in de kantine, voor de dwangarbeiders was niets geregeld. Zij konden slechts met een hongerig gevoel toekijken. Na afloop staken de Duitsers een sigaret op, de dwangarbeiders snakten er ook naar maar hadden niets te roken. Geen eten en geen tabak, de jongens hadden het er moeilijk mee, pas 16 juli kregen de jongens van het Lager 25 sigaretten waarvoor ze RM[1] 1,90 moesten neertellen: *Gelukkig eindelijk wat te roken*, schreef Chris.

Na het werk stond Chris rammelend van de honger anderhalf uur met zijn pannetje in de rij bij de keuken in de Siegfriedstraße. En dat voor een half litertje soep en een brood waar hij drie dagen mee toe moest. Het was veel te weinig, zeker nu hij in de fabriek moest werken. Net als in Rehbrücke verdeelde hij zijn eten: 's morgens om 6 uur een snee brood, om 9 uur een en om 12 uur vier sneetjes. 's Avonds moest hij zijn honger zien te stillen met ongeveer een halve liter waterige soep waar wat kool in dreef. Dat was het dagelijkse rantsoen voor een jongen van 19 jaar. *Het is natuurlijk veel te weinig, ik rammel alle dagen van de honger.* Was Rehbrücke een hel, Berlijn was niet veel minder en dit was nog maar het begin.

32

Af en toe kregen de jongens wat suiker, waterige melk en een beetje jam. Eenmaal per week waren er aardappelen, meestal op zondag, een beetje saus en rodekool. Het was eigenlijk niet te eten, maar vanwege de honger aten ze het toch maar. Na de oorlog heeft Chris nooit meer rodekool gegeten, maar was dat vreemd, gezien zijn herinneringen aan Berlijn?

Er gingen dagen voorbij zonder eten. In de fabriek kon soms onderling wat worden gekocht tegen woekerprijzen: voor RM 15,- kocht Chris van een collega een bon voor een brood van 1500 gram en een bon voor drieënhalve aardappelen voor 2 RM.

Het kwam regelmatig voor dat de jongens zonder eten naar Preschona gingen.

Chris herinnerde zich een voorval in de kantine van de fabriek: "Op een dag zaten wij tussen de middag in de kantine aan tafel met Duitsers en enkele Italianen. Zij hadden warme soep en zaten met smaak te eten terwijl wij geen eten hadden, maar wel honger. Tegenover ons zat een oude Italiaan, ongeschoren, met vuile handen en een vieze snor. Hij at zeer ongemanierd, zijn snor hing bij elke lepel die hij nam, in de soep. Hij slurpte alles naar binnen en morste regelmatig, het was een onsmakelijk gezicht. De soep smaakte hem niet, toen hij enkele lepels had genomen schoof hij zijn bord opzij. We keken er met begerige blikken naar want daar stond een bord met soep... Maar geen van ons sprak Italiaans, dus we konden niet vragen of wij de soep mochten. Opeens stak een van mijn vrienden zijn hand uit en trok het bord met de dampende soep naar zich toe. Hij nam een lepel, daarna schoof hij het bord naar zijn buurman die ook een lepel soep naar binnen werkte en vervolgens het bord doorschoof. En zo werd het bord telkens doorgegeven en aten we met z'n allen de soep van de Italiaan. We stonden maar niet stil bij het beeld van de druipende snor en het feit dat iedereen met dezelfde lepel at. De oude Italiaan keek ons goedkeurend aan, hij had eens moeten weten dat wij al een paar dagen amper te eten hadden gehad."

De Berlijnse bevolking zag de buitenlanders niet zitten. Ze dachten dat alle buitenlanders vrijwillig naar hun land waren gekomen. Die afkeer had Chris al ondervonden tijdens de reis van Rehbrücke naar Berlijn; toen een vrouw in hun coupé hoorde dat ze geen Duits spraken, stapte ze op en zocht een andere plaats.

Na een goede week beraamden Chris en Johan op 9 juli een vluchtplan:

"Elke zaterdag vertrok vanaf station Alexanderplatz een trein met verlofgangers naar Nederland. We wilden proberen stiekem mee te gaan, want één ding was zeker: we wilden weg uit Berlijn. Helaas mislukte het plan want de bewuste trein was uitgevallen en het was onduidelijk wanneer er wel een trein met verlofgangers naar Holland zou gaan."

Een goede week later arriveerden nieuwe Hollanders, ze raakten met elkaar in gesprek. Een van hen was opstandig:

Wij praten even met elkaar, dan zegt hij dat het hem hier niets bevalt en dat hij weg wil. Hij pakt zijn koffers weer in en vraagt aan Johan de Vries, Hilbert Bindels en mij of wij deze aan willen geven door het raam want hij wil vluchten en vertelt ons zijn plan. Hij wil op het station de trein naar Düsseldorf nemen. Het is een waagstuk, want als de Duitsers hem oppakken kan hij in de gevangenis terecht komen.

De man vertrok maar helaas mislukte zijn vlucht want enkele maanden later zagen ze hem terug. Hij was inderdaad aangehouden en in de gevangenis terecht gekomen. Hij zag er slecht uit, hij had lange haren, was sterk vermagerd en zijn handen waren zwaar beschadigd.

Chris, Johan de Vries en Tom Schoon wilden ook proberen te vluchten maar bedachten een ander plan:

Wij willen ons melden voor de Landwacht in Nederland. Al is onze bedoeling wel anders: we willen natuurlijk geen soldaat worden, maar hopen zo naar Holland terug te kunnen om daarna onder te duiken.

Had dit plan een kans van slagen? Helaas niet. Ze bezochten de SS in de Admiral Schröderstraße waar ze werden ontvangen door een Hollandse SS'er. Hun verzoek was niet mogelijk:

'Nee jongens, dat gaat niet. Jullie kunnen je aanmelden voor de Waffen SS dan krijgen jullie meteen een uniform en een geweer. Daarna volgt een opleiding van drie maanden hier in Duitsland en dan gaan jullie naar het front.' Maar dat wilden we natuurlijk niet. We zeggen dat we het niet doen en vertrekken. Hij groet ons met 'Heil Hitler!' het is maar goed dat hij onze gedachten niet kon lezen...

Helaas, ons plan is mislukt. Enfin, we geven de moed niet op en zullen het nog wel eens proberen. Misschien hebben we dan meer geluk.

De honger maakte hen soms radeloos, hoe kwamen ze aan eten? Tot hun vreugde ontmoetten ze 10 juli een Nederlander die bij een aardappelgrossier in Berlijn tewerk was gesteld. Op hun verzoek wist hij tegen betaling twintig kilo aardappelen en vijf kilo uien te regelen. Ze waren de koning te rijk:

Tranen van dankbaarheid schieten ons in de ogen, want nu hoeven we vandaag en morgen geen honger te lijden.

Het kostte ze aardig wat geld, maar gedreven door de honger hadden ze dat er wel voor over.

Dertien juli kregen de dwangarbeiders opnieuw een voorschot van RM 25,- van Preschona, bedoeld om eten te kunnen kopen alsmede een etenskaart voor het Lager die hen RM 10,50 kostte:

Omdat het eten zo slecht is, is die kaart mij niet eens één Mark waard. Maar als je honger hebt, dan eet je wel, hoe slecht het eten ook is.

De jongens verdienden RM 0,78 per uur. Met ingang van 20 juli werd Chris' salaris verhoogd naar RM 1,20 omdat hij aan een zwaardere machine kwam te staan. Maar de eerste maanden werkten ze feitelijk voor niets, want er waren heel wat 'gemaakte kosten' die terugbetaald moesten worden. De reis van Bentheim naar Rehbrücke, het verblijf in Rehbrücke dat twee Mark per dag kostte; Chris verbleef er zeven dagen dus veertien RM en de reis van Rehbrücke naar Berlijn. Maar het was wrang, te moeten betalen voor een reis en verblijf tegen zijn zin.

De honger keerde regelmatig terug. Er waren dagen dat er bijvoorbeeld geen brood werd verstrekt, zoals op 4 augustus. De reden bleef onduidelijk. Niet alleen in de keuken, ook in de fabriek kregen de dwangarbeiders niets te eten. Zo was er dagelijks de zorg om aan voldoende voedsel te komen; de honger was een geduchte vijand. De jonge lichamen verbruikten in de fabriek veel energie. Ze waren erg blij toen ze vanaf half september met hulp van dwangarbeider Pieter Manshande die uit dezelfde plaats kwam als Johan de Vries, elke woensdag aan een brood konden komen. Pieter werkte bij een bakker in Charlottenburg en kon dit regelen.

Sabotage

Met grote tegenzin was Chris naar Duitsland gekomen. Hij zag spoedig in dat vluchten zinloos was, elke poging zou hem duur komen te staan. Dat betekende niet dat hij zich neerlegde bij de situatie, integendeel, hij vond het werken verschrikkelijk. Van begin af aan deed hij het werk dat hem werd opgedragen, maar in een zo laag mogelijk tempo. Bovendien probeerde hij zoveel mogelijk onderdelen te verknoeien zodat ze werden afgekeurd. Sabotage. Maar hij probeerde ook op een andere manier onder de oorlogsproductie uit te komen, door zich ziek te melden, soms mankeerde hij iets, maar niet altijd.

Terwijl ik in de fabriek aan de draaibank sta, krijg ik plotseling een splinter aluminium in mijn oog. Ik moet meteen naar de oogarts en als ik daar ben, willen ze mijn oog eruit halen.

Dinsdag 3 augustus 1943. Chris werkte inmiddels een week of vijf in Berlijn, toen hem dit ongelukje overkwam. Meister Müller van de draaierij waar Chris werkte, ging met hem mee. Een vreemd advies van de oogarts, vond Chris, z'n oog eruit halen. Onderweg naar de specialist had hij zelf met een zakdoek de splinter al uit zijn oog verwijderd. Wellicht speelde zijn gebrekkige kennis van het Duits een rol en had hij de arts niet goed begrepen? Chris moest op afstand letters van een kaart oplezen, hij zag zijn kans schoon: "Ik dacht als ik slecht lees, word ik misschien afgekeurd."

De arts gaf een verwijsbriefje voor een bril, maar nam het woord afkeuren niet in de mond.

"Natuurlijk had ik geen bril nodig, als ik er een aanschafte zou ik juist problemen krijgen."

Toen Chris klaar was in het ziekenhuis gingen hij en Müller naar een café waar de Duitser hem op een biertje trakteerde. Chris vroeg hoe verlof werkte, hij wilde graag weten wanneer hij ervoor in aanmerking zou komen. Als het zover was zou hij daarna beslist niet terugkeren naar Berlijn, maar dat zei hij uiteraard niet tegen Müller:

Hij vertelde dat ik na een jaar verlof kan krijgen. 'Maar', zegt hij, 'dan is de oorlog afgelopen en hebben wij gewonnen'. Ik denk bij mezelf dat dat niet te hopen is, want dan kom ik nooit meer thuis.

Pas na een jaar kon hij dus naar huis, dat was over tien en een halve maand. Wat duurde dat nog lang, in die tijd kon er veel gebeuren. Hij dacht ook aan de honger die hem dagelijks tergde en voelde zich ontmoedigd.

Maandag 20 september deed Chris een eerste poging zich af te laten keuren, niet vanwege serieuze lichamelijke klachten maar omdat hij om meerdere redenen weg wilde uit Berlijn. Ten eerste vond hij het vreselijk mee te werken aan de Duitse oorlogseconomie, ook al was zijn inzet gering. Ten tweede stond hij bijna dagelijks doodsangsten uit tijdens luchtalarm en bombardementen; zijn leven leek niets waard in deze stad. Ten derde was er de honger en tot besluit verlangde hij naar huis, naar zijn ouders, broers, zussen en vrienden. Hij wilde zijn gewone leven weer oppakken, zich ontspannen en vooral veilig voelen.

Chris wilde proberen zich af te laten keuren vanwege zijn rechterarm die hij in zijn jeugd had gebroken. De arm was destijds gezet, al was de stand daardoor iets veranderd. Hij had er nooit hinder van ondervonden, maar nu kwam het oude euvel misschien van pas. Hij moest er wel wat voor over hebben, want in de wachtkamer van dokter Feltmann in de Bergmannstraße moest hij vijf uur staan wachten want het was druk op het spreekuur. Eindelijk aan de beurt vertelde hij in zijn beste Duits tijdens zijn werk erg veel *Schmerz* te hebben in zijn arm. Dokter Feltmann adviseerde röntgenfoto's, bestralingen en massage, dan kwam het wel weer goed, maar afkeuren, nee dat zat er beslist niet in.

Chris verliet de praktijk met recepten voor de apotheek en bestralingen maar maakte er geen gebruik van, want dat zou toch niet helpen, dacht hij. De röntgenfoto's liet hij wel maken, misschien leverde dat afkeuring op? Woensdag 22 september moest hij terugkomen op het spreekuur. Dat betekende twee dagen niet werken, die had hij weer gewonnen. Opnieuw werd zijn geduld op de proef gesteld tijdens het overvolle spreekuur van de arts, als haringen in een ton stonden de patiënten in de wachtkamer. Tot overmaat van ramp was er na anderhalf uur wachten luchtalarm. Toen het sein 'veilig' werd gegeven was Chris bijna aan de beurt, hoopvol verscheen hij voor de arts:

Ik word uiterst vriendelijk ontvangen, de dokter maakt zelfs een praatje met me. Nadat hij de foto's aandachtig heeft bekeken zegt hij dat mijn arm niets mankeert. Dat valt me eigenlijk wel tegen. Maar als een arts zegt dat alles in orde is, dan moet je dat accepteren.

Dat was het dan, Chris werd naar huis gestuurd met een verwijzing voor massagebehandelingen die soelaas moesten bieden, maar dat geloofde hij niet dus plakte hij de verwijzing naderhand in zijn dagboek.

Volgens dokter Feltmann kon Chris weer aan het werk. Hij had weinig keus, maar was niet van plan zich zomaar bij de beslissing van de arts neer te leggen. Hij hervatte de volgende dag zijn werk:

Tot tien uur blijf ik aan het werk, dan geef ik het op: 'Ik kan het niet meer volhouden vanwege mijn arm'. Dat is natuurlijk gelogen, maar ik heb geen zin om te werken voor het Duitse oorlogsmonster.

Hij werd geloofd en mocht van Meister Müller naar huis. 's Middags werd hij plotseling echt ziek:

Ik voelde me slap, was misselijk en moest veel naar de wc. Ik vermoedde dat ik de 'Röhr' had (dat is vergelijkbaar met dysenterie). Dit is in Berlijn een gevreesde ziekte. Men is er vatbaar voor als men veel water drinkt, met mij was dat ook het geval. Het was de laatste dagen behoorlijk warm geweest en daarom had ik veel gedronken, met als gevolg dat ik het nu te pakken had. Met een behoorlijke koorts blijf ik de hele dag onder de wol, wat ik tenminste nog wol noemen mag. Veel beter kan ik zeggen dat ik in een hoop vodden met vlooien lag. 's Avonds om negen uur zakt de pijn een beetje en val ik in slaap.

De volgende ochtend zat Chris weer bij de dokter, nu met reden. Er werd bloed afgenomen, de dag erna kreeg hij de uitslag: er was niets aan de hand. Cynisch schreef hij in zijn dagboek: *In het Hollands vertaald of gezegd: je kan net zo goed dienstdoen als kanonnenvlees.*

Hij verliet de praktijk met een bewijs dat hij twee dagen niet kon werken en recht had op vergoeding door de Krankenkasse waar alle dwangarbeiders overigens verplicht bij waren aangesloten:

Maar die paar Duitse centen vond ik niet de moeite om te gaan halen. Het zou meer slijtage kosten aan m'n schoenen, dan wat ik zou krijgen.

En ook dat bewijs kwam in zijn dagboek.

Het was eind oktober toen Chris nogmaals wilde pogen zich af te laten keuren, hij was Berlijn meer dan zat. Zou het nu lukken om vanwege 'problemen' met zijn arm naar huis gestuurd te worden? De geraadpleegde dokter stuurde hem door naar de specialist Dr Wolfgang Huber in de Kochstraße. Dokter Huber bekeek niet alleen zijn arm, maar tot Chris' grote verbazing ook zijn gebit. Na het onderzoek kreeg Chris twee adviezen: hij moest zijn kiezen laten trekken en naar de vertrouwensarts van de Krankenkasse. Chris stond perplex, vooral wat betreft de kiezentrekkerij, dat liet hij niet gebeuren. Naar de Krankenkasse, dat wilde hij wel, dat leverde misschien wat op:

Want als je daar naartoe moet ben je al aardig op weg om afgekeurd te worden. Maar ik maak me nog maar niet blij want anders valt het erg tegen als het niet doorgaat.

Dat laatste was verstandig gedacht want toen hij vrijdag 29 oktober 1943 naar de Krankenkasse ging, werd hij blij gemaakt met een dode mus. De betreffende arts onderzocht hem gedegen, daar ontbrak het niet aan, maar aan afkeuren dacht hij zeker niet, nee, hij stelde een week rust voor en bestralingen. Met het eerste was Chris ondanks de teleurstelling dat hij niet werd afgekeurd heel blij. Maar de bestralingen lapte hij aan zijn laars: *Dat geeft toch allemaal niets.*

Bij de Krankenkasse haalde hij zijn uitkering over niet-gewerkte dagen op. Dertien Mark, het was niet veel, maar hij kreeg nog iets van de Krankenkasse, het was te verwachten, maar content was hij niet:

Ik kreeg meteen de uitslag van de keuring die ik een paar dagen geleden had gehad in de hoop dat ik afgekeurd zou worden. Maar helaas, ik word niet afgekeurd.

En daarmee hielden voorlopig de pogingen om afgekeurd naar huis te kunnen op. Hij was teleurgesteld, maar gelukkig had hij wel enkele malen ziekteverlof kunnen lospeuteren. Was zijn moeite toch niet helemaal voor niets geweest.

Bombardementen

Berlijn werd vanaf 1943 tot en met de capitulatie van Duitsland op 8 mei 1945 herhaaldelijk door de geallieerden gebombardeerd. Daarbij ging niet alleen ongeveer een derde van het woningbestand verloren maar werden ook vele monumentale gebouwen verwoest of beschadigd. Het kon niet uitblijven, Chris werd er ook mee geconfronteerd.

Tussen 15 juli en zijn vertrek op 7 november 1943, maakte hij ruim dertigmaal luchtalarm mee, meestal gevolgd door bombardementen. Verschillende waren hevig, andere vielen in vergelijking met de zware aanvallen mee, maar er was ook regelmatig vals alarm. Het eerste luchtalarm dat hij meemaakte was op donderdag 15 juli, de jongens lagen te slapen maar werden meteen wakker van het angstaanjagende geloei van de sirenes:

Haastig kleden wij ons aan en verlaten het Lager met onze koffer. Die willen we niet achterlaten uit angst dat de barak getroffen zal worden en we dan alles kwijt zijn. Als we op straat komen, horen we in de verte reeds schieten en haasten we ons om in de schuilkelder te komen. Deze staat boven de grond en is ongeveer vier meter hoog. Met een trap kunnen we erin komen. Het schieten wordt heviger en Johan en ik staan te trillen op onze benen van de zenuwen. Wij weten niet wat luchtalarm is omdat dit bij ons op het platteland gelukkig niet voorkwam, maar jongens die uit grote steden afkomstig waren, hadden er wel ervaring mee; zij waren minder nerveus dan wij.

De jongens waren verplicht te schuilen in de speciale schuilkelder voor de bewoners van het Lager, waar allemaal buitenlanders woonden. Het was een bovengrondse vluchtplaats, een zogenoemde *Spittelgrabe*.

"Het was een soort uitgeholde, schaars verlichte dijk. In de met hout gestutte gangen stonden lange banken. Het was een gevaarlijke schuilplaats, een voltreffer zou verschrikkelijke gevolgen kunnen hebben, daarvan waren we overtuigd. De schuilkelders voor de Berlijners waren veel veiliger maar voor de buitenlanders hadden de Duitsers niet veel over."

Die eerste keer duurde het ongeveer anderhalf uur totdat de sirene sein 'veilig' gaf. Terug in het Lager kon Chris van de zenuwen geen oog meer dicht doen, het bombardement had een overweldigende indruk op hem gemaakt. Het beangstigde hem dat hij in zo'n gevaarlijke stad moest leven. Tegenstrijdige gevoelens natuurlijk, want aan de ene kant was hij blij dat de geallieerden Duitsland aanvielen, maar aan de andere kant stond zijn leven herhaaldelijk op het spel. Soms dagelijks, of zelfs enkele keren per dag. De geallieerden vielen meestal 's avonds en 's nachts aan, soms overdag tijdens het werk, bijvoorbeeld maandag 26 juli:

Het is kwart voor elf als de sirene van de fabriek afgaat en met zeven korte stoten luchtalarm aankondigt. Nadat we de machines hebben afgesloten pakken we onze spullen en verlaten de fabriek. We moeten allemaal naar de schuilkelder die zich onder het gebouw bevindt. Het Duitse personeel is in bezit van een helm en gasmasker, ze zijn ontzettend zenuwachtig. Wij Hollanders staan wat met elkaar te praten als afleiding van het bombardement. Om kwart voor twaalf gaat de sirene ten teken dat alles weer veilig is. Iedereen verlaat de schuilkelder en zoekt zijn machine weer op.

Niet alleen luchtalarm in Berlijn op 26 juli, diezelfde dag werd ook Hamburg zwaar getroffen door de Engelsen die tevens pamfletten hadden afgeworpen met de mededeling dat na Hamburg ook Hannover en Berlijn aan de beurt zouden komen.

"Dat was natuurlijk goed nieuws, maar in die steden werkten wel duizenden buitenlanders die mogelijk het slachtoffer van de bombardementen konden worden. Zeker als je bedacht dat de schuilkelders voor hen niet de meest veilige waren."

Er was meer goed nieuws die dag. 's Middags werd namelijk bekend gemaakt dat Mussolini was afgetreden. Enkele maanden later, op 23 september, installeerden de Duitsers hem echter als staatshoofd van de Italiaanse Socialistische Republiek. Een marionettenregering, want feitelijk namen de Duitsers de macht over in Italië.

De Engelsen voegden spoedig de daad bij het woord. De volgende dag werd Hannover zwaar getroffen, maar ook Berlijn bleef herhaaldelijk doelwit, onder andere op vrijdag 30 juli:

We liggen 'lekker' in ons bed als we plotseling wakker worden van die vervloekte sirene. Nerveus maar allert sta ik spoedig aangekleed op straat en zoeken we met z'n allen de schuilkelder op. Er wordt hevig geschoten en er vallen bommen bij ons in de buurt. De hele boel staat te dreunen van het geschut en de bommen. We kunnen de granaatscherven op de spoorbaan horen vallen en vrezen dat de bommen steeds dichterbij zullen neerkomen. Zullen we dat overleven? Vreselijke gedachten gaan door mijn hoofd.

Dit bombardement duurde zo'n drie kwartier. Gelukkig werden de Spittelgrabe en omgeving niet geraakt.

Enkele dagen later werden voorzorgsmaatregelen getroffen. Alle uitgangen, zowel ramen als deuren moesten hermetisch worden afgesloten ter bescherming van een eventuele fosforaanval. Vrouwen en kinderen moesten de stad verlaten, de eerste treinen vertrokken. Dat ging enkele dagen door met enorme drukte op de stations van evacuees die zoveel mogelijk bagage wilden meenemen. Met het vertrek van de vrouwen en kinderen veranderde de sfeer in de stad, Berlijn werd meer en meer een grimmige oorlogsstad.

Met de gevolgen van die verschrikkelijke oorlog werd Chris vrijdag 13 augustus opnieuw geconfronteerd toen om middernacht het naargeestige geloei van de sirenes klonk. Het luchtgeweld volgde gelijk, Berlijn kreeg het zwaar te verduren. Chris was bang de schuilkelder niet tijdig te bereiken:

Als Johan en ik op straat staan durven we niet over te steken want vlakbij komen bommen neer en vliegen granaatscherven in het rond. Het lijkt wel alsof de hele wereld vergaat. Het schieten wordt steeds erger, bommen donderen omlaag. Zullen we de schuilkelder bereiken? Vliegtuigen cirkelen hoog boven ons, we kunnen ze zien in de zoeklichten. Maar we kunnen hier niet blijven, we moeten naar de schuilkelder. Met angstig kloppende harten steken we zo snel als we kunnen de straat over. Plotseling horen en zien we ontploffingen en grote steekvlammen voor ons. We hollen in gebukte houding en met de handen aan ons hoofd door terwijl het schieten verhevigt. Zullen we het halen? Het is nog maar om een paar meter te doen. Eindelijk bereiken we de schuilkelder. We vliegen de trap op, rennen naar binnen en laten ons vermoeid en op van de zenuwen op een bank neervallen. Het voelde alsof onze laatste uurtjes waren aangebroken.

Eenmaal in de Spittelgrabe waanden de jongens zich veilig, maar ze realiseerden zich terdege dat het een gevaarlijke schuilplaats was. En daar zouden ze spoedig mee worden geconfronteerd. Dit bombardement overleefden ze, al was het ternauwernood.

Slapen kon Chris die nacht niet, het gedreun van de bommen en het schieten met het afweergeschut klonken nog urenlang na in zijn hoofd. Doodmoe was hij de volgende dag, maar zo was het vaak, na zo'n gebroken nacht.

De volgende ochtend herinnerden een zware brandlucht en donkere nevel boven de stad aan het bombardement. Ditmaal was Berlijn-Tegel het doel van de geallieerden. Twee dagen later, zondag 15 augustus was het weer raak, volle maan, de ellende begon 's avonds om kwart over elf. Het werd opnieuw een zware aanval:

Er wordt hevig geschoten door het afweergeschut van Neukölln. Twee Engelse vliegtuigen zitten in de zoeklichten. Langs de lichtstraal wordt vanuit de vliegtuigen naar beneden geschoten in de hoop het zoeklicht te treffen. We horen de granaatscherven tegen de spoorrails en in het grind van de spoorbaan kletteren. Er vallen bommen in Tempelhof, een paar kilometer van Neukölln. Het alarm duurt ongeveer anderhalf uur. Als we weer in bed liggen, horen we nog regelmatig tijdbommen, die door de Engelse vliegers op de spoorbaan zijn afgeworpen, ontploffen.

Het bombardement van twee dagen later, 17 augustus, werd een traumatische ervaring voor Chris en zijn mededwangarbeiders. De sirene ging 's avonds om kwart voor twaalf. Alhoewel de jongens de Spittelgrabe veilig wisten te bereiken, ging het toch genadeloos mis:

Wij zitten met z'n allen in de schuilkelder op een bank. Door een plotselinge, hevige klap vliegen de deuren van de schuilkelder open. Door de luchtdruk worden we van de bank afgeslagen en komen tegen de muur van de schuilkelder terecht waar we enigszins versuft blijven liggen. Als we weer tot onze positieven zijn gekomen, staan we op. We houden elkaar stevig bij de kleren vast alsof we bang zijn dat dit nogmaals zal gebeuren.

Maar het ergste moest nog komen:

Er komt een Belg binnen die lid is van de luchtbescherming. Hij vertelt wat er is gebeurd. Er is een granaat op twee meter afstand van de schuilkelder terechtgekomen. Door de luchtdruk waren de deuren opengesmeten en wij tegen de wand beland. Hij vertelde dat er een slachtoffer is gevallen, een Hollander die Bordewijk heet. Dat willen wij niet geloven want als dat zo is, gaat het om een jongen van mijn kamer.

Het was inderdaad Simon Bordewijk die om het leven was gekomen, ver van huis in Berlijn. Chris en zijn vrienden waren er kapot van.

Pas om halfdrie kwam het sein 'veilig' en konden de jongens terug naar Barak I. Van slapen kwam die nacht echter niet veel, daarvoor waren zij teveel aangeslagen door het overlijden van hun vriend. De volgende dag was het trieste voorval het gesprek van de dag bij Preschona:

"De Duitsers hadden weinig begrip voor ons verdriet. 'Iedere dag vallen er van ons tientallen doden aan het front', zeiden ze. En daarmee was voor hen de kous af. We konden ze wel wat aandoen. We hebben die dag amper gewerkt, tot grote ergernis van de moffen, maar dat kon ons niets schelen".

Simon Bordewijk was katholiek, zondag 22 augustus werd een mis voor hem opgedragen die door de katholieke dwangarbeiders werd bijgewoond. Donderdag 26 augustus 1943 werd Simon Bordewijk 's middags begraven op het kerkhof in Berlijn-Staaken. Alhoewel slechts enkele Hollanders van Preschona verlof kregen voor de begrafenis, gingen de jongens allemaal nadat ze zich eerst in het Lager hadden opgefrist. Er werd niet gegeten, want ze hadden niets meer. Ze vertrokken vanaf de Emserstraße met drie kransen: één van de Hollandse dwangarbeiders, één van de *Lagerführer* en één namens Preschona. Het werd een aangrijpende plechtigheid voor de jonge Hollanders. In het kerkje van Staaken werd een mis opgedragen, bij het graf werd gesproken door een kapelaan en tijdens het neerlaten van de kist werd gebeden door de katholieke jongens. Het overlijden en de begrafenis van Simon Bordewijk maakten diepe indruk op Chris: "Ik ben dit nooit vergeten en heb later nog vaak teruggedacht aan deze jongen die als gevolg van de oorlog zo ver van huis overleed en zonder zijn familie werd begraven."

Het was in die afschuwelijke week zes weken geleden dat Chris uit Holland was vertrokken. Zes weken van honger, bombardementen, onder dwang werken, het overlijden van een vriend. Maar ook van verlangen naar huis. Hij was vertrokken in de hoop over een week of zes, hooguit acht terug te zijn bij zijn familie. Het zag er niet naar uit dat hij hen spoedig zou weerzien. Het overlijden van Simon was hard aangekomen bij Chris en maakte het verlangen naar huis groter. Hij realiseerde zich opnieuw dat hij groot gevaar liep in Berlijn en voelde zich overgeleverd aan de waan van de dag.

Een week later, 24 augustus, was het 's avonds om halftwaalf opnieuw mis: luchtalarm. Gehaast verlieten ze het Lager, vastbesloten niet meer in de Spittelgrabe te schuilen omdat Simon Bordewijk daar om het leven was gekomen. Ze probeerden de schuilkelder in de Bergstraße:

"Toen we in die schuilkelder aankwamen keek ik om me heen en zag overal leidingen lopen. De kelder was onder een huizenblok. Als het getroffen werd en de leidingen sprongen, dan zaten we hier als ratten in de val. Ik zei tegen mijn vrienden: 'We moeten hier vandaan, het is absoluut niet veilig.' Ze geloofden mij niet maar ik besloot naar een andere schuilkelder te gaan en ging er vandoor. Het was gevaarlijk op straat want de aanval was al begonnen. Zigzaggend rende ik naar een andere schuilkelder onder een fabriek. Toen ik net binnen was kwamen mijn vrienden er ook aan, ze waren gelukkig niet in de kelder van de Bergstraße gebleven."

In eerste instantie werden ze tegengehouden door een Duitser van de luchtbescherming omdat ze buitenlanders waren maar vanwege het heftige schieten mochten ze toch blijven. In de schuilkelder zaten veel oudere Duitsers en moeders met kinderen die Berlijn nog niet hadden verlaten, de angst was van hun gezichten af te lezen. Het was een goed ingerichte schuilkelder, zelfs met bedden. Wat een verschil met die voor de buitenlanders. Sommige jongens konden slapen, Chris lukte het niet. Het werd een heftig bombardement, de deuren van de schuilkelder sprongen door de luchtdruk bijna uit hun scharnieren. Maar liefst drieënhalf uur duurde het oorlogsgeweld. Als de fabriek zou worden geraakt, waren ze reddeloos verloren, maar ze overleefden ook ditmaal de aanval van de geallieerden.

"De schade was enorm, de volgende dag kwamen we erachter dat het huizenblok boven de schuilkelder in de Bergstraße was getroffen, met fatale gevolgen voor de schuilkelder. De buizen waar ik zo bang voor was geweest, waren gesprongen, water en gas waren vrijgekomen. Er waren veel mensen in de schuilkelder om het leven gekomen. Ik was ontzettend blij dat we niet in die schuilkelder waren gebleven, we waren door het oog van de naald gekropen."

De gevolgen van de aanval van dinsdag 24 augustus kregen voor Chris een staartje want maandag 30 augustus moest hij met drie Hollanders, dertien Fransen en vier Duitsers puinruimen in de omgeving van station Steglitz. Met Jo Veldt moest Chris vanaf de bovenste etages van getroffen en deels uitgebrande woningen puin naar beneden gooien. De jongens hadden hier absoluut geen zin in. Want, zoals hij schreef *wie weet wat er allemaal onder het puin ligt.*

Controle op het werk was er niet en daarom lag het werktempo laag. Door deze opdracht kregen ze wel een indruk van de gevolgen van de geallieerde aanval:

Waar we ook lopen, we zien niets anders dan metershoge bergen puin, verwrongen ijzermassa's, brandend hout, enzovoorts. De brandweer houdt zich nog steeds bezig met het ontruimen van de schuilkelders die door het puin zijn bedolven. Af en toe wordt er een dode naar boven gebracht. Wij liepen in een straat waar een kettingbom was gevallen, dat konden we aan de sporen zien. Overal lagen plassen bloed waar mensen het leven hadden gelaten. Op het puin zagen we nog een arm liggen en een eindje verderop een been waar de welbekende 'moffenlaars' nog aan vast zat. Het was een troosteloos gezicht.

's Avonds kreeg Chris last van zijn arm en ontdekte tot zijn schrik een groenig puistje op zijn hand en een rode streep tot aan zijn elleboog. Hij vreesde voor bloedvergiftiging en raadpleegde een arts. Deze verbond de arm en schreef een week rust voor. Geweldig, vond hij, een week niet werken.

Maandag 6 september meldde Chris zich weer op de fabriek. Hij moest opnieuw zeer tegen zijn zin met Jo Veldt puinruimen in gebombardeerde wijken. De jongens voerden weinig uit, er werd toch niet gecheckt.

Ze maakten er op een gegeven moment maar een spel van. Vanuit het raam wierpen ze puin op een lantaarnpaal, zelfs een ijzeren ledikant kiepten ze uit het raam. De lantaarnpaal was vernield; ze waren tevreden. Toen hun zin er af was zochten ze tussen de puinhopen een stil hoekje en schreven een brief naar huis. Als puinruimers kregen ze overigens wel goed te eten in het gebouw voor oorlogsslachtoffers: erwtensoep gevuld met zuurkool. Ze mochten eten zoveel ze wilden, volgens Chris het beste eten wat hij tot dan toe in Berlijn had gehad. Eigenlijk hield hij niet van erwtensoep, maar deze soep ging er graag in. Wat een contrast van zowel kwaliteit als kwantiteit met de porties die de keuken in de Siegfriedstraße serveerde.

Dinsdag 7 september was de laatste dag dat Chris en Jo puin moesten ruimen. Ze gaven de dag echter een andere invulling: ze gingen wandelen en slapen in een park, toezicht was er toch niet.

Vanaf dinsdag 31 augustus stelden de jongens 's nachts een wachtdienst in. Ze hadden geconstateerd dat ze aan de brandwijze van de lampen van station Neukölln konden zien of er spoedig luchtalarm zou komen. Want als geallieerde vliegtuigen de grens tussen Holland en Duitsland waren gepasseerd werd de verlichting namelijk op half vermogen gezet; een teken voor de luchtbeschermingsdienst om hun posten in te nemen.

In Barak I zaten bij toerbeurt twee jongens voor de ramen die de lampen op het perron in de gaten hielden. Zodra deze werden gedimd, wekten ze de slapers. Snel kleedde iedereen zich aan en verliet het Lager om tijdig in een schuilkelder te kunnen zijn. Zo ook 31 augustus, 's avonds elf uur maakte Joop Pieterse zijn kamergenoten wakker: "Jongens opstaan, de lampen zijn uit!"

Snel kwam iedereen z'n bed uit, daarin waren ze inmiddels getraind. Hun koffers namen ze niet meer mee, dat was te lastig als je haast had, bovendien was hun leven waardevoller dan hun spullen. Chris stak bij elk luchtalarm wel een handdoek en verbandmateriaal in zijn zak. Je wist nooit of dit van pas kon komen, voor hemzelf of voor een vriend. Als hij iets te eten had, nam hij dat ook mee, maar dat lukte niet altijd. Die avond leek het in eerste instantie loos alarm, maar uiteindelijk ging de sirene toch en vluchtten de jongens naar een grote kelder die plaats bood aan ruim vijfduizend personen. Deze schuilkelder was wel wat verder weg, bij de Hermannplatz, maar veel veiliger. Het was een bomvrije kelder op vijftien meter diepte in een niet afgebouwd ondergronds station. Toen ze er aankwamen was er nog geen luchtalarm. Konden ze niet beter terugkeren naar de Emserstraße? Nee, ze besloten nog even te wachten. Het groepje jongens ging tegen een muur zitten, trok hun jassen over hun hoofden en probeerde wat te slapen. Ondanks de zomer was het een koude avond.

Na ongeveer een uur klonk het onheilspellende geluid van de sirenes. Als een van de eersten vluchtten ze via verschillende trappen de diepe schuilkelder in. Het werd een heftig bombardement, toen eindelijk het sein 'veilig' was gegeven en ze bovengronds kwamen, merkten ze dat op circa vijftig meter van de ingang een bom was ontploft. De schade was enorm en in westelijke richting tekende zich een geweldige, rode gloed af tegen de hemel. Het doel van de Engelse bommenwerpers was onder andere vliegveld Tempelhof geweest, slechts een paar kilometer van hun Lager in de Emserstraße. *Maar vijf minuten met de tram,* zoals Chris noteerde in zijn dagboek. De volgende dag bezocht hij met Bram Zeeman het getroffen gebied:

We zien overal puinhopen van getroffen huizen en fabrieken. De bevolking en ploegen van de opruimingsdienst zijn druk aan het werk. Ziekenauto's rijden af en aan. Er zijn heel wat doden gevallen want we hebben misschien een half uur gelopen en hebben ongeveer tien slachtoffers gezien die geen teken van leven meer gaven.

Begin september 1943 was het praktisch elke dag raak. De geallieerden hadden de bombardementen op Berlijn opgevoerd. Er vielen tal van slachtoffers al werden de werkelijke aantallen volgens Chris verzwegen. De schade aan huizen, gebouwen en straten was gigantisch.

Het bombardement van vrijdag 3 september bleef Chris lang bij. Ze waren gevlucht naar de schuilkelder bij de Hermannplatz, maar diep onder de grond konden ze de bommen horen vallen en ontploffen. Drie uur zaten Chris en zijn kameraden in de schuilkelder en stonden doodsangsten uit. Zijn gedachten gingen naar huis, naar zijn ouders. Hij was nu zo'n acht weken in Duitsland, en was nog steeds in oorlogsgebied. Zijn ouders moesten eens weten dat hij op dat moment diep onder de grond in Berlijn zat terwijl de Engelsen met precisie hun vernietigende werk boven de stad verrichtten. Zou hij zijn familie ooit terugzien? Daar was hij steeds minder van overtuigd. Toen hij na drie uur eindelijk bovengronds kwam, was een deel van Berlijn opnieuw in een vuurzee veranderd. Hij sloot zijn dagboek die dag af met:

Wij leven nog, we hebben weer ontzettend geluk gehad. Hoe lang zullen we dat nog hebben?

Ondanks de bombardementen begin september, was er enig optimisme want woensdag 8 september was er goed nieuws in het Lager aan de Emserstraße:

Het is negen uur 's avonds als plotseling de deur van onze kamer wordt opengegooid. Franse en Hollandse dwangarbeiders stormen naar binnen en roepen: 'Italië heeft gecapituleerd!' Ze hadden dit nieuws net op de radio gehoord. We zijn ontzettend blij, ja euforisch, want hopelijk betekent dit een verkorting van de oorlog. De rest van de avond is het een gekkenhuis in de barak. Lagerführer Becker is razend want hij kan daardoor niet slapen, maar dat kan ons niets schelen, we gaan gewoon door.

Dit nieuws gaf de jongens goede moed vol te houden in de hel van Berlijn, er zouden betere tijden komen, daar rekenden ze op. Het was maar goed dat Chris niet wist dat het nog bijna twee jaar zou duren voordat hij thuis zou zijn...

De volgende dag zond hij een pakje naar huis met daarin een paar kapotte sokken die hij onmogelijk meer kon repareren, ondergoed dat ook ondraagbaar was geworden en bretels die hij niet gebruikte. Verder een schaar en een speelgoedhondje, allebei gevonden tussen de puinhopen die hij moest ruimen, wat tabak en een pakje shampoo:

Met dat laatste had ik een bedoeling, ik had er namelijk een brief in verstopt waarin ik niet al te vlijend over Berlijn, de moffen en Duitsland had geschreven. Ik hoopte dat de brief op deze manier aan de censuur ontkwam.

Het speelgoedhondje was voor zijn zusje Gré, hij moest regelmatig aan haar denken en wilde haar graag blij maken met dit cadeautje.

De hele maand september was er regelmatig luchtalarm. Maar met uitzondering van het begin van de maand, vielen de gevolgen voor de Hollanders gelukkig mee. Dat betekende niet dat het leven veiliger was geworden voor de dwangarbeiders, integendeel, want tijdens luchtalarm brachten zij vaak korte of langere tijd in een schuilkelder door. En telkens was er de angst dat het mis kon gaan, maar ook dankbaarheid als ze weer veilig terug waren in hun Lager.

Zaterdag 18 september waren de jongens in het Lager toen er 's middags luchtalarm was. Het leek in eerste instantie loos alarm, tot het na een half uur plotseling enorm begon te dreunen. De granaatscherven vlogen in het rond, het was te laat om naar een schuilkelder te vluchten want het was gevaarlijk op straat. De jongens vreesden het ergste maar ook die middag was Vrouwe Fortuna met hen toen na anderhalf uur sein 'veilig' werd gegeven. Opnieuw was Chris door het oog van de naald gekropen. Ook dit bombardement had veel van zijn zenuwen gevergd, hoe lang hield hij dit nog vol? Hij wist het niet, maar het was om waanzinnig van te worden.

Een paar weken later leek sprake van een lichtpuntje: 4 oktober werd bekend gemaakt dat Preschona Werk B naar Peterswaldau[2] in Neder-Silezië, op ongeveer zestig kilometer van Breslau[3] zou worden overgebracht:

Vanwege de vele bombardementen van de laatste tijd ziet de directie zich genoodzaakt de fabriek te verhuizen. Stel je voor dat de fabriek met zijn mooie, dure en kostbare machines geraakt zou worden door een Engelse bom! Dat zou een grote klap zijn voor de Duitse Wehrmacht!

Verschillende machines werden ontmanteld en overgebracht naar Peterswaldau, enkele afdelingen werden ontruimd. De verhuizing kreeg spoedig gevolgen voor de Hollandse dwangarbeiders Joost Broekman, Hilbert Bindels en Frans Kalter want zij verhuisden woensdag 6 oktober naar Neder-Silezië. Chris en enkele jongens zouden 18 oktober volgen; hij verheugde zich erop Berlijn te verlaten al maakte Chris zich zorgen dat hij daardoor verder van huis zou zijn. Was de oorlog maar voorbij, maar daar zag het helemaal niet naar uit.

Bijzonder was het feit dat Chris pas op 4 oktober van de Berliner Polizei zijn 'Anmeldung bei der polizeilichen Meldebehörde' ontving; hij was al sinds 1 juli in Berlijn, binnenkort hoopte hij de stad te verlaten.

Vóór zijn verhuizing naar Neder-Silezië maakte hij op 9 oktober nog een luchtalarm mee in de fabriek. De motoren van de draaibanken werden uitgeschakeld, iedereen haalde zijn spullen zoals brood en geld uit z'n kastje. Daarna gingen ze zo snel mogelijk naar de schuilkelder. De Duitsers waren banger dan de Hollandse dwangarbeiders:

In de schuilkelder onder de fabriek is het stil, tenminste van Duitse zijde. Zij zijn zo bang als een klein hondje. Zij, die anders een grote mond hebben. Maar nu zijn ze zo mak als een lammetje en vrezen het ergste. Wij Hollanders hebben ons van de Duitsers afgezonderd en zitten ergens in een hoek van de kelder. Bij ons valt de angst mee; na een verblijf van enkele maanden zijn we inmiddels zo gehard dat we weten niet beter of het hoort erbij. We nemen het minder zwaar op als in het begin toen we pas in Duitsland waren. Maar uiteraard hopen we maar één ding en dat is dat we deze nazi-hel zullen overleven.

Chris maakte zich zorgen om zijn ouders:

Die zijn natuurlijk met hun gedachten bij ons. Als één van ons heengaat, dan moeten zij de lasten van de oorlog dragen. Lasten die zij nooit meer kwijtraken. Het dierbare dat zij bezaten is hen op wrede wijze ontnomen, iets dat zij niet vrijwillig hebben gegeven. Want hebben zij daarvoor hun kinderen grootgebracht, om te sterven onder verschrikkelijke omstandigheden? Nee, dat hebben zij zeker niet. Is dit de beschaving van de twintigste eeuw?

Terwijl hij dit schreef gingen zijn gedachten naar de ouders van Simon Bordewijk. Hij kende hen natuurlijk niet, maar probeerde zich een voorstelling te maken van hun verdriet en hoopte dat dit zijn ouders bespaard zou blijven.

Het bombardement vond plaats in de buurt van Preschona Werk B, ook ditmaal overleefde Chris het geweld. Alsof het niet genoeg was, ging het 's avonds weer mis, zonder voorafgaand alarm. Er vielen onverwachts bommen, met kloppend hart probeerden ze zo snel ze konden een schuilkelder te bereiken. Doodmoe arriveerden ze daar. Voor de tweede keer die dag waren Chris' gedachten bij zijn ouders, broers en zusters, zou hij ze terugzien en hoe zou het met zijn broer Jan zijn? Die was tenslotte ook dwangarbeider in Duitsland. Chris was er allesbehalve gerust op, in zijn dagboek schreef hij:

Alle dagen loert de dood op ons. Het is om krankzinnig van te worden. Worden we ooit uit deze hel van bombardementen verlost? Zijn we aan de genade overgeleverd? Ja, dat zijn we en we kunnen er niets tegen doen. Misschien zien we Holland NOOIT meer. We hebben, hoe is het mogelijk, weer een bombardement overleefd. Als we uit de schuilkelder komen zien we ten westen van ons een geweldige, rode gloed. Wij lopen door een donkere straat. Overal is rook, de wind drijft in onze richting en bedekt onze gezichten met verbrande stukjes papier. Het is een vreemde gewaarwording; een Hollander, ver van huis en haard, krijgt de as van Berlijnse huizen op zijn hoofd. Wat een wereld.

Terug in het Lager besloten hij en Johan al het brood op te eten dat ze nog hadden, gewoon omdat het kon. Morgen misschien niet meer...

Inmiddels had Chris ruim twintigmaal luchtalarm meegemaakt in Berlijn en telkens was er de spanning om op tijd een schuilkelder te bereiken, vaak renden zij doodsbang zigzaggend door de Berlijnse straten. Het was dan ook niet vreemd dat Chris uitkeek naar zijn overplaatsing naar Neder-Silezië, weg uit Berlijn. Hij bleef dwangarbeider maar misschien kwam er wat rust in zijn dagelijks bestaan, of meer nog zijn nachtelijk bestaan want de gebroken nachten eisten hun tol, doodmoe werden ze ervan. Hij was dan ook teleurgesteld toen hij 11 oktober hoorde dat de overplaatsing naar Peterswaldau was opgeschort: *Dus nu blijf ik nog langer in die Berlijnse hel.*

Vijftien oktober noteerde Chris cynisch in zijn dagboek dat het luchtalarm van die nacht memorabel was: de vijfentwintigste keer. Hij was op tijd in de schuilkelder en bleef er een uur, gelukkig viel de aanval mee. Vier dagen later was er opnieuw luchtalarm. Weer viel het mee, na drie kwartier werd het sein 'veilig' gegeven. De jongens gingen terug naar het Lager en hoopten dat de avond verder rustig zou verlopen. Ze kwamen bedrogen uit, in de Emserstraße stond het Lager op zijn kop. Lagerführer Becker kondigde aan dat de jongens de volgende dag tijdelijk moesten verhuizen omdat de barak zou worden ontluisd. Ze moesten alles afgeven, ook eten en eigendommen, maar dat vertikten ze, er werd immers veel gestolen. Ze kregen toestemming hun spullen tijdelijk naar Schöneweide te brengen, een in aanbouw zijnde barak voor Preschona. De dwangarbeiders waren overigens blij dat de barak zou worden ontluisd want ze hadden al enkele dagen erg last van het ongedierte:

Het ergste was dat ze zo vreselijk stonken en in je kleren gingen zitten. Als je 's morgens opstond waren je gelaat, armen en benen bedekt met bulten. Oorzaak? Luizen.

Hun eten werd ook aangetast:

Wanneer je brood uit je kast haalde zag je luizen. En als je het boter- of jampotje (als je tenminste nog zo rijk was) pakte dan zaten er zelfs luizen in. We waren er wel aan gewend geraakt, want natuurlijk at je je brood op.

Maar op den duur begon het te vervelen dat je eerst de luizen van je eten moest schrapen voordat je kon eten. Verscheidene malen hadden we bij de Lagerführer geklaagd in de hoop dat hij het probleem zou aanpakken. Maar hij snauwde ons telkens af met 'Het gaat wel over!' Het werd zelfs zo erg dat hij als hij ons aan zag komen, al op afstand riep: 'Ga weg, honden!'

Omdat de Lagerführer geen actie nam hadden enkele Hollanders luizen in een doosje gestopt en dat 's avonds in het donker door een open raam in de kamer van Becker geleegd. Toen nam hij wel maatregelen.

Op 20 oktober werd de barak dus ontluisd en dat niet alleen, de jongens werden zelf ook behandeld en naderhand op luizen gecontroleerd. Dat gebeurde in de omgeving van station Prenzlauer Allee, het was een hele toestand voor de honderd jonge mannen. Het ontluizen gebeurde in een oud hok. Toen ze daar kwamen schrokken ze. Aan het plafond waren lange buizen met gaten erin bevestigd. Ze keken elkaar angstig aan. Werden ze wel ontluisd, of zouden ze worden vergast? Werd dit hun einde? Spiernaakt wachtten de jongens op wat zou gaan gebeuren; Chris was erg nerveus. Zou hij sterven hier in Berlijn, in dit hok, niet ten gevolge van een bombardement, maar door vergassing? Zijn zorgen bleken gelukkig ongegrond, het waren douches, uit de buizen kwam warm water.

Na de douchebeurt werden ze door een mannelijke en een vrouwelijke arts op luizen gecontroleerd, daarna moesten ze in een ander vertrek wachten op hun kleding die ondertussen met zwavel werd behandeld. De hele ontluizingsoperatie nam uren in beslag, ze waren 's morgens acht uur uit de Emserstraße vertrokken en kwamen daar pas om vier uur terug. Helaas was het Lager toen nog gehuld in een nevel van zwaveldamp. Waar moesten ze slapen? Volgens de Lagerführer kon dat wel boven de keuken in de Siegfriedstraße. Maar ook die ruimte was niet luizenvrij, dus daar overnachten was zinloos. Uiteindelijk mochten ze slapen in het nieuwe Lager Schöneweide waar ze hun bagage hadden opgeslagen. Doodmoe arriveerden ze daar, verlangend naar hun bed, maar een rustige nacht werd ze niet gegund want spoedig ging de sirene. De jongens vluchtten naar de bij het Lager horende schuilkelder. Er volgde een stevig bombardement met heftig schieten en veel lawaai. De jongens stonden opnieuw doodsangsten uit. Waren het de zenuwen waardoor ze besloten te zingen? Ze probeerden op die manier de herrie te overstemmen. Toen het op een gegeven moment veilig leek te zijn wilden ze de schuilkelder verlaten. Al hadden ze dat beter niet kunnen doen:

We stonden op en gingen naar de uitgang. Een paar jongens gingen naar buiten, ik volgde hen op de trap. Plotseling werden we verblind door een geweldig groot vuur, gevolgd door een paar oorverdovende knallen. Vlakbij viel een kettingbom, door de klap werd ik teruggeworpen in de schuilkelder. Daar werd ik gelukkig opgevangen door een van mijn vrienden, anders had ik een enorme smak kunnen maken op de betonnen vloer van de schuilkelder.

Tegen twaalf uur werd het sein 'veilig' gegeven, en de jongens verlieten de schuilkelder. Buiten zagen ze de gevolgen van het bombardement. Waar ze ook keken, overal was vuur.

Ook die nacht kon Chris de slaap moeilijk vatten, er was zoveel gebeurd die dag, hij moest telkens denken aan het ontluizen, de angst voor vergassing en daarna het vreselijke bombardement. De vuurzee stond op zijn netvlies gebrand, hij was enorm dankbaar dat hij het er ook nu weer levend had afgebracht.

Enkele dagen later, vrijdag 22 oktober, was er opnieuw een conflict in het Lager. Nu niet met Lagerführer Becker, maar met Ober-Lagerführer Hofmann, volgens Chris een gemene kerel. Hofmann arriveerde woest in de kamer, salueerde met zijn rechterarm: 'Heil Hitler!'

De jongens reageerden niet, tot grote woede van Hofmann die nogmaals de gehate groet bracht. Lauw antwoordden ze met 'Goedenavond' en wachtten verder af. Wat bleek, ze waren in gebreke gebleven door het niet verduisteren van de ramen in hun kamer. Het licht brandde en de ramen stonden open, daaraan had de Ober-Lagerführer zich bijzonder gestoord. Ze kregen een boete van RM 20,- die de volgende dag voldaan moest zijn. De Hollanders weigerden te betalen en hoorden er niets meer van.

Op vrijdag 5 november was het laatste bombardement dat Chris in Berlijn meemaakte. Het bleek vals alarm maar bijzonder was de avond wel, want Chris en Johan de Vries waren in de Apollo Bioscoop in de Bergstraße en keken op het moment van het luchtalarm naar de film 'Zirkus Renz':

Het leek ons een mooie film, maar hoe het afliep wisten we niet want plotseling wordt de film onderbroken en verscheen op het doek de tekst: LUCHTALARM. Iedereen werd verzocht zich naar de schuilkelder te begeven.

Van rust was geen sprake, de angstige Duitsers verdrongen zich om zo snel mogelijk in de schuilkelder te komen. Eenmaal daar ging vijf minuten later de sirene dat het weer veilig was, maar de bioscoop bleef die avond gesloten.

De volgende avond gingen Chris en Johan nogmaals naar Apollo want daar was het tenminste lekker warm. Ze bekeken het laatste stuk van de film. Terug in de barak was het ijskoud, alle jongens zaten met hun jas aan. Een kachel was er niet en volgens Lagerführer Becker werd die voorlopig niet geplaatst, ze moesten maar zien hoe ze warm werden en bleven.

Ontspanning in Berlijn

De jongens moesten zes dagen per week hard werken. 's Avonds en op zondag was er wat tijd voor ontspanning.

"'s Avonds bleven we meestal in het Lager, we praatten met elkaar, natuurlijk ging het meestal over de oorlog, over de benarde situatie waarin we ons bevonden en over de vraag wanneer we naar huis zouden kunnen. Eigenlijk was je constant bezig met overleven, vooral door de bombardementen en de honger."

Sommigen legden weleens een kaartje, maar daar hield Chris niet zo van.

"Af en toe trokken we erop uit. Ik was best nieuwsgierig naar Berlijn, al werd de sfeer steeds slechter. Bovendien was het gevaarlijk door de bombardementen die ook grote schade aanrichtten aan allerlei historische gebouwen. Berlijn was geen fijne stad om je toeristisch te vermaken."

Zondag 25 juli werd voor Chris een dag die hij niet snel zou vergeten. Met Johan de Vries ging hij naar het Mommsen-Stadion waar een voetbalwedstrijd werd gespeeld, georganiseerd door de Niederländische Gauverbindungsstelle Freude und Arbeit Gau Berlin, in Verbindung mit der Deutschen Arbeitsfront NSG Kraft durch Freude.

De Niederländische Mannschaft speelde tegen de Flämische Mannschaft. Voor de wedstrijd waren zo'n 2500 plaatsen beschikbaar, ze waren bijna allemaal bezet. De meeste bezoekers waren Hollanders, die RM 2,50 betaalden om de wedstrijd te kunnen bijwonen.

Vóór de wedstrijd ontmoette Chris in het stadion bij toeval zijn dorpsgenoot Wim de Jong die hij op zijn eerste dag in Rehbrücke was tegengekomen, de jongens waren blij elkaar weer te zien:

We keken elkaar vreemd aan, want het is een bijzondere gewaarwording als twee vrienden uit een klein dorp elkaar ontmoeten in het hartje van een wereldstad in het buitenland.

Ze hadden elkaar uiteraard veel te vertellen. Johan de Vries had ook het geluk een vriend te treffen, Pieter Manshande. Als vanzelfsprekend brachten de jongens de middag met z'n vieren door. Tot Chris' vreugde wist Pieter Manshande het adres van zijn plaatsgenoot Hans Muntingh die in Charlottenburg bleek te wonen. Chris had Hans ook in Rehbrücke ontmoet, hij was vast van plan hem op te zoeken.

De Duitse omroep maakte radio-opnamen van de wedstrijd. Een propagandastunt? Wat ook de achterliggende gedachte was, de dwangarbeiders genoten:

Er heerst een gezellige stemming en er wordt veel door ons Hollanders gezongen, onder andere het Wilhelmus en Oranje Boven. Het mooiste is dat er ook Hollandse grammofoonplaten worden gedraaid van de Ramblers, zoals Aurora, Hindernisrennen, Ouwe Taaie, enzovoorts. Het is een fijne middag, je vergeet voor even waarom je zo ver van huis bent.

De overwinning ging naar de Hollanders: *Nu is er helemaal geen huis meer te houden met de Hollanders.*

Chris, Wim, Johan en Pieter maakten er een mooie middag van. Na de wedstrijd bezochten ze een prachtige bloementensoonstelling in de buurt van de Berlijner radio-zendmast, de Funkturm, waar ook een voorstelling van een openlucht circus werd gegeven.

Zaterdag 1 augustus gingen Chris en Johan de Vries weer op pad, ditmaal naar Charlottenburg waar Hans Muntingh en Ben Lensink met nog drie Hollanders op een kamer woonden. Ben Lensink was jarig en dat zouden ze met z'n allen vieren. Tot Chris' vreugde was ook Ab, de broer van Hans van de partij en Pieter Manshande, de vriend van Johan. Pieter was tewerkgesteld bij een bakker en had koek en gebak meegenomen en zo werd het een echt feestje, maar wel een met zorgen: "Want nadat we onze ervaringen van de laatste tijd hadden uitgewisseld, gingen de gesprekken eigenlijk maar over één onderwerp: wanneer zou die vreselijke oorlog afgelopen zijn zodat we weer naar huis konden."

Chris schreef die dag dat sommigen onder hen pessimistisch waren over hun terugkeer naar huis. Maar zelf bleef hij het tegenovergestelde: *Dat is het beste, dan ga je makkelijker door alles heen.* Was dat de kracht die hem door deze moeilijke jaren heen hielp?

Chris herinnerde zich dat hij met Tom Schoon en Ton Smulders in het Ufa-Palast een film had bekeken: "Een mooie film, we hadden alle drie genoten. Het was een fraaie bioscoop met heerlijke, met pluche bekleedde klapstoelen. Tom Schoon dacht daar echter anders over. Toen we buiten kwamen en de film bespraken zei hij dat hij de film prachtig vond maar de stoelen vreselijk. Wat bleek, hij had niet begrepen dat hij de zitting naar beneden moest klappen en had op de stang waar de zitting op had moeten rusten, gezeten."

Het Deutsche Arbeitsfront NSG Kraft durch Freude organiseerde op zondag 3 oktober in de namiddag een voetbalwedstrijd tussen de Nederlandsche Combinatie en de Servische Combinatie in het Stadion an der Avus. Chris en Johan zaten op de tribune en genoten van een mooie wedstrijd al vonden ze het spel van de Serven nogal ruw: *Vooral de doelverdediger van die ploeg was ongenaakbaar.* Desondanks verlieten de Hollanders het veld met een 3-1 winst. Het was fijne afleiding geweest maar lang nagenieten zat er niet in want terug in het Lager was er luchtalarm. Gelukkig bleef het daarbij en volgde er geen bombardement, maar het drukte wel een stempel op het uitje.

Met Johan de Vries, Jo Veldt en Bart Laan ging Chris zondag 17 oktober naar het Museum der Luftfahrt. Uit verschillende Europese landen waaronder Frankrijk, Rusland, Engeland en Holland, bezichtigden zij vliegtuigen, Nederland was vertegenwoordigd met een Fokker-toestel. Naast de vliegtuigen maakte een grote vliegboot van Dornier grote indruk, het interieur kon worden bekeken. De jongens vonden het bezoek de moeite waard maar belangrijker was het feit dat ze een ontspannen dag hadden gehad, zonder Preschona-bekommernissen. Maar ook een dag zonder luchtalarm en zorgen om aan voldoende eten te komen.

De laatste zondag in Berlijn, 30 oktober 1943, besloot Chris met enkele vrienden een bezoek te brengen aan slot Sanssouci in Potsdam. Met gemengde gevoelens stapte het groepje jongens op de tram. Chris was Rehbrücke, het beruchte Durchgangslager waar hij ruim een week moest verblijven, nog lang niet vergeten. Wat een tegenstelling, Sanssouci en het Durchgangslager... Het slot was het vroegere zomerverblijf van

Frederik de Grote. De jongens bekeken het interieur en dwaalden door de prachtige tuinen. Ze genoten:

Op het landgoed bevindt zich ook een Hollandse molen. Het slot en de prachtige tuinen en broeikassen zijn de moeite waard.

Jan

Toen Chris 24 juni 1943 uit Kwadijk vertrok wist hij dat zijn oudste broer Jan, geboren in 1923, ook als dwangarbeider naar Duitsland moest. Geen wonder dat hij had gehoopt hem in Rehbrücke te treffen. Jan werd tewerkgesteld bij een boer in Werder. Hij had het beter getroffen, want in tegenstelling tot Chris leed hij geen honger.

Woensdag 4 augustus 1943 ontving Chris twee brieven. Een van zijn broer Jan en een van zijn vriend Klaas Bark die ook als dwangarbeider in Duitsland zat, in de buurt van Jan. De brieven waren erg welkom want het was een dag van honger:

Vandaag krijgen we geen brood van het Lager. Waarom is voor ons een raadsel. Zelf hebben we niets meer. Nu moeten we een hele dag wachten voor we weer wat te eten krijgen. Ook van de fabriek krijgen we geen eten. HONGER!!!!

"Ik was bijna zes weken van huis en had nog geen post van mijn ouders ontvangen. Ik twijfelde. Hadden ze mijn adres wel gekregen? Maar nu ik een brief van zowel mijn broer als Klaas Bark kreeg, betekende het dat ze over mijn adres beschikten. Daarom was ik extra blij met de brieven."

Hij schreef meteen terug. "Ik vertelde over het werk bij Preschona, het leven in het Lager met mijn vrienden. Maar ook dat het eten hier niet best was."

Gelukkig kwam 10 augustus 1943 post van zijn ouders:

Eindelijk, na een verblijf van zeven weken in Duitsland, krijg ik post van thuis. Ook is er een pakket levensmiddelen voor me uit Holland. Daar ben ik erg blij mee want ik had geen eten meer. De inhoud deel ik met m'n vriend Johan.

Even waren de zorgen om eten van de baan. Ruim een week later, 18 augustus, was er weer een pakje met levensmiddelen. Ditmaal uit Werder, van zijn broer. Was Jan geschrokken van zijn opmerking over het eten in Berlijn? Want hij stuurde Chris aardappelen, havermout, gortmout, honing en zelfs een gekookt ei. Chris wist niet waar hij het meest blij om was: het eten of het bericht dat Jan 22 augustus naar Berlijn zou komen.

Zondag 22 augustus stond Chris om halfnegen op. Hij verliet een half uur later het Lager om zijn broer af te halen van het Stettiner Bahnhof, waar het erg bedrijvig was. Nog steeds werden veel Berlijners geëvacueerd, ook op het perron waar de trein uit Stettin zou aankomen, heerste grote drukte. Chris was erg blij dat Jan zou komen, daarom duurde het wachten hem te lang. Pas om kwart voor elf arriveerde de trein.

"Ik ging bij de uitgang van het perron staan, daar moest Jan natuurlijk langs. Er stapten veel mensen uit de trein, maar Jan zag ik er niet tussen. Ik werd al bang dat er iets was misgegaan, dat hij niet zou komen. Maar toen zag ik hem en floot het 'Kwadijker' fluitje dat we als broers en vrienden onder elkaar gebruikten. Ik zag dat Jan het hoorde, maar mij nog niet zag. Even later wel, we begroetten elkaar en waren heel blij elkaar te zien. Maar het was ook vreemd, we hadden elkaar twee maanden niet gezien en nu ontmoetten we elkaar in het buitenland, in Duitsland nog wel."

Net als zijn broer ruim anderhalve maand geleden, keek Jan Lenstra ook zijn ogen uit in Berlijn. Chris ging hem voor, een trap af, richting de U-Bahn.

"Waar ga je heen?", vroeg Jan verbaasd.

"Naar de barak", antwoordde Chris. Jan keek hem vragend aan. Toen begreep Chris de verwarring. Jan wist, net als toen hij voor het eerst in Berlijn kwam, natuurlijk ook niet wat een ondergrondse trein was. Hij legde het zijn broer uit, ze lachten om het voorval en stapten in de U-Bahn. Ook Jan was verrast door dit openbaar vervoer, wat een stad, Berlijn.

Chris vertelde dat Berlijn een gevaarlijke stad was om te wonen. Jan was blij dat hij in het provinciale Werder terecht was gekomen, daar was veel minder van de oorlog te merken. Bovendien was er meer eten dan in Berlijn en daar had Jan rekening mee gehouden. Hij had een koffer en een pakje bij zich voor Chris. Aardappelen, appels en brood kwamen eruit tevoorschijn toen ze in het Lager waren. Chris zou ook nu weer alles delen met zijn vriend Johan. Want dat was de afspraak: als de een extra eten had, werd het met de ander gedeeld.

Tussen de middag ging Jan mee naar de keuken in de Siegfriedstraße. Anderhalf uur stonden ze in de rij voor in de schil gekookte aardappelen, een stukje vlees en wat verbrande rodekool. Chris deelde zijn portie met zijn broer, maar na een hap trok Jan zijn neus ervoor op: "Dat is toch geen eten!" zei hij met een vies gezicht. Hij begreep nu wat Chris bedoelde met het slechte eten.

De broers en Johan maakten er een gezellige middag van in een café waar ze een biertje dronken en Jan en Johan biljartten. Jan was later uit Kwadijk vertrokken en vertelde hoe het toen thuis met iedereen ging. Ze wisselden hun ervaringen in Duitsland met elkaar uit. Jan zei dat hij in een soort hok moest slapen; Chris en Johan spraken over hun honger en angst tijdens bombardementen. Het waren verhalen met een boze ondertoon omdat ze gedwongen werden te werken voor de Duitse oorlogsindustrie. Ze hoopten uit de grond van hun hart dat die afschuwelijke oorlog snel voorbij zou zijn. Dat de Duitsers door de geallieerden werden verslagen, het kon hen niet snel genoeg gebeuren.

Rond een uur of zes brachten Chris en Johan Jan met een volle koffer naar het station.

Ik vroeg Jan of hij wat kleren van mij wil meenemen, want als ik een bombardement meemaak en daarbij mijn kleding mocht verliezen, dan heb ik tenminste nog wat bij hem. Hij neemt mijn beste pak, een overall, een stel ondergoed, sokken en een paar zakdoeken mee.

Johan gaf ook kleding mee. Het gaf beiden een rustig gevoel dat in geval van nood in Werder kleding van hen was. Ze dronken nog een biertje voor de trein vertrok. Bij het afscheid spraken ze af dat Chris en Johan over veertien dagen naar Werder zouden komen, in de grauwheid van hun bestaan keken ze er al naar uit.

Eigenlijk hadden de jongens toestemming nodig van de Polizei en de Lagerführer om buiten Berlijn te reizen, maar ze waren ervan overtuigd dat ze die niet zouden krijgen. Ze besloten het te wagen, zaterdag 4 september, om voor een weekend naar Werder, dat ongeveer tachtig kilometer ten noordwesten van Berlijn lag, te reizen. *Misschien loopt het goed af*, schreef Chris in zijn dagboek.

Chris en Johan vertrokken 's middags om twee uur met de trein richting

Stettin. Om vijf uur kwamen ze in Neuruppin aan, daar moesten ze overstappen en nog ongeveer een half uur lopen:

Het valt niet mee, het is hier een smerige bende. Na een half uur door de rimboe te hebben geslenterd komen we op de plaats van bestemming aan.

Jan was aan het werk met zijn Franse collega Nicolas. Maar 's avonds had hij alle tijd voor zijn broer en Johan. Met z'n drieën bezochten ze Harm, een Hollander waarmee Jan bevriend was geraakt. Daarna gingen ze naar het dorpscafé van Werder. Johan sliep bij Harm, Chris bij zijn broer. Jans baas Dieter Fischer had geen slaapkamer voor hem, daarom moest hij in een soort hok slapen. Jan noemde het een varkenshok.

"Het was echt een vreselijk akelig hok. Ik vroeg Jan of hij niet kon proberen een betere slaapplaats te krijgen. Maar mijn broer wist niet goed hoe hij dat moest aanpakken. Toen stelde ik voor dat ik het zou proberen. Terug in Berlijn heb ik een brief geschreven aan de redactie van *Het Volk*. Die krant verscheen met een speciale editie voor Nederlanders in Duitsland. Deze krant was een uitgave van de Arbeiderspers waar ik een antwoord van ontving."

Dat antwoord was niet mals:

W.K.,

Uw brief heeft eenige beroering bij ons teweeggebracht. Weet u werkelijk niet, dat het voor Buitenlanders streng verboden is te reizen?

U kunt niet zoomaar als U er zin in heeft, eens op de trein stappen en naar een familielid reizen! Daarvoor is noodig een Inlandsreisebescheinigung, die uitgegeven wordt door het D.A.F.[4] en alleen maar in een enkel uitzonderingsgeval gegeven wordt. Wanneer U toch op reis gaat, komt u vast en zeker in de gevangenis.

Wat uw broer betreft, het is inderdaad mogelijk, dat hij langer dan de normale tijd moet werken onder deze uitzonderlijke maatregelen.

U schrijft niet, waar uw broer woont, maar U kunt hem aanraden, eens te klagen bij zijn gouwverbindingsman. Het adres vindt U af en toe vermeld in de krant, dus kijkt u deze lijst maar na, of schrijft U ons zijn adres, dan zullen wij hem berichten, waar zijn verbindingsman woont.

Met kameraadschappelijken groet,

De leiding van de in 1929 opgerichte Arbeiderspers kwam in 1940 in handen van de NSB'er Kerkmeester. Vanaf die tijd waaide er een nationaalsocialistische wind door de uitgeverij die de teneur van de reactie aan Chris verklaart. Hij wist van de politieke ommezwaai binnen de uitgeverij, maar had desondanks besloten een poging te wagen, hij zag geen andere mogelijkheid.

De volgende dag moest Jan vroeg opstaan, hij werd op de boerderij verwacht. Chris kon blijven liggen. Toen Jan om acht uur terugkwam, gingen de jongens eten. Chris had uit Berlijn geen eten meegenomen in de hoop dat Jan wat kon regelen. Zelf at Jan bij boer Fischer aan tafel. Voor Chris had hij twee appels en een schaaltje door hem zelf gemolken melk meegenomen. Dat was Chris' ontbijt; het ging erin als koek. Later kwamen Johan en Harm. Met z'n allen aten ze tussen de middag bij boer Fischer. Ze kregen aardappelen met jus en elk een klein worstje, het smaakte uitstekend.

's Middags gingen ze wandelen. Op een gegeven moment naderde een fietser: "Het was mijn vriend Klaas Bark, hij werkte in de buurt. Ik vond het heel leuk hem te zien, weer iemand uit Kwadijk. We brachten zijn fiets terug, toen ging hij met ons mee wandelen. We hadden elkaar natuurlijk veel te vertellen."

Tijdens de wandeling kwamen ze langs een pruimenboom vol rijpe vruchten. Ze plukten ervan tot in het nabije huis op het raam werd getikt, een duidelijk signaal om te stoppen. Maar toen hadden ze al gesmuld van de heerlijke vruchten.

Om een uur of vier moesten ze vertrekken, echter niet met lege handen:

Van de baas van Harm (dat is de vriend van Jan) kopen we twintig pond appelen en van Jan krijgen we twintig kilo aardappelen en twee bossen wortelen.

De terugreis was lang en vermoeiend: ze moesten staan maar vonden dat niet erg want het was een fijn weekend geweest en ze kwamen met aardig wat eten terug in Berlijn. Ze waren opgelucht dat de reis probleemloos was verlopen want controle was hen bespaard gebleven.

Half oktober kreeg Chris een brief van Jan waarin hij vertelde dat hij nu werkte als dwangarbeider voor bakker Willy Rechter in Rheinsberg.

Chris schrok, Rheinsberg lag verder van Berlijn dan Werder. Chris wist dat hij binnenkort zou verhuizen naar Neder-Silezië en besloot daarom

Jan nogmaals op te zoeken. Hij besprak zijn plan met Johan de Vries, maar uiteindelijk vertrokken er drie jongens naar het noorden. Chris zou naar Rheinsberg gaan, terwijl Johan de Vries en Pieter Manshande de broer van Pieter in Großwoltersdorf wilden bezoeken. Ze zouden zo lang mogelijk samen reizen. Het werd een behoorlijk avontuur, in meerdere opzichten en vooral voor Chris. Had hij alles van tevoren geweten, was hij dan evengoed gegaan?

"Ja, ik was jong en stond niet stil bij de gevolgen. Ik wilde mijn broer nog een keer zien want als ik eenmaal in Silezië zat, kon dat niet meer. Bovendien wilde ik de kleding van Johan en mij ophalen vanwege mijn overplaatsing."

Ook ditmaal hadden ze eigenlijk toestemming nodig om Berlijn te verlaten. Ze waagden nogmaals de gok. Ze wilden op zaterdag 23 oktober vertrekken en maandag 25 oktober terugkomen. Chris moest maandagmiddag namelijk weer werken. Dat moest hij de zaterdag ook, maar hij lapte die verplichting aan zijn laars door zich ziek te melden. Toch ging het vertrek niet zonder slag of stoot want toen Chris en Johan 's morgens om halfacht wilden vertrekken, belde Preschona naar de Lagerführer en vroeg waar Chris Lenstra bleef; hij werd in de fabriek verwacht. De Lagerführer trof Chris nog thuis: "Jij moet werken!" snauwde hij.

"Ik kan vandaag niet werken, want ik ben ziek en ga direct naar de dokter", loog Chris.

Z'n leugen werd geloofd. Al kreeg hij te horen dat hij zich absoluut maandagmiddag weer moest melden. Om zijn leugen kracht bij te zetten deed Chris alsof hij naar de dokter ging door naar het station van de U-Bahn te gaan, stel dat de Lagerführer hem zou volgen? Het was natuurlijk vreemd dat de jongens een koffer bij zich hadden, maar daar stonden ze niet bij stil. Gelukkig pakte de list goed uit. Daarna gingen de jongens Pieter Manshande ophalen maar die moest nog werken en boodschappen doen. Dat laatste deden Chris en Johan voor hem want ze hadden enige haast vanwege de lange reis die hen te wachten stond. Rond halftwee moesten zij de trein vanaf station Oraniënburg zien te halen. Toen ze er eindelijk met z'n drieën aankwamen kochten ze snel kaartjes en holden naar het perron waarvandaan de trein richting Löwenberg vertrok. Als ze deze trein haalden, had Chris namelijk een goede aansluiting op die naar Rheinsberg. Ze haalden de trein helaas niet, ze kwamen vijf minuten te laat op het perron. De volgende trein richting het noorden ging naar

Fürstenberg. Deze zou over een half uur vertrekken. Ze verlieten het station, er vlakbij speelde een militair muziekkorps. De jongens genoten van de muziek en vergaten de tijd, het halve uurtje was sneller voorbij dan gedacht. Ze holden het station door naar het perron van vertrek. Helaas, van de trein naar Fürstenberg zagen ze nog net de laatste wagons het station uitglijden. Ze konden zichzelf wel voor het hoofd slaan, hoe hadden ze zo dom kunnen zijn! Nu moesten ze een uur wachten. Een ervaring rijker, bleven ze op het perron. Eenmaal in de trein richting Löwenberg was er voldoende plaats voor hen en hun koffer, maar ze baalden dat ze door stommiteit zoveel kostbare reistijd hadden verspeeld. In Löwenberg moesten ze overstappen op de afgeladen trein naar Gransee. Alleen Pieter had het geluk zich in een coupé te kunnen wringen. Voor Chris en Johan was het kansloos een plaats te vinden, maar ze moesten absoluut mee met deze trein:

Staan blijven op het perron, wilden we in geen geval. We moesten mee, zo goed en zo kwaad als het ging. De enige manier was om tussen twee wagons in te gaan staan. Maar dat mocht natuurlijk niet omdat het levensgevaarlijk was. We trokken ons daar niets van aan, mee moesten we. Dus namen we maar plaats. De trein vertrok en had al aardig de gang erin toen de stationschef ons zag staan. Hij begon te razen en te tieren, maar het hielp niets. De trein reed en wij gingen mee. We hielden ons stevig aan de stangen vast.

"Het was natuurlijk complete waanzin wat we deden. Daar stonden we, tussen twee wagons in. De trein raasde door het landschap, maar we hadden er absoluut geen erg in. We moesten ons stevig aan de stangen vasthouden en raakten steeds meer gespannen. Loslaten kon niet, dan waren we onherroepelijk van de trein gevallen en hadden het niet kunnen navertellen. Het was enorm gevaarlijk wat we hadden gedaan."

Eindelijk in Gransee stonden hun lichamen stijf van de stress. Toen ze Pieter weer zagen en vertelden hoe zij hadden gereisd verklaarde hij hen terecht voor gek. Hij voelde zich schuldig dat hij wel een plek had gevonden. Al was het een staplek, maar wel een veilige.

In Gransee stond de trein richting Großwoltersdorf op punt van vertrek. Chris had erge pech want de volgende dag zou er pas een trein naar Rheinsberg gaan. Omdat hij geen zin had zolang in Gransee te wachten, ja zelfs te overnachten, besloot hij mee te gaan naar Großwoltersdorf. Dus reisden de jongens gezamenlijk verder.

De trein vertrok, het werd intussen schemerig, het was immers eind oktober. De reis duurde langer dan verwacht, maar misschien kwam dat door de moeheid? Toen ze in Großwoltersdorf aankwamen werden ze geroepen. Ze verwachtten dat het Gerrit Manshande, de broer van Pieter was die hen had opgewacht. Maar het was dwangarbeider Sijmen Blokker, hij had slecht nieuws. Gerrit had verteld dat zijn broer Pieter en vriend Johan de Vries zouden komen, maar vervolgens had hij ruzie gekregen met zijn baas en was er vandoor gegaan. Niemand wist waar hij was. Pieter maakte zich zorgen om zijn broer. Bovendien: nu waren ze voor niets naar Großwoltersdorf gekomen, wat moesten ze doen? Gelukkig konden ze bij Sijmen Blokker slapen.

Sijmen zou Chris de volgende ochtend halfzes wekken maar vergat die belofte. Weer verloor Chris kostbare reistijd want het was al halfacht toen hij opstond terwijl zijn trein om halfnegen zou vertrekken. Hij moest zich enorm haasten, al lopende at hij van het heerlijke brood van de boer waar Sijmen werkte. Buiten adem kwam hij om vijf over halfnegen in Großwoltersdorf, bang dat de trein inmiddels was vertrokken. Weer had hij pech, de trein stond er nog maar vertrok pal voor zijn gezicht. Goede raad was duur, wat moest hij doen? Hij besloot te lopen naar Rheinsberg, geen prettig vooruitzicht, maar hij had geen keus.

Ik nam de weg richting het gehucht Menz, een afstand van zo'n vijf kilometer. Onderweg passeerde me een paard en wagen en ik vroeg aan de boer of ik in de goede richting ging naar Rheinsberg en hoeveel kilometer het was. Hij vroeg: 'Moet je daar vandaag nog naar toe?' Mijn antwoord was dat ik daar vandaag absoluut heen moest en bij voorkeur langs de snelste route. Hij schudde bedenkelijk zijn hoofd en antwoordde: 'Stap maar in, dan kan je een klein stukje met me meerijden'. Zogezegd, zo gedaan. We maakten een praatje met elkaar en hij zei dat ik heel wat van plan was om te voet te gaan. Hij vertelde dat ik nog zeker een halve dag werk zou hebben voordat ik in Rheinsberg zou zijn.

Een enorme tegenvaller, als hij in Rheinsberg zou zijn was het bijna de moeite niet meer om bij Jan op bezoek te gaan. Maar teruggaan was ook geen optie, dan had hij de lange, zware reis voor niets gemaakt.

In Menz nam Chris afscheid van de vriendelijke boer die hem vertelde hoe hij verder moest lopen. Spoedig bereikte hij een enorm dicht bos, hij kwam geen mens tegen. Af en toe pauzeerde hij en rustte uit op zijn koffer. Onderweg telde hij de kilometerpaaltjes, die gaven houvast en hoop, al schoot het niet hard op. Op een gegeven moment hielden de paaltjes op en ging de weg over in smalle bospaadjes. Op goed geluk wandelde hij verder, zijn koffer met zich mee zeulend. De bospaden vertakten zich, Chris werd onzeker, bang te verdwalen want hij had geen idee waar hij was en of hij goed liep. Hij kwam nog steeds niemand tegen, zag alleen enkele hazen die van hem schrokken en er snel vandoor gingen. Terwijl hij door het bos dwaalde verweet hij zichzelf waar hij aan was begonnen. Hoe moest dit aflopen, zou hij ooit bij zijn broer aankomen? Hoe had hij zo dom kunnen zijn. Toch liet hij de moed niet zakken, dit was tenslotte zijn laatste kans Jan te zien voordat hij naar Peterswaldau vertrok.

Het gezeul met de koffer viel hem steeds zwaarder. Achterlaten kon hij hem niet, de koffer was nodig voor zijn kleding en die van Johan. En misschien om voedsel mee te nemen, dus sjouwde hij voort. Hij kreeg last van blaren en verweet zich ook dat deze onvoorziene wandeling slecht was voor zijn zolen want hij had slechts één paar schoenen en kon ze moeilijk laten maken. Het was niet vreemd dat Chris zich allerlei muizenissen in zijn hoofd haalde. Hij liep daar in zijn eentje in een vreemd, groot donker woud zonder enig besef van waar hij was.

Chris slaakte een zucht van verlichting toen hij een brede asfaltweg bereikte, nu kwam hij vast ergens. In de verte doemden tussen de bomen enkele huizen op, een goed teken. De huizen waren schuren, de weg boog naar links. En toen, zonder dat hij het op dat moment had verwacht hield het bos op en hoopte hij eindelijk in Rheinsberg te zijn. De eerste de beste voorbijganger vroeg hij of hij in Rheinsberg was en waar bakker Rechter woonde, dat moest in een molen zijn. Ja, hij was in Rheinsberg en nee, de man kende de bakker niet. De moed zonk Chris opnieuw in de schoenen. Toen hij even later nog een man tegen kwam leek deze de molen van bakker Rechter wel te kennen. Maar al waar Chris kwam, niet op het bedoelde adres. Toen hij voor de derde maal iemand vroeg, had hij meer succes:

Eindelijk zag ik tot mijn grote vreugde in de verte de molen staan. Maar het was nog een eind en ik kon bijna niet meer lopen van de blaren op mijn voeten. Al was ik er nu bijna, ik moest nog even volhouden. Toen ik bij de molen aankwam, liep ik op de eerste de beste deur af die ik zag.

Chris' blijdschap was van korte duur, er leek niemand thuis te zijn. Tot hij erachter kwam dat achter de molen mensen in de tuin zaten. In zijn beste Duits vroeg hij of hij bij Willy Rechter was. Ja, dat was hij, alleen:

Jan was wel bij de bakker werkzaam, maar woonde ergens anders. Het dochtertje van de bakker wees vanaf een heuvel in de richting van een bepaald huis. Er volgde nog een wandeling van ongeveer een half uur, een zware tippel met zijn zere voeten. Hij kon bijna niet meer en belde aan bij het huis waarvan hij dacht dat het kind dat had bedoeld. Met kloppend hart wachtte hij tot werd opengedaan: 'Heil Hitler!', klonk het. En niet uit de mond van Jan, maar die van een vrouw. Een grotere teleurstelling was ondenkbaar. Chris bleef beleefd, vroeg of er bij haar een Hollander woonde, maar helaas. Wel bij de buren, vertelde ze. Ze nam afscheid, opnieuw met de gehate groet. Het drong niet tot Chris door. Verwachtingsvol belde hij bij het naastgelegen huis aan. Enkele seconden verstreken, toen hoorde hij voetstappen naderen en iemand fluiten, zijn broer.

Er werden grendels voor de deur vandaan geschoven waarna de deur langzaam openging. Toen stonden we tegenover elkaar, ver van huis. Jan liet me binnen in zijn kamer, het eerste dat ik vroeg was: 'Heb je een sigaret voor me?' Ik plofte in een stoel neer en Jan haalde een sigaret voor me.

De broers Lenstra hadden ook nu geen gebrek aan gesprekstof. De tijd ging snel, te snel, want Jan moest weer aan het werk bij bakker Rechter. Toen hij terugkwam had hij een brood van maar liefst twee kilo bij zich, voor Chris.

"Geef dat maar aan je broer", had Willy Rechter tegen Jan gezegd, "want hij zal in Berlijn wel niet veel eten krijgen."

Dankbaar nam Chris het brood aan, hij had helemaal niets bij zich en ook in Berlijn was het brood op.

's Middags gingen de broers aan de wandel. Chris had er weinig zin in, hij was niet alleen erg moe, maar had ook behoorlijk pijnlijke voeten. Hij liet zich echter niet kennen want Jan wilde hem aan enkele Hollandse vrienden voorstellen. Deze jongens waren katholiek en met elkaar bezochten ze die middag de kerk.

Toen Chris 's avonds afscheid nam van Jan zijn vrienden, lieten ze hem niet met lege handen vertrekken. Van de een kreeg hij een paar pond erwten, van de ander een zakje meel. *Kostbaarheden* noemde hij de geschenken in zijn dagboek. Chris kon bij Jan blijven slapen, zijn broer had, in tegenstelling tot zijn verblijf in Werder bij boer Fischer, nu een goede kamer:

Wat een heerlijk bed had hij hier, zo'n bed was ik allang niet meer gewend. Hij sliep hier in een lekker fris bed met dekens en een laken. En ik 'sliep' in een nest van papier, een dunne deken en... vlooien en luizen. Wat kon je je gelukkig voelen met een heerlijk bed. En dan de kamer waar Jan woonde; een paleis vergeleken bij de kamer waar ik moest wonen. Wat had hij het hier getroffen, Jan werkt bij een bakker, dus er is volop te eten en hij heeft een prachtige kamer én geen last van bombardementen. Hij heeft 'geluk' hier terecht gekomen te zijn en ik de pech in Berlijn te moet wonen en werken.

Ondanks dat ik erg vermoeid was, heb ik een mooie dag gehad, maar ik zag er erg tegenop morgen weer naar Berlijn terug te moeten, misschien de dood tegemoet.

Maandag 26 oktober stonden Chris en Jan om zes uur op, ze wasten zich, kleedden zich aan en ontbeten. Daarna pakte Chris zijn koffer in met de kleding van hem en Johan die Jan voor hen had bewaard. En natuurlijk het gekregen brood, de erwten en het meel, hij was er heel erg blij mee.

Jan bracht zijn broer naar het station, de trein zou om zeven uur vertrekken. Toen stonden ze daar, op het station in Rheinsberg, twee broers van 19 en 20 jaar die afscheid van elkaar namen. Voor hoe lang wisten ze niet, misschien wel voor altijd want het was oorlog.

Ook al zou Chris waarschijnlijk binnenkort Berlijn verlaten, er kon van alles gebeuren. De geallieerden vielen Berlijn regelmatig aan, het maakte Chris moedeloos. Maar hij moest terug naar de hel die Berlijn heette. Hoe graag had hij hier willen blijven, in Rheinsberg, in de buurt van zijn broer, het was hier een stuk veiliger. Maar als hij bleef zou hij andere problemen krijgen. Als hij werd opgepakt, zou hij vast in de gevangenis terecht komen, zijn gedachten gingen naar de jongen die dat was overkomen toen hij Berlijn wilde ontvluchten. De man had het overleefd maar had vreselijke dingen meegemaakt. En bij die gedachten was de keus niet moeilijk, Chris vertrok, maar een moeilijk afscheid was het wel.

In tegenstelling tot de heenreis verliep de terugreis prima, halftwaalf arriveerde hij met zijn volle koffer in de barak aan de Emserstraße. *Die akelige barak*, zoals hij die dag in zijn dagboek noteerde.

Emserstraße, Berlijn, 2016. Het Barakkenlager Neukölln heeft gestaan op de locatie van het grote gebouw in het midden op de foto. (Foto Laurens Wisman)

Chris (links) met twee Hollandse dwangarbeiders op de trap naar de ingang van hun barak in de Emserstraße in Berlijn.

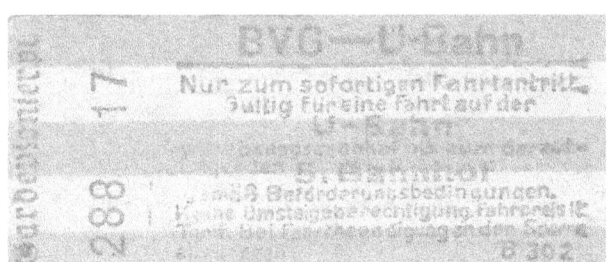

*Einlieferungsschein van de brief die Chris 2 juli 1943 aangetekend
aan zijn ouders zond.*

*Kaartje van de U-Bahn van Chris' eerste werkdag voor
Preschona in Berlijn, 5 juli 1943.*

De vroegere ingang van Preschona Werk B in de Blücherstraße, Berlijn, 2016. (Foto Laurens Wisman)

Arbeitskarte van Preschona, Berlijn, afgegeven 6 juli 1943.

Beker die Chris gebruikte bij Preschona. (Foto Dirk Koopman)

Sleutel van Chris' kastje bij Preschona. (Foto Dirk Koopman)

71

De notities die Chris in zijn dagboek maakte naar aanleiding van de bombardementen op 15 en 17 augustus 1943 in Berlijn.

Station Neukölln, Berlijn, 2016. (Foto Laurens Wisman)

Lohnabrechnung Preschona, oktober 1943.

73

3 NEDER-SILEZIË

Reis naar Neder-Silezië

De eerste sneeuw valt en het is ontzettend koud. Ook in de barak, want er staat nog geen kachel. Met de jas aan zitten we aan tafel of schrijven een brief naar Holland.

Zondag 7 november 1943 was een dag van grote veranderingen in het Lager aan de Emserstraße in Berlijn. Chris, Bob Carels, Leo Michielse, Carel Steegeman en Cees Bodegraven moesten verhuizen naar Peterswaldau in Neder-Silezië. Jo Veldt, Jaap Smit, Joop Pieterse, Tom Schoon, Bart Laan, Piet Dibbets, Eb Bos en Dirk Groot bleven achter maar zouden later volgen. De vrijgekomen plaatsen in de kamer werden ingenomen door Dick Brandenburg, Johannes Slager, Bert Zijlstra en Nico Beusekom.

Toch pakten niet vijf maar zes jongens hun koffers in, want ook Johan de Vries ging verhuizen. Hij mocht mee naar Peterswaldau maar wilde voorlopig in Berlijn blijven vanwege zijn dorpsgenoot Pieter Manshande die bij een bakker werkte en een tijdlang had gezorgd dat Chris en Johan elke woensdag een brood kregen. In afwachting van zijn overplaatsing moest Johan tijdelijk zijn intrek nemen in Schöneweide, het nieuwe Lager van Preschona. Chris hielp zijn vriend verhuizen.

Chris keek uit naar zijn verhuizing. Zes oktober waren Joost Broekman, Hilbert Bindels en Frans Kalter naar Neder-Silezië vertrokken, Chris zou met een groepje volgen op 18 oktober. Helaas was dat toen niet doorgegaan, maar nu was het wel zover. Johan had hem gevraagd in Berlijn te blijven maar dat wilde Chris pertinent niet:

Als ik langer in Berlijn blijf dan speel ik met mijn leven. Nu ik de kans krijg naar een rustiger streek te gaan, doe ik dat liever. Ik moet ook aan mijn ouders denken; zij zitten alle dagen in grote ongerustheid omdat ik in Berlijn ben en daarom wil ik hier vandaan.

Drukke dagen volgden. Chris had nog wat inkopen gedaan, waaronder enkele souvenirs. Hij moest *de grote was doen, kleren repareren, zo mogelijk een paar sokken stoppen, afmelden bij de Polizei, enzovoorts.* Ook had hij nog geld te goed van de *Krankenkasse*, dertien Mark. Niet veel, in totaal bezat hij op dat moment, 4 november 1943, achttien Mark.

Vrijdag 5 november nam hij afscheid bij Preschona van vrienden en kennissen, onder hen enkele Duitsers waarmee hij het goed kon vinden. Door deze contacten had hij inmiddels wat Duits geleerd, onder andere van Meister Müller. Met een 'Auf wiedersehen', nam Chris afscheid van hem want Müller zou binnenkort ook naar Peterswaldau worden overgeplaatst. Zover kwam het niet. Müller kwam enkele maanden later om het leven bij een bombardement in Berlijn.

's Avonds werden de jongens door enkele vrienden naar het station gebracht waar ze zich om acht uur meldden bij Meister Lehmann die hen naar Peterswaldau zou begeleiden. Rond halftien was het zover. Na vier maanden verliet Chris Berlijn, met als bestemming Peterswaldau in Neder-Silezië. Eindelijk weg uit deze brandhaard; hij vertrok met gemengde gevoelens. Hij hoopte dat het niet slechter zou worden, maar was dat zo? Chris vond het vreselijk nog verder van huis te zijn, daarom probeerde hij zichzelf moed in te praten. 'Het is daar vast veiliger en beter dan in Berlijn' en 'Wie weet is het binnenkort vrede'.

Het afscheid van de achterblijvers was zwaar. Ze moesten vertrouwen houden. Daarom namen ze afscheid van elkaar met 'Tot spoedig weerziens in Holland'. Maar voor hetzelfde geld zagen ze elkaar misschien nooit meer terug. In de achterliggende maanden waren vriendschappen ontstaan, lief en leed hadden ze gedeeld. Hun vrienden bleven tenslotte in Berlijn achter, waar zoveel was gebeurd. Niemand wist wat hen nog te wachten stond; elke dag kon de laatste zijn. Geen loze kreet, want vlak na Chris' vertrek kreeg de stad het zwaar te verduren tijdens bombardementen op 18, 22, 23 en 26 november.

Toen de trein vertrok, net als 24 juni in Amsterdam, bekroop Chris een gevoel van onbehagen en onzekerheid. Waar zou hij terecht komen? Het was even slikken maar daarna draaide hij de spreekwoordelijke knop om. Hij moest ook deze tijd zien door te komen. Het kwam vroeger of later vast goed.

De trein vertrok met als eindpunt Krakau in Polen. Hadden de jongens plannen gemaakt om te vluchten?

"Nee, plannen om onderweg te vluchten hadden we niet omdat de Ordnungspolizei, die vanwege hun groene uniformen de Grüne Polizei werd genoemd, meereisde en iedereen voortdurend in de gaten hield."

De jongens hadden zich erbij neergelegd dat zij nog verder van huis kwamen. De enige positieve gedachte was dat zij Berlijn verlieten.

Chris zat met Cees Bodegraven en Carel Steegeman in een heerlijk warme coupé, maar dat was helaas van korte duur want na een uur moest iedereen met bagage en al de trein verlaten. De coupé bleek in brand te staan omdat de assen waren drooggelopen. Ze moesten een plek zoeken in een van de andere coupés, zitplaatsen in de overvolle trein waren er niet meer dus het werd staan. Met vertraging kwam de trein om elf uur weer op gang. Het werd een vermoeiende reis, de hele tijd staan was geen pretje. Bovendien was het avond; de moeheid sloeg toe en het werd koud. Gelukkig stonden ze vlakbij een verwarmingsbuis die wat warmte af gaf. Wie erg moe werd trok zich een poosje terug op de wc om even uit te rusten of een beetje te slapen. Na vier en een halve maand van huis en veel nare ervaringen verder, was dit er ook weer een: slapen op een toilet. Dat had Chris zich een jaar geleden niet kunnen voorstellen.

Terwijl hij in de trein stond gingen zijn gedachten terug naar de laatste maanden. Wat was er veel gebeurd: De reis naar Rehbrücke, het verblijf in het doorgangskamp, daarna Berlijn, werken voor Preschona, ziekte. Maar ook de riskante bezoeken aan zijn broer, honger en heimwee naar huis. En niet te vergeten de tientallen bombardementen, met als vreselijk dieptepunt de nacht waarbij Simon Bordewijk om het leven was gekomen. Zijn gedachten gingen terug naar die verschrikkelijke avond en naar de begrafenis van Simon.

Chris hoopte dat zijn verblijf in Neder-Silezië beter zou worden. Als hij op het platteland terecht kwam, was er misschien meer en ook beter voedsel. Hij realiseerde zich dat hij de laatste maanden snel volwassen was geworden, dat hij zijn grenzen noodzakelijk had verlegd. Een allesbehalve prettige constatering.

Door de moeheid en het lange staan keek ook de heimwee om een hoekje. Reed de trein maar richting het westen, naar Holland, in plaats van nog verder van huis. Hij kreeg het even moeilijk, moest zich verbijten maar herpakte zich. Hij was 19, had de hel van Rehbrücke en die van Berlijn overleefd, natuurlijk zou hij ook Neder-Silezië overleven. Hij zou gezond terugkeren in Kwadijk en dan zou hij na de oorlog weer naar de grafische school gaan en een baan in een drukkerij zoeken. Was het maar vast zover.

Controle door de Gestapo haalde hem uit zijn gepeins. Er werd gevraagd naar zijn geleidebiljet. Het biljet beschreef de 'angeordneten Verlagerung unseres Betriebes Werk – B' naar Peterswaldau en was met 'Heil Hitler' en een stempel ondertekend door Adolf Meyer namens Preschona. Na het vertrek van de Gestapo trokken ze hun jassen over hun hoofden in een poging de kou te weren.

's Nachts om twee uur liep hun trein station Liegnitz[5] binnen waar ze moesten overstappen op de trein naar Reichenbach[6] die pas over een uur of drie zou vertrekken. Gelukkig was het heerlijk warm in de wachtruimte:

Het is stampvol in de wachtkamer, velen moeten staan of zitten of liggen op de grond. Ik heb een stoel weten te bemachtigen en ga bij een tafel zitten, leg mijn armen erop en daarop mijn hoofd en jas en zo val ik in slaap.

Na een goed uur werd Chris wakker, hij had stevige trek, maar had slechts enkele sneden brood gegeten, te weinig om zijn honger te stillen.

Om vijf uur vertrok de trein richting Reichenbach, ditmaal konden de jongens zitten, al was het ijskoud in de trein. Het werd opnieuw afzien. Toen het licht begon te worden werden ze enthousiast over de omgeving, in de verte doemden hoge bergen op. Voor Chris een nieuwe ervaring, hij had nog nooit in het echt bergen gezien. Op slag verdween de moeheid en maakten de jongens plannen: "We zagen de bergen en stelden ons voor dat we heerlijke wandelingen zouden kunnen maken en misschien wel leren skiën."

De reis naar Reichenbach duurde twee uur, tegen zeven uur gleed de trein het station binnen. Ze moesten overstappen op een regionaal spoortje. Chris had sinds zijn vertrek uit Amsterdam in verschillende

treinen gereisd, waaronder de moderne S-Bahn in Berlijn. Ook dit was
een bijzondere ervaring:

*Het is een merkwaardig treintje, we vermoeden dat het spoortje uit een
museum komt. Het wordt de Uil genoemd, naar het Eulengebirge
(Uilengebergte). Als het sein van vertrek wordt aangegeven vertrekt de
trein onder een gestoot, gehots, gehijg en gepuf. Je kunt niet rustig gaan
zitten want eerst volgt een schok en kom je met je hoofd tegen de wand;
dan nog een schok waarna de trein achteruit gaat en meteen daarop weer
vooruit. Je moet je stevig vasthouden anders zou je binnen enkele seconden
op de vloer van de 'Uilengebergte-Express' liggen.*

De 'Eulengebirgsbahn', zoals het treintje officieel heette, was een tussen
1899 en 1903 aangelegd regionaal spoortje tussen Reichenbach en
Wünschelburg.[7] Maar vanaf begin jaren dertig reed het treintje alleen
nog tussen Reichenbach en Silberberg.[8] Na het gestoot, gehots, gehijg en
gepuf waren ze om halfnegen eindelijk in Peterswaldau waar een bus
stond te wachten voor de laatste etappe. De jongens verwachtten dat de
bus hen naar Preschona zou brengen maar hij stopte in het centrum bij
de kerk. Moesten ze nu te voet verder met hun zware koffer?

Gelukkig arriveerde spoedig een paard en wagen voor de bagage.
Eindelijk, na een reis van bijna twaalf uur stonden ze voor de nieuwe
vestiging van Preschona waar tot voor kort een katoenspinnerij in was
gevestigd. Dit bedrijf had plaats moeten maken voor Preschona; de
fabricage van vliegtuigonderdelen werd belangrijker geacht. De jongens
werden met surrogaatkoffie ontvangen in de kantine, iets waar ze van
opknapten.

Chris werd na de koffie ontboden op het kantoor van Herr Lehmann.
Moest hij zich nu al zorgen maken? Nee, gelukkig niet. Tot zijn vreugde
was er post uit Holland voor hem. Ditmaal niet van zijn ouders, maar van
zijn vriend Elbert Kastelein. Op slag waren de lange reis en moeheid voor
even vergeten. Na de lange reis deed dit Chris enorm goed. Maakte de
brief de meeste indruk, of was het de bijgesloten foto van The Ramblers?
Zijn gedachten gingen terug naar de bezoeken aan de Stadsschouwburg
en Carré waar hij met Elbert The Ramblers had gezien. Ze hadden ook
optredens van Klaas van Beeck, Boy Bagman uit Denemarken, Teddy
Walkers Rhumba Orchestra, Ernst van 't Hoff, de Kilima Hawaiians en
de Prominenten bezocht. Hij glimlachte bij de herinneringen. Het leek
allemaal zo lang geleden en vooral ver weg. Wanneer zou hij weer uit
kunnen gaan in Amsterdam?

Die middag ontmoetten de jongens in de fabriek Frans Kalter die eerder naar Neder-Silezië was vertrokken. Met Hilbert Bindels en Joost Broekman woonde hij in een café dat deels als Lager was ingericht. Enthousiast vertelde Frans hoe geweldig mooi de omgeving was en dat het hem beter beviel dan Berlijn. De jongens bezochten het Lager van Frans, Hilbert en Joost. Helaas troffen ze alleen Hilbert die ziek thuis lag. Ook Joost Broekman was ziek, hij was met een huidziekte opgenomen in de universiteitskliniek in Breslau. Ondanks dat hoopten ze dat ze bij Frans, Hilbert en Joost konden wonen. Maar dat zat er niet in, zij zouden worden ondergebracht in Steinseifersdorf.[9] Een paar maanden later zouden ook Frans, Joost en Hilbert bij hen komen wonen, al wisten ze dat toen nog niet.

Met paard en wagen werd hun bagage naar Steinseifersdorf gebracht. Chris, Bob, Leo, Carel en Cees moesten er te voet heen, in gezelschap van Igor Petrov uit Oekraïne. Het zou een wandeling van ongeveer een kwartier zijn:

We waren al een kwartier onderweg en liepen nog steeds op een eenzame weg terwijl er nog geen dorp te bekennen was. Op goed geluk liepen we maar door. Voor ons doken geweldige bergen op en plotseling maakte de straat een bocht en waren we in een dorp. Wat ontzettend mooi is het hier. Een dorp in de bergen, zouden we hier komen te wonen? Dat zou prachtig zijn.

Het leek erop dat ze van de hel in de hemel waren gekomen. De eerste indruk was goed maar werd nog beter toen ze in het dorp vriendelijk werden begroet door enkele bewoners:

Het leek ons dat de bevolking hier heel wat vriendelijker tegenover buitenlanders staat dan in Berlijn.

Steinseifersdorf was een klein dorp aan de voet van het Uilengebergte dat deel uitmaakte van het Reuzengebergte op de grens met Tsjecho-Slowakije. Vanuit het dorp slingerde een weg omhoog de bergen in.

Er woonden volgens Chris in 1943 ongeveer vierhonderd mensen in het dorp en een kleine veertienhonderd in de gelijknamige gemeente die naast Steinseifersdorf uit de volgende dorpen bestond: Friedrichshain[10], Kaschbach, Schmiedegrund en Friedrichsgrund. Van de beroepsbevolking werkte een gedeelte op het land of in de bergen en verder in de nabije plaatsen Peterswaldau en Reichenbach. In Peterswaldau werkten velen bij Preschona.

De jongens kwamen terecht in café Weber. Hun Lagerführer Kaizer bracht ze naar de bovenverdieping waar de danszaal nu als Lager was bestemd. Er was een toneel in de zaal en er stond een piano. Kaizer stelde voor dat de jongens zelf de bedden, strozakken en kasten naar boven sjouwden. Chris weigerde: "Ik had mijn beste kleren aan en peinsde er niet over daarin aan het werk te gaan. Ik bracht alleen mijn koffer naar boven, verder bekeken ze het maar."

Uiteindelijk brachten enkele Duitsers het meubilair naar boven.

Ik zocht een mooi plaatsje uit voor mijn kast en bed en ging alles in orde maken. Toen ik op stel was, keek ik om me heen. Tjonge, jonge, wat een rotzooi. Planken van bedden en kasten lagen overal en de vloer lag bezaaid met houtwol en stro van de matrassen. Vlakbij de deur stond een klein kacheltje met ernaast een kistje met enkele kolen. Moesten we daarmee koken? Verder waren er geen kolen, dat werd dus kou lijden de komende winter. Gelukkig had ik een deken achterovergedrukt in Berlijn. Nu had ik er tenminste drie.

De honger en moeheid kwamen spoedig om de hoek kijken. De eerste avond in Steinseifersdorf gingen ze vroeg slapen:

Na het eten gaan we allemaal naar bed want er is gezegd dat we morgenochtend om halfzeven al op de fabriek moeten zijn. Ze kunnen van ons naar de maan lopen, we komen niet zo vroeg. Wij gaan eerst uitslapen. De Fransen en de Rus (die bij ons wonen) zijn het met ons eens. Ze moeten op de fabriek maar rustig afwachten hoe laat we komen. Een mens moet nu eenmaal voldoende nachtrust hebben en zo denken wij er ook over. We hebben maling aan de moffen.

Preschona Peterswaldau

Toen Chris 8 november 1943 in Neder-Silezië arriveerde was hij opgelucht; Berlijn was verleden tijd. Uiteraard was het geen vrijwillig vertrek geweest, integendeel, hij bleef tewerkgesteld bij Preschona in Peterswaldau. Moest er hier ook het beste van maken in de hoop snel naar huis te kunnen zodra de Duitsers waren verslagen, of dat hij door afkeuring eerder huiswaarts zou mogen.

Na de eerste nacht in Steinseifersdorf probeerde Herr Lehmann 9 november 1943 de jongens in Lager Weber vroeg uit bed te trommelen.

Zonder resultaat, ze vertikten het om uit bed te komen. Lehmann droop af.

Na een wandeling van een half uur meldden de jongens zich pas om een uur of halfelf bij Preschona in Peterswaldau. De eerste werkdag werd er een van weinig arbeid. Doordat er nog machines moesten worden geïnstalleerd was de fabriek nog niet helemaal operationeel. Het weinige werk dat er was werd door voornamelijk Poolse, joodse dwangarbeiders verricht.

Chris werd zijn eerste werkdag gelijk geconfronteerd met hun vreselijke lot. In zijn dagboek schreef hij:

Degenen die niet menselijk worden behandeld, zijn de joden die hier ook moeten werken. Zij moeten het zwaarste werk doen en krijgen heel, heel weinig eten en worden veel geslagen. Het is vreselijk zoals zij eruitzien. Ze zijn enorm mager en hebben amper kleding aan. Deze mensen kwamen allemaal uit Polen. Ik zag dat één van die mannen gewoon aan het werk was. Vlak naast hem stond een zware, ijzeren balk tegen de muur. Eén van de moffen vond het kennelijk leuk om die balk telkens een zetje te geven zodat deze op een gegeven moment op de voeten van de man terecht kwam. Hij ging vreselijk te keer van de pijn en wist niet waar hij het zoeken moest. Vlakbij de stakker stonden een stelletje moffen en een paar joden-bewakers krom van het lachen. Vreselijk, ophangen moesten ze dat Duitse gespuis. Dat zijn geen mensen meer.

"Het was verschrikkelijk. De joden zaten gevangen in een kamp in de buurt, elke dag kwamen ze onder begeleiding van bewakers lopend naar de fabriek om daar te werken. Het was vreselijk voor hen. Wij hebben nooit geweten in wat voor kamp zij zaten, maar het moest ergens in de buurt zijn geweest."

Onderzoek leerde dat de joden waarschijnlijk vanuit de concentratiekampen Auschwitz[11] en Groß-Rosen[12] naar satellietkampen in de buurt van Reichenbach waren gedeporteerd. Groß-Rosen was oorspronkelijk een satellietkamp van Sachsenhausen maar werd door de nazi's op initiatief van Albert Speer in 1941 omgevormd tot een concentratiekamp. In de omgeving van Groß-Rosen werd graniet gewonnen dat de nazi's konden gebruiken voor de bouw van de 'Welthauptstad Germania', zoals Berlijn zou gaan heten. De gevangenen in het kamp, vooral joden, moesten dwangarbeid verrichten, onder andere in de steengroeves in de omgeving van het kamp. Groß-Rosen was één van de wreedste concentratiekampen en had in Neder-Silezië en het

Sudetenland rond de honderd zogenoemde satellietkampen of buitenkampen (Außenlager), onder andere in Reichenbach en Peterswaldau en de kampen Langenbielau 1[13] en Langenbielau 2. De gevangenen uit deze kampen moesten dwangarbeid verrichten bij verschillende fabrieken waaronder Preschona in Peterswaldau en Telefunken en Hagenuk in Reichenbach. De joden die Chris ontmoette, waren ongetwijfeld uit deze kampen afkomstig. Het bleef voor Chris niet bij deze ontmoeting met joden, hij zou er later meer leren kennen, ook uit Nederland.

"Op een dag werkte ik aan mijn machine toen een joodse jongen die moest vegen, in mijn buurt bezig was. Onverwachts vroeg hij in het Hollands zo onopvallend mogelijk 'Ben jij een Hollander?' 'Ja', antwoordde ik. Toen vroeg hij of ik wat eten kon regelen voor hem. Het was een knul van een jaar of 12, hooguit 14 jaar. Ik zei dat ik mijn best zou doen. Hij antwoordde dat hij mij nooit zou verraden. Het lukte elke dag stiekem eten te verstoppen in een van de kastjes in de tussenruimte tussen de fabriek en de kantine. Later vertelde ik het aan enkele vrienden en vanaf dat moment hielpen zij mee. Een tijdlang ging het goed, tot we de jongen op een dag niet meer zagen. We hadden geen idee wat er met hem was gebeurd. Later vingen we gesprekjes tussen andere joden op; de jongen was gesnapt toen hij eten uit de schuilplaats haalde. In het kamp waar hij gevangen werd gehouden was hij op de binnenplaats in bijzijn van andere gevangenen opgehangen. Hij had ons niet verraden, maar moest het zelf bekopen met de dood."

Deze gebeurtenis is Chris altijd bijgebleven. Zelfs na al die jaren raakte het hem erover te praten en maakte het hem emotioneel. Nooit heeft hij geweten wie de jongen was.

De hoop dat hij in Neder-Silezië meer en beter eten zou krijgen kwam uit. Enkele dagen na hun aankomst in Steinseifersdorf, kregen hij en de andere jongens wekelijks een levensmiddelenkaart:

We hebben nu gelukkig onze eigen kaart en krijgen meer en beter te eten dan in Berlijn. Op onze bonnen krijgen we wekelijks: 2400 gram brood, 65 gram margarine, 125 gram roomboter, 125 gram suiker, 62½ gram koffiesurrogaat, 250 gram vlees, 62½ gram kaas of kwark, 3½ kilo aardappelen en af en toe kunnen we op een zogenoemde w-bon iets extra's kopen. Op de fabriek krijgen we een toeslagkaart voor langdurige arbeid, waarmee we 650 gram brood, 100 gram vlees en 40 gram vet kunnen kopen.

Frau Weber bood aan voor de jongens te koken.

"Koken is geen mannenwerk", had ze gezegd en vanaf 28 november 1943 kookte ze dagelijks voor de dwangarbeiders:

Natuurlijk moeten wij er bonnen voor inleveren, maar het eten dat wij krijgen is goed en meer dan voldoende. Vandaag bestond onze maaltijd uit een bord aardappelen met jus en vlees, vijf kluizen, soep en vruchten op sap. Het smaakte heerlijk, de maaltijd kostte slechts een Mark.

In zijn dagboek geeft Chris uitleg over de kluizen die Frau Weber klaarmaakte:

Kluizen zijn gekookte deegballen. De ballen worden gekookt, als ze in de pan boven komen drijven zijn ze gaar. Ze worden met zuurkool en jus gegeten. Het is heerlijk eten, maar als je ze voor de eerste keer ziet, denk je dat het varkensvoer is. We vonden ze echter zo lekker dat we er een paar extra kregen. Naar zeggen is Silezië beroemd om z'n kluizen.

Wat gingen ze erop vooruit, ze hoefden nu amper zelf te koken. Bovendien waren het prima maaltijden die Frau Weber haar gasten voorzette. Toen de groep te groot werd stopte ze deze service, dat redde ze niet. Maar de jongens mochten wel kookgerei van het café gebruiken. Vanaf dat moment kookten ze in het Lager.

Na inlevering van voedselbonnen konden ze dagelijks eten in de kantine van Preschona. De kost was weliswaar redelijk maar te weinig. Een schril contrast met dat voor de joden hetgeen nog minder was en bovendien van inferieure kwaliteit.

De dwangarbeiders waren als een speelbal op de golven van Preschona. Ze moesten zich houden aan de opgedragen werktijden die zomaar konden veranderen. Hun tweede werkdag had dat te maken met het feit dat de fabriek nog niet volledig in bedrijf was. Ze moesten een nachtdienst draaien, dat viel zwaar tegen, bovendien viel er weinig te werken. Het gaf Chris wel de gelegenheid zijn kamergenoot Cees Bodegraven beter te leren kennen. Ze konden het goed met elkaar vinden en zouden vanaf dat moment veel met elkaar optrekken.

Er moest regelmatig op zondag worden gewerkt, ook dat was zeer tegen hun zin. Zondag 2 januari 1944 was zo'n dag dat Chris met nog grotere tegenzin aan het werk ging. Er was echter door inventarisatie het een en ander veranderd bij zijn draaibank, een mooie aanleiding voor sabotage:

Ik wil mijn machine een gelukkig nieuwjaar wensen en zet zoals gewoonlijk de motor aan, haal de handle over en binnen enkele seconden was het gebeurd. De machine ging draaien; eerst langzaam, toen steeds sneller. Op een gegeven ogenblik ging door het ronddraaien van de machine de aluminium stang buigen. Opeens een klap en de machine stond stil. De gebogen aluminium stang had de motor van de machine geraakt en was finaal kapot. Niet alleen mijn machine was uitgeschakeld, ook vijf andere machines. De stang had de electrische leiding van alle machines kapotgeslagen. Door de harde klap kwam Meister Bühlmann hard aan lopen en begon op me te schelden. Geweldig, dat vind ik fijn, inwendig geniet ik. Des te meer er kapot wordt gemaakt, des te meer ik geniet.

Maandag 3 januari besloot de directie de lonen van iedereen die eerst in Berlijn had gewerkt met 40% te verlagen omdat volgens hen het leven in Neder-Silezië voordeliger was dan in de Duitse hoofdstad.

Chris wist zich redelijk vlot aan te passen aan zijn nieuwe situatie. Wonen in het kleine dorp in de bergen, werken in Peterswaldau. Hij was erop vooruitgegaan, het eten was beter, het leven rustiger want luchtalarm kwam in de omgeving van Reichenbach gelukkig toen nog niet voor. Maar dat veranderde spoedig, vanaf woensdag 5 januari 1944:

Vanavond was er voor het eerst sinds ik hier woon luchtalarm in Peterswaldau. Het waren Russische vliegtuigen die waarschijnlijk de streek kwamen verkennen. Is dit het voorspel van wat gaat komen? Het is niet te hopen dat wij ook hier bombardementen moeten meemaken. Dan ben ik voorlopig nog niet thuis. Ik vind dat ik in Berlijn al genoeg heb meegemaakt en daar ben ik gelukkig heelhuids vanaf gekomen.

's Nachts van een tot halftwee was er opnieuw luchtalarm. Chris schrok wakker, zijn gedachten gingen terug naar Berlijn; als het maar niet zo werd als daar. Hij kon zich niet voorstellen dat een dorp als Steinseifersdorf doelwit van de geallieerden zou worden, maar een plaats als Reichenbach... Bovendien waren er verschillende fabrieken waaronder Preschona die belangrijk waren voor de oorlogsvoering.

Die donderdag 6 januari 1944 waren er maar liefst driehonderd Russische vliegtuigen boven Breslau dat op ongeveer zestig kilometer van Steinseifersdorf lag. De Duitsers werden bang voor het Rode Leger.

Diezelfde dag verliet een groep Russische krijgsgevangenen de fabriek, ze hadden daar ongeveer zes weken gewerkt. Volgens Chris waren zij *beestachtig* behandeld, zij kregen slecht te eten en te drinken en werden constant door een Duitse soldaat in de gaten gehouden. De Russen werden opgevolgd door joden, voor zover Chris zich kon herinneren afkomstig uit Polen.

Deze mensen staan net als de Russische krijgsgevangenen onder zeer strenge controle. Meteen na hun komst liet de directie van de fabriek bekend maken dat het de arbeiders, zowel buitenlanders als Duitsers, ten strengste verboden was zich met de joden te bemoeien, te praten, eten te geven, enzovoorts, enzovoorts. Diegene die het wel doet en wordt betrapt, krijgt een zware straf. Maar ondanks deze proclamatie gebeurt het toch. De joden krijgen van alles van ons. Er ontstaat onderling een levendige ruilhandel. Zij krijgen van ons brood of broodbonnen (hoe zij die bonnen omwisselen voor brood, is ons een raadsel) en wij krijgen van hen tabak. Hoe zij daaraan komen, is voor ons eveneens een raadsel.

Het was elke dag ongeveer een half uur lopen van het Lager in Steinseifersdorf naar Preschona in Peterswaldau. Vooral 's winters was dit zwaar.

De jongens waren blij dat zij vanaf maandag 10 januari 1944 op vertoon van een Ausweiß der Armaturen Apparate Fabrik Preschona mee konden rijden met een bus van de Deutsche Reichspost die gevorderd was door de Wehrmacht. Weliswaar tegen betaling van RM 13,- per maand, en velen hadden dat er niet voor over. Het was een hele uitgave.

Wie kon, saboteerde in de fabriek. Vooral buitenlanders maar er waren ook enkele Duitsers die dat deden. Toen het de directie te gortig werd kreeg men per 12 januari 1944 boetes opgelegd:

Als je maar een paar minuten met een van je vrienden staat te praten, of je rookt een sigaret in de fabriek, of je doet je werk niet goed, of je komt een paar minuten te laat, dan heb je meteen een boete te pakken van op z'n minst 10 Mark. Vandaag zijn er al heel wat boetebriefjes uitgedeeld waaronder aan een kamergenoot van me. Hij heeft een boete van 17,74 RM omdat hij een paar minuten met een van onze landgenoten heeft staan praten.

Een paar dagen later werd zelfs gedreigd met de Polizei als er teveel werd gesaboteerd. Was het een extra straf toen de jongens met ingang van 13 januari 1944 nog maar twee brieven per maand naar Holland mochten sturen? Elke verzonden brief moest voortaan door de postbeambte van het postkantoor worden afgestempeld in de Kontrollkarte für den Auslandsbriefverkehr.

Met ingang van woensdag 19 januari werd verordonneerd dat alle buitenlanders vanaf 's avonds tien uur binnen moesten zijn. Volgens Chris een maatregel van Preschona, maar waarom? Uiteraard mochten degenen die nachtdienst hadden wel over straat. De jongens hielden zich niet echt aan dit bevel en gingen af en toe gewoon 's avonds op pad, bijvoorbeeld om naar de bioscoop te gaan.

Het was niet de laatste verordening want vanaf woensdag 9 februari 1944 mochten de buitenlanders geen omgang meer hebben met Duitse meisjes en vrouwen. Volgens Chris hadden veel buitenlanders contacten met Duitse vrouwen. Het eten dat zij met behulp van hun rantsoenkaarten konden kopen was lang niet toereikend. Hetzelfde gold voor sigaretten. Via Duitse vrouwen was het gemakkelijker om aan wat extra's te komen, bovendien gaf het de mannen wat gezelligheid.

Donderdag 3 februari 1944 stond de fabriek op zijn kop door de komst van honderd *nieuwe slaven van de Duitse bezetting*. Vijftig mannen en vijftig vrouwen uit Tsjecho-Slowakije die verplicht werden in tien maanden omgeschoold te worden. Daarna werden zij teruggezonden naar hun land om daar tewerkgesteld te worden in de Tsjechische bewapeningsindustrie.

Chris moest de 21-jarige kelner Marek Kadlek inwerken aan zijn machine. Chris en Marek konden het goed met elkaar vinden, de conversatie verliep in het Duits. Het bleef niet bij Marek: "Omdat de Franse dwangarbeider aan de machine naast me geen Duits sprak, kwam zijn Tsjech, de 21-jarige postbode Jakub Novotný ook maar bij mij staan. Jakub was een echte grappenmaker, hij lachte de hele dag."

Na alle nieuwe verordeningen was er dinsdag 15 februari reden voor leedvermaak: "Schmidt, de directeur van Preschona, werd ontslagen. De reden? Daar moesten we naar gissen. Had het te maken met de verslechterde oorlogssituatie? Werd er te veel gesaboteerd en daardoor te weinig geproduceerd? We kwamen het niet aan de weet, maar het rommelde erg want de volgende dag werd ook Damme, die wij 'Hondenkop' noemden, ontslagen. Hij was de assistent van Schmidt."

Schmidt werd opgevolgd door Wolff, op het eerste gezicht een geschikte man al stelde Chris later zijn mening bij. Damme werd opgevolgd door Diether die de bijnaam 'Jan Hangsnor' kreeg. Verder kwam Kuhr in dienst, volgens Chris een afgeschreven soldaat van het Oostfront, *want hij slingert behoorlijk met zijn linkerpoot.*

Het verplicht werken voor Preschona vond Chris vreselijk. Daarom saboteerde hij zoveel als in zijn vermogen lag. Gelukkig waren er soms ontspannen, zelfs prettige momenten. Gesprekken met vrienden, voor zover dat mogelijk was.

Bijzonder was zijn nachtdienst van donderdag 9 maart 1944:

In de fabriek aangekomen zien we dat de Tsjechische ploeg een gitaar en een mondorgel heeft meegebracht. Het is een mooi gehoor, die muziek en de zang. Wij sluiten ons bij hen aan en gezamenlijk zingen wij liederen die iedereen kent. Het klinkt heel aardig maar het is jammer dat we dit 'concert' moeten onderbreken omdat we aan het werk moeten. 's Nachts om twaalf uur gaat iedereen naar de kantine om te eten. Als iedereen is uitgegeten wordt het 'concert' voortgezet. Degenen die niet kunnen zingen of het lied niet kennen, luisteren aandachtig. Eén van mijn Hollandse vrienden die over een goede stem beschikt zingt het bekende lied 'La Paloma', onder gitaarbegeleiding van de Tsjech Martin Černy. Na afloop volgt een daverend applaus van alle Hollanders, Tsjechen, Fransen en Duitsers.

Het was een uitzondering, maar de dwangarbeiders genoten en dachten nog vaak terug aan die nacht. Het bleef bij die ene keer, helaas, want het mocht natuurlijk niet van de leiding.

Zoals gezegd probeerde Chris zoveel mogelijk te saboteren om de oorlogsindustrie te treffen. Dat lukte niet dagelijks maar zo af en toe was er gelegenheid, zoals na de inventarisatie op 2 januari.

Maandag 13 januari was er opnieuw een kans het werk te ontduiken:

Door een wilde ruk aan mijn draaibank te geven, is een van de beitels gebroken met als gevolg dat de machine enige dagen stil staat om gerepareerd te worden.

Vanaf 27 maart 1944 werden de dwangarbeiders van Preschona gedwongen in plaats van tien maar liefst twaalf uur per dag te werken. Dit gold voor iedereen. Ook het Duitse personeel moest zich twaalf uur per dag inzetten; totale arbeidsinzet werd verlangd, ongetwijfeld het gevolg van de verslechterende situatie aan de fronten. Het Duitse leger moest steeds meer inleveren.

Er wordt nu gewerkt in twee ploegen, de eerste van 's morgens zes tot 's avonds zes uur en de tweede van 's avonds zes tot 's morgens zes uur.

Iedere ploeg werkt dus twaalf uur per dag met een oponthoud van zeven kwartier voor schafttijd.

Was het ter stimulans, of ter beloning, dat de dwangarbeiders extra levensmiddelen kregen als ze het zware werk twee weken volhielden? Want in dat geval kregen ze twee kilo brood, een half pond boter en 400 gram vlees extra. Voor wie het een week volhield gold de helft.

Het leven in Neder-Silezië werd voor de dwangarbeiders steeds zwaarder. De controle was streng, een beetje sjoemelen was er niet meer bij. Ook zo af en toe een dagje thuisblijven lukte niet meer, de dwangarbeiders hadden bijna geen vrij meer. Het maakte het verlangen naar huis sterker.

"Tijd om te ontspannen hadden we amper. Kwamen we thuis, dan lagen er allerlei klusjes te wachten. We moesten koken, onze kleding wassen en we wilden ook regelmatig naar huis schrijven. En ik had natuurlijk mijn dagboek dat ik bij wilde houden, ondanks alle risico's die ik liep."

Gelukkig bleef de sfeer onder de dwangarbeiders aardig goed en was er 's avonds voor degenen die geen nachtdienst hadden wat tijd om met elkaar te praten en grappen te maken. Want dat hield ze overeind, na de inspannende werkdagen bij Preschona.

Na verschillende verordeningen, het verplicht werken op zondag, steeds langere werkdagen en de salarisverlaging, kwamen daar op dinsdag 28 maart 1944 weer nieuwe verordeningen bij:

1^e: *Zodra onze werktijd in de fabriek erop zit moeten we zo vlug mogelijk naar het Lager terug en de verdere dag binnen blijven.*

2^e: *Er zal ons geen toestemming worden verleend om met verlof naar huis te gaan.*

3^e: *Wij mogen geen omgang meer hebben met Duitse burgers.*

De volgende dag kwam er een vertegenwoordiger van het Deutsche Arbeitsfront in het Lager. De man hield een pleidooi dat de buitenlanders zich goed moesten gedragen tegenover de Duitse bevolking en dat iedereen moest meewerken aan de oorlogsindustrie. Het was alsof hij tegen een muur sprak; niemand luisterde echt. Het Lager zou ook worden gemoderniseerd, maar daar geloofden ze al helemaal niets van. Volgens Chris was in Duitsland sprake van *veel beloven, weinig geven.*

In tegenstelling tot de verordening van 28 maart werd zondag 9 april geloot welke dwangarbeiders die per 1 juli 1944 een jaar in dienst waren, met verlof naar huis mochten. Twintig jongens leken ervoor in aanmerking te komen, Chris was één van hen:

"Elke maand zouden twee mannen met verlof mogen volgens de directie. Ik trof het, ik lootte augustus en was erg blij. Maar ik twijfelde want je kon de Duitsers niet vertrouwen. Volgens mij was het een zoethoudertje in die voor ons zware tijden. En dat klopte, want uiteindelijk kreeg niemand verlof."

Woensdag 19 april 1944 zaten de jongens tussen de middag te eten toen er luchtalarm was. Iedereen moest zijn eten laten staan en naar de schuilkelder achter de fabriek gaan. Toen ze daar aankwamen bleek de kelder blank te staan, veroorzaakt door smeltwater:

We werden het open veld in gestuurd en daar moesten we maar beschutting zoeken onder de bomen. Dat was niet tegen dovemans oren gezegd; iedereen ging een kant op. Met enkele jongens zochten we een mooie plek en gingen lekker in de zon liggen.

Het luchtalarm duurde een half uur, toen was alles weer veilig. Gelukkig, want bij een bombardement waren de jongens allesbehalve veilig geweest. De schuilkelder van Preschona werd niet leeggepompt. Daar kwamen ze vrijdag 7 juli 1944 achter toen 's morgens om een uur of elf de fabriekssirene luchtalarm aankondigde. Tijd voor aarzeling was er niet want de vliegtuigen bevonden zich al boven Peterswaldau. De Hollanders besloten onder enkele bomen te schuilen. Niet lang, het mooie zomerweer lokte tot het maken van een wandeling. Bovendien waren de vliegtuigen overgevlogen en daar leek het bij te blijven.

Het groepje van Chris kwam al dwalend langs een kersenboomgaard waar ze zich tegoed deden aan heerlijk sappige kersen. Toen even na twaalf uur de sirenes sein 'veilig' loeiden, gingen de mannen op hun gemak terug naar de fabriek, precies op tijd om in de kantine aan te schuiven voor de middagmaaltijd. Twee dagen later, zondag 9 juli, was er rond dezelfde tijd weer luchtalarm. Opnieuw besloten de Hollandse dwangarbeiders de kersenboomgaard op te zoeken. Daar aangekomen viel er weinig te eten; de boomgaard werd bewaakt door mannen met geweren in de aanslag. De jongens liepen door, kwamen bij een schuur waar het heerlijk naar hooi rook. Dat leek een mooie plaats voor een dutje. De schuur zat alleen op slot. Gelukkig stond er buiten een ladder waarmee ze in de schuur konden komen. Ze zochten een plaatsje in het hooi en bleven daar tot de sirenes weer gingen.

Dat de leiding van Preschona weinig vertrouwen in de dwangarbeiders had werd opnieuw duidelijk op donderdag 11 mei 1944. Toen de jongens 's avonds de fabriek wilden verlaten, mocht dat niet, ze werden gefouilleerd:

Met onze handen omhoog worden we gefouilleerd. Gelukkig wordt er niets bij ons Hollanders gevonden maar bij een van mijn Tsjechische vrienden, Pavel Vaněk, werd een foto aangetroffen die hem werd afgenomen. Hij zou er nog wel van horen. De foto had hij van mij gekregen, het was er een van het nieuwe ziekenhuis in Purmerend. De Duitsers dachten dat het een Amerikaans gebouw was en waren van mening dat Pavel er iets mee te maken had.

"Dat was aperte onzin. Ik had het met mijn Tsjechische vrienden over Holland gehad, over de omgeving waar ik vandaan kwam. Ik had mijn ouders gevraagd ansichtkaarten te sturen en die had ik onder mijn vrienden uitgedeeld."

De jongens hoorden er niets meer van, maar Pavel was wel zijn ansichtkaart van het Stadsziekenhuis in Purmerend kwijt.

De volgende dag kregen alle medewerkers van Preschona een Werkausweiß, roze voor de Duitsers, roodgeel voor alle buitenlanders. De argwaan richting de dwangarbeiders groeide.

Toen de jongens dinsdag 6 juni 1944 hoorden dat in Normandië de invasie van de geallieerden was begonnen, was dit niet alleen hoopvol nieuws maar ook de reden dat de dwangarbeiders met nog meer tegenzin naar Preschona gingen:

"We hadden absoluut geen zin meer om nog langer voor de moffen te werken. Verschillende Duitsers dachten er net zo over, ze zagen dat aan die onzinnige oorlog een eind zou komen in het voordeel van de geallieerden. Het waren vooral medewerkers uit Berlijn die net als wij gedwongen waren om naar Neder-Silezië te verhuizen. Zij hadden ook een hekel aan de oorlog en het naziregime van Hitler."

Prompt meldden enkele dagen later dertien dwangarbeiders uit het Lager zich ziek:

Zij zijn allemaal 'ziek'. 's Avonds om zeven uur komt er een dokter. Hij onderzoekt de 'zieken' en neemt ook de temperatuur op. Met behulp van een truc (door het wrijven van de koortsthermometer onder de dekens) moet de dokter wel constateren dat de jongens werkelijk ziek zijn.

Niet alleen zijn 19de, ook zijn 20ste verjaardag vierde Chris in Duitsland. Op 29 juni 1943 zat hij in het Durchgangslager Rehbrücke, eenzaam, omdat zijn vrienden de dag ervoor als arbeidsslaaf door een bedrijf waren opgehaald. En nu, een jaar later, zat hij nog steeds in het gehate Duitsland. Hoe graag had hij zijn 20ste verjaardag thuis willen vieren. Desondanks waren zijn omstandigheden iets beter dan in 1943. Het eten was nu meestal redelijk en hij had veel vrienden die in hetzelfde schuitje zaten. Hij werkte weliswaar tegen zijn zin voor Preschona, maar hield het nog steeds vol. Ook deze verjaardag werd er een om nooit te vergeten. Chris draaide een nachtdienst:

Ik sta aan de machine te werken en denk hoe ik mijn verjaardag zou vieren als ik nu thuis zou zijn. Maar ik stond hier, midden in de nacht in een vreemd land en ver van huis. Toen het twaalf uur was kwamen de Hollanders aanlopen om mij te feliciteren. Dit kostte nogal wat tijd want het waren ongeveer dertig mannen. Johan overhandigde mij een envelop met inhoud (veertig Mark) namens al mijn kamergenoten en van Johan zelf kreeg ik tien sigaretten die hem veel geld hadden gekost. De Duitsers stonden het feliciteren oogluikend toe en dachten dat het toen afgelopen was. Maar ze waren amper vertrokken of daar kwamen de Tsjechen aan. Ze tilden mij op en gooiden me twintig keer omhoog omdat ik 20 jaar was geworden, een gewoonte in Tsjecho-Slowakije. De moffen begonnen ondertussen behoorlijk te mopperen en probeerden de Tsjechen van me af te trekken, wat niet lukte. Ze trokken zich er niets van aan en gingen gewoon door. Van de Tsjechen kreeg ik broodbonnen en koekbonnen.

Na onze schafttijd kom ik in de fabriek terug en zie dat mijn machine met bloemen is versierd, mijn verjaardagscadeau van de Tsjechische meisjes. Van enkele kreeg ik ook een bos bloemen en een paar ansichtkaarten. Ik vond het allemaal erg leuk en zal deze verjaardag nooit vergeten.

Het saboteren tijdens het werk en zijn regelmatige ziekmeldingen waren voor Preschona wellicht aanleiding Chris en enkele andere dwangarbeiders aan te pakken. Vanaf woensdag 19 juli 1944 werden Chris, een Tsjech en een Fransman een week lang gecontroleerd tijdens hun werk:

Een week lang komt er een Duitser van de calculatieafdeling bij ons staan met een soort uurwerk in zijn hand. Het minste of geringste dat er gebeurt noteert hij op een lijst. Als we naar de wc moeten, als de machine kapot is, of als de machine om de een of andere reden stilstaat, dan moeten wij dat melden. Hij kijkt ons constant op de vingers, daarom werken wij zo langzaam mogelijk. Hij neemt ook de tijd op hoelang we over een onderdeel doen dat wij moeten maken.

De bedoeling van de controle was duidelijk: er moest harder worden gewerkt. Het toezicht stond ze natuurlijk tegen. Reden voor Chris om zijn machine af en toe opzettelijk kapot te draaien op momenten dat de controleur bij de machine van de Fransman of de Tsjech stond:

Als mijn dag erop zit ga ik na of ik meer heb gedaan dan anders en tot mijn plezier moet ik constateren dat ik zelfs minder heb gepresteerd. Zo moet het, ik zal laten zien wat ze aan mij hebben!

Chris produceerde gemiddeld tachtig onderdelen per dag. Werkte hij in een normaal tempo, zo had hij berekend, dan zou hij circa zeshonderd stuks per dag kunnen leveren, geen wonder dat Preschona ontevreden was. Chris was dat echter wel. Oké, als hij meer onderdelen draaide zou hij meer verdienen maar die extra centen konden hem gestolen worden.

Donderdag 20 juli wist Chris in een onbewaakt ogenblik zijn machine zo te molesteren dat deze maar liefst 28 uur buiten gebruik was.

Na een stilstand van 28 uur is de machine zover hersteld dat ik weer aan het werk kan al is de controleur nergens te bekennen. Even later komt hij de fabriek binnen waggelen (hij loopt mank) en zegt dat hij er geen touw meer aan vast kan knopen want de machines zijn steeds kapot.

Augustus 1944 arriveerde een groep vluchtelingen van ongeveer vijftig vrouwen en kinderen uit Warschau.

Onder deze mensen bevinden zich vrouwen die de leeftijd van 65 jaar reeds bereikt hebben; desondanks worden zij verplicht in onze fabriek te werken. De groep komt te wonen in een Lager dat pas gebouwd is in Steinseifersdorf. Het is triest hoe deze mensen eruitzien. Ze zijn vreselijk vermagerd en hebben bijna geen kleren meer aan hun lichaam. Ze hebben de vreselijke bombardementen en de verzetsoorlog in Warschau meegemaakt en veel familie verloren.

Zomer 1944 bereikte de oorlog in Warschau een historisch dieptepunt die de geschiedenis in ging als De opstand van Warschau. In hun opmars richting het westen hadden de Sovjets de oostelijke voorsteden in juli bevrijd. De Armia Krajowa, de grootste Poolse verzetsbeweging, was bang dat Polen na de oorlog een vazalstaat van de Sovjet-Unie zou worden. Met steun van de Poolse regering in ballingschap besloot de Armia Krajowa zelf Warschau te bevrijden. Op 1 augustus brak een grote, landelijke opstand uit en boekte de onvoldoende bewapende Armia Krajowa spoedig winst. Maar de Duitsers waren nog te sterk en na twee maanden capituleerden de opstandelingen. De represailles van de nazi's waren genadeloos; Hitler beval persoonlijk de in gevangenneming van alle inwoners waarna de stad grotendeels werd verwoest. Na de 63 dagen durende opstand werd de trieste balans opgemaakt. Aan de kant van de Poolse opstandelingen waren 18.000 strijders omgekomen en 25.000 gewond geraakt. Daarnaast kostte de strijd minstens 150.000 burgers het leven, vooral als gevolg van massa-executies door de nazi's die zelf 'slechts' 17.000 slachtoffers en 9.000 gewonden hadden te betreuren. De groep Poolse vrouwen en kinderen die bij Preschona moest werken, was afkomstig uit deze hel.

Vanaf maandag 5 juli 1943, zijn eerste dag als dwangarbeider bij Preschona, had Chris moeten werken aan een Pittler draaibank. De machine was overgeplaatst naar Peterswaldau en daar was het werk doorgegaan.

Tot vrijdag 27 oktober 1944. Na een afwezigheid van tweeënhalve week wegens ziekte trof Chris in de fabriek een Tsjech aan zijn machine. Protesteren deed hij niet in de hoop op ander, prettiger werk. En dat kreeg hij: het werd werken aan een fijn-draaibank, een machine waar hij in tegenstelling tot de Pittler zittend aan werkte en bovendien een hoger salaris mee verdiende. Chris berekende meteen dat hij voldoende loon in een kortere tijd kon verdienen. De resterende tijd zou hij proberen vol te maken met bijvoorbeeld praten met andere dwangarbeiders, extra lang op het toilet blijven om een sigaret te roken, enzovoorts. Het was riskant, want werd je betrapt dan volgde geheid een boete.

De machine waaraan hij nu werkte was de eerste in een productielijn van twaalf. Was de machine van Chris om wat voor reden dan ook buiten bedrijf, dan stonden de andere elf machines ook stil. Dit was voor Chris aanleiding om af en toe te zorgen dat er met zijn machine iets aan de hand was. Gemopper van zijn Meister was het gevolg, maar tot zijn grote tevredenheid lukte het hem regelmatig de productie te ondermijnen.

De ten nadele van de Duitsers veranderende oorlogsomstandigheden hadden gevolgen voor Preschona: het werk werd minder. Daarmee werd Chris 12 december 1944 geconfronteerd toen hij 's morgens om zes uur bij de fabriek arriveerde. Er was geen werk, hij kon naar het Lager, 's avonds moest hij zich weer melden. Het werd 's nachts opnieuw werken aan de fijn-draaibank waaraan Chris onderdelen moest glad draaien.

Dit draaien gaf afval in de vorm van zogenaamd aluminium wol, waar de Duitsers thuis de kerstboom mee versierden. Veel Duitsers kwamen om een handje aluminium wol bedelen, maar Chris besloot het alleen te geven aan collega's die hij mocht. Zelf nam hij voldoende mee om de kerstboom in het Lager mee op te kunnen tuigen.

De bewoners van het Lager

Toen Chris, Bob Carels, Leo Michielse, Carel Steegeman en Cees Bodegraven 8 november 1943 hun intrek in Lager Weber hadden genomen, was het er nog rustig maar vanaf 15 november werd het steeds drukker in de vroegere danszaal van het café. Die dag arriveerde er een aantal Hollanders en Fransen. Er woonden toen twaalf Hollanders, vijftien Fransen en een Rus uit Oekraïne.

Een maand later, 13 december, werd Johan de Vries overgeplaatst uit Berlijn. Toen Chris uit Berlijn was vertrokken was Johan naar Schöneweide verhuisd, maar dit Lager was tijdens een bombardement getroffen en verwoest vertelde Johan; hij was de dans ontsprongen.

Twee dagen later kwamen Joop Pieterse en Cornelis van der Meer aan, ook overgeplaatst uit Berlijn en een week later, maandag 20 december arriveerde Dirk Groot. Volgens zijn vrienden was hij veranderd:

Hij rookt nu de ene na de andere sigaret (vroeger rookte hij niet) en is in Duitsland nog nooit bij een kapper geweest. Zijn haar is dan ook ontzettend lang. Toen Dirk enkele dagen in de fabriek werkte, gaven zijn Duitse collega's hem als bijnaam 'Fraulein Groot'.

Op woensdag 5 januari 1944 verlieten de vijftien Franse dwangarbeiders Lager Weber om te verhuizen naar een Lager in Peiskersdorf[14] waar meer Fransen waren ondergebracht. Preschona had namelijk besloten alle nationaliteiten bij elkaar te huisvesten. Chris vond het niet erg, *want het is een vreselijk rumoerig volk en ik vond dat ze ook lang niet zo zindelijk waren als de Hollanders.*

Vanaf die dag woonden in Lager Weber de volgende Hollanders: Siebren Kingma, Bob Carels, Joop Pieterse, Jan Middelhof, Bert Zijlstra, Eduard Vriend, Leo Michielse, Steef van Arkel, Joost Broekman, Carel Steegeman, Hilbert Bindels, Dirk Groot, Klaas Spanjer, Frans Kalter, Cees Bodegraven, Johan de Vries, Cornelis van der Meer, Jaap Dekker, Nico Beusekom en Jules van 't Schip. Daarnaast de Tsjechen František

Dvorak en de broers Nikolas en Victor Kovař. Tot slot de Belg Jean Desmet, de Italiaan Bianchi en de Oekraïner Igor Petrov, inclusief Chris zevenentwintig mannen.

Op dinsdag 18 januari 1944 vertrok Jaap Dekker met verlof naar Holland. De jongens namen afscheid en wensten hem een goede reis. Jaap zou niet meer terugkomen. Was hij ondergedoken?

Verschillende jongens, waaronder Chris gaven hem brieven, pakjes en zelfs geld mee voor hun familie thuis. Jaap had pech, want op 8 februari kreeg een van de jongens in het Lager bericht dat hem bij de grenscontrole door de SS alles was afgenomen...

De angst sloeg Chris om het hart omdat hij in zijn brieven misschien te openhartig was geweest over de moffen, zoals hij in zijn dagboek schreef. De meeste zorgen maakte hij zich om een brief voor de familie Wals, die hem een onderduikplek had aangeboden. In deze brief had Chris de Duitsers uitgescholden. Verschillende mededwangarbeiders waren ook bang dat zij binnenkort de Polizei konden verwachten en waren huiverig voor eventuele maatregelen. Toch liep het voor Chris goed af. Zijn brieven bleken in Kwadijk te zijn aangekomen want 12 februari kreeg hij een pakje met kleding en levensmiddelen van zijn ouders. In de bijgesloten brief stond dat zowel zij als de familie Wals de brieven hadden ontvangen.

Dinsdag 25 januari 1944 arriveerden vier nieuwe dwangarbeiders in het Lager: Frederik van Cleef en Leo Klok die eerst bij Pertrix, een dochteronderneming van het Quandt Concern, hadden gewerkt. Pertrix produceerde batterijen voor de Wehrmacht. Voor zover Chris begreep werden de twee mannen overgeplaatst naar Preschona in Peterswaldau omdat de fabriek waar zij moesten werken was verwoest door een bombardement. De andere nieuwelingen waren Piet de Klerk en Henk Bakker. Piet de Klerk was na een vluchtpoging gesnapt bij de Zweedse grens en had een half jaar vastgezeten. Van Henk Bakker wist Chris alleen dat hij vanuit Berlijn naar Peterswaldau was gekomen.

Eind januari 1944 mochten Eduard Vriend en nog enkele niet bij name genoemde Hollanders op verlof, maar dat werd door Preschona op het laatste moment toch ingetrokken omdat ze onmisbaar zouden zijn.

Donderdag 1 februari, bijna een maand na het vertrek van de Fransen kwam er toch een nieuwe buitenlander, de ongeveer 35-jarige Rus

Vladimir Kozlov, in het Lager wonen. Igor Petrov vertelde hen de trieste geschiedenis van deze man:

Vladimir Kozlov is vrijwillig met Duitse troepen meegekomen, omdat het leven onder zijn landgenoten ondraaglijk was geworden. Hem was gevraagd of hij lid wilde worden van de communistische partij in Rusland maar dat wilde hij niet. Toen hebben leden van de GPOE (geheime Russische staatspolitie) 's nachts zijn vrouw en twee kinderen vermoord. Zelf kon hij vluchten en kwam bij de Duitsers terecht die hem 'met open armen ontvingen'. Vladimir was heel slecht gekleed, zoals wij weleens op foto's over Rusland hebben gezien. Hij krijgt van ons kleding, waar hij erg dankbaar voor is. Maar hij gedraagt zich tegenover ons nog een beetje schuw. Hij kan zijn ogen niet geloven zoals wij leven. Een horloge en een fiets bijvoorbeeld had hij nog nooit gezien.

Hoe lang Vladimir Kozlov in Lager Weber bleef, kon Chris zich niet meer herinneren.

Dinsdag 8 februari kreeg een bewoner van het Lager een brief van zijn vrouw uit Holland. Blij was hij niet, want zijn vrouw vertelde hem met een andere man samen te wonen. Chris' kamergenoot was hevig overstuur en wilde direct met verlof naar huis want hij maakte zich zorgen om zijn zoontje. Dertien december had hij met verlof kunnen gaan. Hij werkte toen een jaar in Duitsland maar had geen toestemming gekregen. Nu probeerde hij het opnieuw, tevergeefs. Chris noemde hem niet bij naam, maar had wel kritiek *want hij had hier omgang met een Duitse vrouw. Van zijn kant klopt hier toch ook iets niet?*

Willem Speelman trok maandag 21 februari 1944 in bij de Hollanders in Weber. Hij kwam ook uit Berlijn en moest net als Chris in Peterswaldau bij Preschona aan een draaibank werken.

Een week later kwam er weer iemand bij: Henk Spits, ook uit Berlijn. Hij had veel bombardementen meegemaakt en wist te vertellen dat het Barakkenlager in de Emserstraße door een bombardement was verwoest. Toen Chris dit hoorde was hij ontzettend blij dat hij in november uit Berlijn was vertrokken.

Donderdag 16 maart 1944 arriveerden er opnieuw twee bewoners in het Lager: Piet Wagenaar en Cor d'Huy.

Frans Kalter keerde dinsdag 23 maart 1944 naar Holland terug omdat hij tbc zou hebben. Hij zou in een ziekenhuis in Breslau worden behandeld maar wegens plaatsgebrek mocht hij naar huis. Na de oorlog vernam

Chris dat Frans helemaal geen tbc had gehad. Maar wel geluk volgens Chris dat hij eerder naar huis kon.

Vanmiddag omstreeks drie uur gaat het gerucht dat de invasie is begonnen. Volgens zeggen zijn Engelse-, Amerikaanse-, Franse- en Nederlandse troepen geland bij Le Havre en Cherbourg, schreef Chris dinsdag 6 juni 1944.

Het bericht werd enthousiast besproken in het Lager. Wat voor gevolgen zou de invasie hebben? Hielden de Duitse legers in Frankrijk stand of werd het Normandische front geslecht? Het gaf de Hollandse jongens hoop, veel hoop. De invasie had tot gevolg dat de Hollandse dwangarbeiders min of meer het spreekwoordelijke bijltje erbij neergooiden. Evenals enkele Duitsers, hoofdzakelijk afkomstig uit Berlijn:

Zij hebben een vreselijke hekel aan de oorlog en niet minder aan het naziregime van Hitler. Ze zeggen dat ze de oorlog allang verloren hebben.

De directie van Preschona trok zich van het oorlogsnieuws niets aan en ging gewoon door met overplaatsen van dwangarbeiders uit Berlijn naar Peterswaldau: 12 juni 1944 was dat Louis Zwart. Het klikte met Louis, kwam dat misschien omdat hij piano speelde?

Frau Weber gaf toestemming het instrument in hun kamer te gebruiken, er werd dan ook spoedig gemusiceerd in het Lager: Louis Zwart op piano, Dirk Groot op gitaar en Chris en Lo van der Kamp op hun mondorgel. Louis Zwart was een prima pianist, hij beheerste veel muziek, maar samenspelen was een ander verhaal; het kwartet speelde altijd hetzelfde lied dat ze alle vier kenden. Helaas kon Chris zich niet meer herinneren welk lied het was.

Wie wilde, zong mee. Frau Weber had geen moeite met de muziek, integendeel, ze vond het leuk.

Zaterdag 24 juni 1944 schreef Chris:

Vandaag is het een jaar geleden dat ik Holland verliet, hoe lang zal het nog duren voordat ik weer terug kan? Eigenlijk zou ik nu recht hebben op verlof maar vanwege de invasie hoef ik daar niet op te rekenen. Het is afwachten en hopen op een goede afloop. Mijn kamergenoten zijn nu 34 Hollanders en vier Polen.

Maandag 18 september 1944 verlieten Hans Bruinsma, Steef van Arkel en Frans Möhlmann het Lager. Zij moesten bij de Poolse grens loopgraven maken voor de terugtrekkende Duitse legers. Wat stond hen te wachten?

Twee dagen later, 20 september 1944 vertrok Frederik van Cleef naar Holland, afgekeurd vanwege maagproblemen. Een gemakkelijke reis terug zou het waarschijnlijk niet worden. Hij vertrok met reispapieren tot de Hollandse grens, verder moest hij het zelf maar uitzoeken want er werd zwaar gevochten bij Arnhem en Nijmegen.

Deze periode, van 17 tot 26 september 1944, ging de geschiedenisboeken in als de Slag om Arnhem als onderdeel van de Operatie Market Garden. Bij de Slag om Arnhem sneuvelden 1800 Britse en Poolse militairen en evenzoveel Duitsers. Daarnaast lieten rond de 1000 burgers het leven, werd de binnenstad verwoest en was de bevolking ontredderd. Een trieste balans. Hoe de reis van Frederik van Cleef is verlopen, heeft Chris nooit geweten.

Donderdag 21 september namen Piet de Klerk en Willem Bloemkolk afscheid. Zij waren door Preschona ontslagen en moesten verhuizen naar Langenbielau om daar te werken voor de firma Schneider.

Er kwam nog geen einde aan het aantal vertrekkende dwangarbeiders uit Lager Weber. Want zaterdag 23 september 1944 werd afscheid genomen van een in het dagboek niet bij naam genoemde bewoner. Hij werd naar de stad Militsch[15], in de buurt van het front, gestuurd ook om te helpen bij het maken van loopgraven.

Hierna kwamen er een tijdlang geen nieuwe bewoners bij en vertrok er ook niemand, althans, Chris maakte er geen melding van in zijn dagboek.

Steinseifersdorf en Lager Weber

Chris probeerde Steinseifersdorf te vergelijken met zijn woonplaats. Hij zag overeenkomsten in bijvoorbeeld de bevolkingsomvang en het feit dat de meeste inwoners het niet breed hadden. Maar ook wat betreft de kleine middenstand. En al was het landschap rond Steinseifersdorf het tegenovergestelde van Kwadijk, het waren beide gemoedelijke, rustige dorpen.

Voordat Preschona naar Neder-Silezië werd overgebracht was in de fabriek een katoenspinnerij gevestigd waar vele Steinseifersdorfers werkzaam waren.

Dat was geen vetpot. Volgens Chris was in het dorp eerder sprake van armoede dan van weelde. De beter gesitueerden waren volgens hem lid van de NSDAP.

"In het begin van het dorp, ter hoogte van de afslag naar het sanatorium, woonde zo'n NSDAP'er. We zagen hem soms als we langs zijn huis kwamen. Hij groette ons met de Hitlergroet, dan zeiden wij spottend tegen elkaar 'Hij ligt er!' als verbastering van 'Heil Hitler'."

Hun voedselbonnen besteedden ze uiteraard bij de lokale middenstand. Bij bakker Klein bijvoorbeeld. De bakkersvrouw was *een goed en braaf mens. Al onze broodbonnen besteedden we bij haar, maar het gebeurde wel eens dat we halverwege de week al zonder brood zaten. Dan gingen we naar de winkel en vroegen of we brood zonder bon konden krijgen. Dat gaf nooit problemen, Frau Klein wilde zelfs niet dat we er extra voor betaalden.*

Het contact met kruidenier Neumann was het tegenovergestelde. Hij had zijn nering nota bene onder hetzelfde dak als het Lager want zijn winkeltje bevond zich aan de linker kant van het grote gebouw. Neumann was een felle NSDAP'er die weigerde aan de buitenlanders te verkopen:

"Vruchten of iets dergelijks kregen we niet, want ze mochten dat niet aan buitenlanders verkopen."

Dat zette kwaad bloed:

Het fruit dat hier aan de burgers wordt verkocht komt lang niet altijd uit Duitsland. Zo zag ik vorige week in de kruidenierswinkel die naast ons Lager gevestigd is, een kistje tomaten staan. Het kistje droeg het opschrift: Tiel (Betuwe) – Holland. Ook heb ik een kist bloemkool gezien die uit Langendijk (Noord-Holland) kwam. Allemaal gestolen goed.

En dat gold voor meer artikelen. Daarom deden Chris en Johan liever hun inkopen bij de andere kruidenier in het dorp, namelijk bij Oscar Werner die midden in Steinseifersdorf op nummer 110 zijn nering had. Hij was hen altijd ter wille, ook met een voor hen zeer begeerd artikel: sigarettenvloei.

Verder was er slager Mayer, op nummer 11. De jongens kregen op hun bonnen altijd prima vlees, lekker vet, zoals ze graag wilden. Hun jonge lichamen konden het wel gebruiken.

Ten slotte was er regelmatig contact met de ambtenaar van het postkantoor in Steinseifersdorf. Eigenlijk mochten de dwangarbeiders op vertoning van hun Kontrollkarte maar twee brieven per maand naar Holland sturen, maar de postbeambte lapte deze regel aan zijn laars:

De ambtenaar die hier in het postkantoor zetelt, mag ik niet rekenen tot het uitschot van Duitsland. Hij neemt van ons iedere brief aan die voor Holland is bestemd. Af en toe drukt hij een stempel in onze controlekaart en voor de rest neemt hij de brieven gewoon aan. Wij tonen natuurlijk af en toe onze dankbaarheid en geven hem wel eens een vleesbonnetje.

Voor wat, hoort wat, zo redeneerden de jongens.

Op nummer 64, niet ver van Lager Weber, woonde Else Brandt. Zij was fotograaf en maakte in 1944 de portretfoto waarop Chris poseert in zijn nette pak. Op de linker revers van zijn colbert draagt hij twee speldjes. Het ene speldje was in de vorm van een staande, Nederlandse vlag. Zijn ouders hadden het op zijn verzoek opgestuurd als aandenken aan thuis. Chris heeft het speldje lang probleemloos als vorm van protest gedragen totdat hij het met dwangarbeider Daniël Picard op diens verzoek ruilde voor een door de Fransman bij Preschona gemaakte ring. Een andere Fransman graveerde Chris' initialen in de ring die hij altijd heeft bewaard. Het tweede speldje op de foto is een voorstelling met de Franse vlag, het heeft de tand des tijds overleefd. Chris kreeg het van genoemde Daniël Picard.

Zo leerden de jongens enkele Duitsers kennen waar ze goed mee konden worden. Duitsers die net als zij fel tegen de oorlog waren of die hun mening over het nationaalsocialisme inmiddels hadden bijgesteld.

Verder was er weinig contact met mensen in het dorp. Het bleef bij wat groeten en het door de jongens soms treiteren van 'mensen van de partij'. Toch waren ze redelijk op de hoogte van het dorpsleven. Misschien door hun contacten met Frau Weber? Of de klanten in haar café of collega's uit Steinseifersdorf?

Chris noteerde op dinsdag 1 augustus 1944 de gevolgen van noodweer in het dorp:

Sinds enkele dagen regent het hier verschrikkelijk, zo erg heb ik het in Holland zelden meegemaakt. Ten gevolge van de zware regenval is in het nabijgelegen dorp Friedrichshain[15] een groot gat in de weg geslagen. In Steinseifersdorf is een vijfjarig jongetje tijdens het slechte weer in de beek gevallen. Met de geweldige gang van het water dat van bovenaf de bergen naar beneden golfde, werd het knaapje meegesleurd. Dertien uur later werd hij teruggevonden, haast onherkenbaar. Hij was door het water een paar kilometer meegesleurd.

De vroegere danszaal waar de jongens woonden was gemeubileerd met stapelbedden die langs de wanden en bij de ramen stonden. In het midden van het vertrek stonden twee tafels, acht krukjes en enkele dubbele banken. Verder was er de kachel en kist voor kolen.

Jan Middelhof, de oudste bewoner van het Lager, was aangesteld als kameroudste, hij organiseerde de zo genoemde kamerdienst. Dagelijks moesten twee jongens de kamer vegen, de wasbakken en tafels schoonmaken, enzovoorts.

Chris had een bed in de hoek, hij sliep op het onderbed. Toen Johan de Vries in december 1943 ook werd overgeplaatst naar Peterswaldau, sliep Johan in het bovenbed. Per twee bewoners was er een kast. Eigenlijk was deze te klein want de kleren, levensmiddelen en overige persoonlijke spullen pasten er nauwelijks in. Veel bewoners bewaarden hun vieze kleding ook in de kast, maar Chris en Johan hadden hiervoor een doos onder Chris' bed gezet. Hun bedden en kasten zagen er altijd netjes uit, in tegenstelling tot die van verschillende kamergenoten, daar mankeerde weleens wat aan. Als het weer het toeliet hingen Chris en Johan 's morgens vóór ze naar Preschona moesten hun dekens buiten aan de lijn. Kwamen ze thuis, dan werden ze geklopt en gingen weer fris op de bedden. De kastplanken hadden ze keurig met kastpapier belegd. Ze hadden hun hoek gezellig proberen te maken, op een met punaises opgehangen stuk groen verduisteringspapier hadden zij afbeeldingen van Holland geplakt. Regelmatig kwamen andere jongens in hun hoekje zitten vanwege de gezellige sfeer.

Hoe de jongens in het Lager leefden, daarover schreef Chris af en toe in zijn dagboek. Het was niet altijd even eenvoudig met zo'n grote groep jongens en mannen van verschillende nationaliteiten en leeftijden te moeten samenwonen. Op zondagen bijvoorbeeld, als sommigen moesten werken terwijl anderen thuis waren. Dat gaf wrijving wanneer enkelen wilden slapen en anderen bezig waren met bijvoorbeeld hun was, of kookten. Vaak stond er soep op het menu:

De soep die we maken is heel wat beter dan de soep die we te slikken kregen in Berlijn. Wij gooien er meestal iets aparts in, zoals een stuk worst of vlees. Dat geeft de soep een lekkere smaak. Wij jongens zijn nu eenmaal geen volleerde koks die een heel menu op tafel kunnen zetten. Wij zijn allang blij als we iets gaar kunnen krijgen en dan eet je het wel. Niet omdat je honger hebt, maar omdat je toch wat wilt eten. In Berlijn hebben we honger geleden, hier gelukkig nog geen dag. Hopelijk blijft het zo.

Maar het zou niet zo blijven...

Het koken gaf af en toe spanningen. Vooral wat betreft het tijdstip, bijvoorbeeld 's avonds. Als iemand thuiskwam, trek had en uien ging bakken, werd dat door de slapers niet gewaardeerd: *roken en stinken*, volgens Chris. Niet vreemd natuurlijk, want in die ene grote ruimte moesten de jongens alles doen: slapen, wonen, koken, wassen en recreëren.

Zo jong als ze waren, probeerden ze zichzelf zo goed mogelijk te verzorgen, er heerste in dat opzicht een discipline waar de meesten zich aan hielden. Op zaterdagavond gingen veel bewoners van het *Lager* in bad. De wasbeurt vond plaats in de hoek van de danszaal waar de gasstellen stonden en de waterleiding liep. De jongens beschikten over een grote zinken teil, die in bruikleen was van Frau Weber en waar ze zich om beurten in wasten. Op zondagochtend ging ieder z'n eigen gang en werden klusjes gedaan waarbij vaak Hollandse liedjes werden gezongen. De schoenen werden gepoetst, kleren geborsteld, overhemden gestreken:

"Eerst warmde ik een strijkijzer op de kachel en daarna streek ik keurig de vouw in mijn broek. Maar ook in die van vrienden, want we hielpen elkaar; de een was goed in dit, de ander in dat."

Chris had volgens zijn vrienden meer goede kwaliteiten:

Verder zeggen de jongens dat ik goed kan koffiezetten. 's Avonds zitten we vaak met elkaar aan tafel en praten over van alles en nog wat. Over de fabriek bijvoorbeeld, dan hebben we kritiek op de een of andere Meister of iemand van de directie. Of er wordt wel eens een mop verteld. En als we zo gezellig met elkaar zitten te kletsen ben ik degene die de koffie moet zetten. Ik zet dan de grootste pan die we in het Lager hebben met water op het gas. Dat laat ik goed doorkoken en dan doe ik wat koffiesurrogaat in een zakdoek die ik daar speciaal voor gebruik en laat hem een tijdje in het kokende water hangen totdat de koffie goed is en lekker ruikt. Iedereen zorgt voor suiker en een kopje en drinkt zoveel als hij wil. Wie geen beker of kopje heeft, gebruikt een lege jampot of iets dergelijks.

Indien nodig werden kleren gerepareerd, al was dat niet altijd eenvoudig, zo waren op een gegeven moment Chris' sokken zo slecht dat stoppen echt niet meer ging. Toen haalde hij de gaten maar zo goed mogelijk dicht, tot ook dat een onmogelijke opgave was en hij geen sokken meer droeg - ook 's winters niet.

Er ontstonden vriendschappen en er waren gezellige momenten, bijvoorbeeld tijdens feestdagen. Over kerstavond 1943 schrijft Chris:

's Avonds is het heel gezellig bij ons in het Lager. Onze Franse en Tsjechische collega's (sinds enkele dagen hebben we ook enkele Tsjechen als kamergenoten) hadden een paar meisjes uit hun land op bezoek. Het is heel gezellig en er wordt veel voorgedragen en gezongen door ons. Onze Russische kamergenoot zingt ook enkele liedjes; we moeten er allemaal om lachen. In de eerste plaats vanwege de taal, in de tweede plaats vanwege de saaie melodie. Maar zo is het nu eenmaal; ieder land heeft z'n eigen gewoonten en levensopvattingen. Net als de Italiaan Bianchi. Die zingt ook op zijn manier, evenals de Tsjech Victor Kovař. Natuurlijk blijven wij Hollanders niet achter en zingen ook. Al met al is het een prima avond; we vergeten voor even onze zorgen.

Chris ging met enkele katholieke vrienden mee naar de nachtmis:

Het is een katholieke kerk, maar dat vind ik niet vervelend. Ik wil wel eens zien hoe het er in die kerk toegaat.

Er werd gebeden voor vrede. Chris had er dubbele gevoelens bij:

Iedereen verlangt naar vrede. Maar het voelt vreemd dat men in een land dat de oorlog begonnen is, voor vrede bidt. Zal het ooit vrede worden? Het ziet er nog niet erg naar uit.

Na de nachtmis werd in het Lager gegeten. Koek, gebak en pannenkoeken, het kon niet op, evenals de gezelligheid met elkaar. Misselijk van het vele eten zochten ze diep in de nacht hun bedden op.

Oudejaarsavond 1943 waren ze beneden in het café waar Frau Weber veel mensen had uitgenodigd, waaronder de dwangarbeiders. Wellicht begreep ze dat het een moeilijke avond voor de jongens zou worden? Zo ver van huis het oude jaar uitluiden en het nieuwe verwelkomen. Wat zou 1944 brengen? Zou er eindelijk vrede komen? Dat was hun grootste wens. En niet alleen van de buitenlanders. Met hen hoopten ook veel Duitsers op vrede. Na de Slag om Stalingrad waren steeds meer Duitsers gaan twijfelen aan het succes van deze oorlog.

Op Oudejaarsdag moest gewoon worden gewerkt. Terug in het Lager kregen de jongens het druk. Er werd die avond goed gegeten: aardappelen, wortelen, vlees en vet, een heerlijke maaltijd. Daarna bakten Chris en Johan de Vries pannenkoeken voor 's nachts. Voor het zover was brachten ze een fijne avond door in het café. Frau Weber zou voor alles zorgen, de jongens hadden daar alle vertrouwen in. Ze begrepen dat het ook voor deze, naar schatting 40-jarige vrouw, een moeilijke avond zou worden. Haar man was in dienst en zat in Berlijn, zij had de zorg voor hun twee kinderen, een meisje van een jaar of 8 en een jongetje van ongeveer 4 jaar. Het kleine kereltje kwam graag boven bij de buitenlanders. Hij noemde iedereen Onkel en werd regelmatig door de jongens verwend. Het jongetje gaf hen afleiding ook al was zijn moeder er niet altijd blij mee. Ze was bang dat haar zoontje naar boven ging om te bedelen, maar volgens de Hollanders was daarvan absoluut geen sprake.

Ondanks de omstandigheden maakte Frau Weber er een gezellige jaarwisseling van:

De tafels waren versierd met wit papier en dennengroen en midden op elke tafel stond een grote schaal met heerlijke koek. Er worden spelletjes gedaan en er wordt gezongen. De dienstbode van Frau Weber (ze komt uit Oekraïne) zingt op ons verzoek het Wolga-lied. Ze zingt het geweldig mooi, na afloop krijgt ze een daverend applaus. Mijn kamergenoot Siebren Kingma zingt ook een lied dat in de smaak valt. Af en toe presenteert Frau Weber koek. Op een gegeven moment kondigt ze een verrassing aan als ze weer met de schaal rondgaat. Als we allemaal van koek zijn voorzien mogen we het om de beurt opeten. Wat blijkt: de koekjes zijn met iets bijzonders gevuld. Beurtelings barsten we in lachen uit want Frau Weber had ze expres gevuld met peper, mosterd, papier, koffiebonen, enzovoorts. In mijn koekje zat mosterd. Het smaakte niet echt lekker. Frau Weber zelf had er een met een peukje sigaar erin. We hebben ons helemaal slap gelachen.

En zo verliep de avond gemoedelijk in het café. Misschien lukte het de meeste jongens wel om hun zorgen even naast zich neer te leggen, maar er waren er ook met heimwee. Sommigen bleven daarom boven en gingen vroeg naar bed.

In zijn dagboek noemt Chris af en toe bij name de mensen die last hadden van heimwee. Maar op zijn verzoek noem ik geen namen.

Met bier, 'Prosit' en klokgelui werd het nieuwe jaar begroet. Men wenste elkaar geluk: 'Hopelijk dit jaar weer in Holland!' Ontroerende momenten met een enkele traan en brok in de keel, ook bij Frau Weber.

Een van de aanwezige Duitsers in het café hield een korte toespraak waarin hij wenste dat de Hollandse jongens in het nieuwe jaar naar huis konden. Jan Middelhof sprak ook, hij wenste iedereen een gelukkig Nieuwjaar en bedankte namens allen Frau Weber voor haar goede zorgen. Met een korte stilte waarin Chris aan thuis dacht, werd de avond in het café besloten, maar boven ging de viering verder want daar wachtten de pannenkoeken. Daarna aten de jongens pudding en koek.

Die nacht zocht Chris om drie uur zijn bed op. Hij had de meest bijzondere jaarwisseling in zijn leven meegemaakt, in het buitenland, in een internationaal gezelschap. Maar hij had er heel wat voor over gehad als hij gewoon thuis in Kwadijk bij zijn familie was geweest. Het was begrijpelijk dat zijn gedachten deze dagen regelmatig afdwaalden naar thuis.

De jongens waren vaak in het café van Frau Weber te vinden, om wat te drinken, maar ook de zondag werd regelmatig beneden doorgebracht. 's Winters was het er heerlijk warm, aangenamer dan boven in het Lager waar het woekeren was met de kolen. De jongens schreven brieven naar huis of naar vrienden die ook gedwongen in Duitsland verbleven. Chris schreef zijn ouders en broer Jan, die nog steeds bij bakker Rechter in Rheinsberg werkte. En hij werkte op de zondagen vaak zijn dagboek bij want door de week lukte dat niet altijd.

Het café gaf 's winters ook andere afleiding, namelijk die van skiërs. Op hun tochten door de bergen gingen ze vaak even bij Weber langs om door te warmen, of voor een maaltijd.

Zondag 13 februari 1944 kwamen de jongens in contact met een van die wintersporters:

Aan het tafeltje achter ons zitten een paar Duitsers, één van hen lijkt in ons geïnteresseerd te zijn. Hij probeert ons te verstaan en komt op een gegeven moment bij ons zitten en vertelt dat hij vóór de oorlog in Holland is geweest. Hij laat ons een zakmes zien dat hij voor een kwartje bij de Hema in Amsterdam heeft gekocht. Ook liet hij ons nog een zilveren kwartje en dubbeltje zien. Wij vroegen hem waar hij was geweest. Hij had onder andere Amsterdam, Purmerend, Edam, Volendam, Marken en Monnickendam bezocht. We hebben ongeveer een uur leuk met hem zitten praten. Toen verliet hij het café.

Dit soort ontmoetingen gaf de jongens de kans om net als in de fabriek, wat Duits te leren. De taal ging Chris steeds beter af. Om het Duits nog beter onder de knie te krijgen nam hij in Steinseifersdorf een abonnement op de *Eulengebirgs-Zeitung*. De krant werd bezorgd bij Preschona, vervolgens kreeg Chris hem van Herr Lehmann. Natuurlijk was het nieuws subjectief, maar het ging Chris niet zozeer om het nieuws, maar vooral om de taal, al was het lezen lastig want de krant werd gezet in gotische letters.

Door de kennis van het Duits kon hij Frau Weber en de Duitsers in de fabriek beter volgen. Daarnaast verliep de conversatie met dwangarbeiders uit andere landen soms ook in het Duits, bijvoorbeeld met de Tsjechische dwangarbeiders waaronder met Josef Šimek:

Ik kan heel goed met hem opschieten. Hij werkt in draaierij 2 en we maken verschillende keren per dag een praatje met elkaar. Het gebeurt vaak dat er een Meister naar ons toekomt die zegt dat we moeten doorwerken. Maar toch staan we veel met elkaar te praten, in het Duits want anders kunnen we elkaar niet begrijpen. Van hem leer ik enkele Tsjechische woorden en uiteindelijk kunnen we af en toe een gesprekje in het Tsjechisch voeren. Ik leer van hem een Tsjechisch lied dat 'Poel hodjinka' heet:

Poel hodjinka

Poel hodjinka doh,
Djedna zha drahoh,
Kazda prôjhe jinnoh delkoemas.
Prôjhe nôhôh znad,
Jie pomaloe zhat,
Prodroe hêhhô wjesthô zoestawa.

Refrein:

Poel hodjinka howa,
Malôw nebbôh hodnje smarmena.
Kraadska wetsky kloha
Podle tôhhôh djackzy zersy da.

Zo leerde Chris wat Tsjechisch. Zijn leven lang onthield hij wat Josef Šimek hem had geleerd. Moeiteloos telt hij nog altijd tot tien: jeden, dva, tři, čtyři, pět, šest, sedm, osm, devět, deset.

Naast kleine irritaties zoals het op afwijkende tijdstippen koken, waren er andere ergernissen: *Ons Lager is door een ramp geteisterd*, schreef Chris op zaterdag 20 februari 1944. Luizen... Wat een tegenvaller. In Berlijn hadden ze er ook last van gehad. De plaag van oktober vorig jaar was hij nog niet vergeten, toen had de Lagerführer maatregelen genomen nadat hij door toedoen van de Hollanders ook last van luizen had gekregen. Nu wilden ze het zelf opknappen. Ze wasten hun kleding in heet water en lieten de was goed doorkoken. Chris vroeg zich af of dat echt verstandig was, maar een alternatief was er niet. Ze wilden maar een ding: ze snel mogelijk van de luizen af. Terwijl de luizenwas stond te koken, werd het Lager onderhanden genomen. De bedden werden schoongemaakt, de dekens naar buiten gebracht en goed uitgeklopt. Er werd insectenpoeder gekocht dat ze in de ledikanten en eronder op de vloer strooiden. Het hele karwei nam zo'n drie uur in beslag, toen hoopten ze dat alle luizen waren verdwenen en weg bleven. Ze deden hun best alles zo schoon mogelijk te houden. De dekens werden herhaaldelijk geklopt en ze continueerden de behandeling met insectenpoeder.

Toch ging het weer mis want eind maart waren er opnieuw problemen. Waar het aan lag? Ze wisten het niet maar hadden wel een vermoeden, want een van de bewoners, die Chris niet met name noemt in zijn dagboek, was nogal slordig ingesteld. Hij maakte zijn bed nooit op, laat staan dat het werd gelucht. Als de stank te erg werd, slingerden ze het beddengoed het raam uit, zo werd het toch een beetje gelucht en werd de sloddervos min of meer gedwongen zijn bed schoon te maken.

In augustus 1944 kregen de dwangarbeiders last van wandluizen. In de kasten, in de bedden, overal krioelde het van dit ongedierte. Gedurende enkele dagen vingen ze de dieren en doodden ze met vuur, de enige manier om ervan af te komen al was het geen prettige. Snel daarna volgde een vlooienplaag, Chris werd er 's nachts wakker van:

Resoluut verlaat ik mijn bed om mijn kleren en bed op vlooien te controleren. Ik ben niet de enige die dat doet, er zitten nog enkele jongens aan tafel die hun kleren bekijken waarin het krioelt van het ongedierte. Terwijl we aan de tafel zitten lopen de vlooien en luizen over onze armen en benen. Als ik me goed gereinigd heb, schone kleren heb aangetrokken en de vuile was in de week heb gezet, ga ik weer naar bed en val in slaap.

December 1944 naderde, de maand met de feestdagen en van extra moeilijke momenten, die van heimwee. Er was weer een jaar voorbij, helaas zat hij nog steeds in Duitsland.

Toch probeerden ze weer iets te maken van de feestdagen. Over Kerstavond schreef Chris:

De kamer (het Lager dus) hebben we flink schoongemaakt en versierd met dennengroen. De tafels zijn voorzien van wit papier en aangekleed met bloemen en kaarsen. We hebben ook een kerstboom, versierd met aluminiumwol uit de fabriek en met enkele koekjes en een paar papieren poppetjes die we zelf hebben gemaakt. Het ziet er gezellig uit. Een paar jongens hebben een koffergrammofoon weten te krijgen en die draait bijna de hele dag. Verder wordt er veel op de piano, gitaar en mondorgels gespeeld en wordt er gezongen. Het is echt gezellig bij ons en zo vergeten we alle ellende een beetje. We vinden het jammer dat onze ouders niet weten hoe gezellig wij het hier nu hebben. Als ze dat wisten zouden ze misschien minder zorgen om ons hebben.

Na het avondeten hielden Jan Middelhof en Jules van 't Schip allebei een toespraak. Een gedicht dat ik met Cornelis van der Meer had gemaakt werd voorgedragen. Daarna gaan we met elkaar zingen. Af en toe werd er wat te eten of te drinken rondgebracht en daarna gaat het weer verder, tot halftwaalf. Dan verlaten velen het Lager om een flinke wandeling door de besneeuwde bergen te maken. Anderen gaan naar de kerk. De dienst duurt een uur en na afloop maken we een mooie wandeling door de bergen, om drie uur in de nacht zijn we weer terug in het Lager.

Oudejaarsavond vierden ze eveneens in het Lager, en hoe!

Het Lager is veranderd in een feestzaal; overal hangt dennengroen. De tafels zijn versierd en alle bedden en kasten hebben we in een hoek geschoven. Op de plaats van de gasstellen en de wasgelegenheid is met behulp van dekens een toneeltje gemaakt. Een van de jongens heeft verlichting verzorgd zodat er verschillende kleuren licht op het toneel worden geworpen. Het is wel enigszins primitief want we moeten ons natuurlijk behelpen, maar het ziet er piekfijn uit.

"We hadden enkele gasten uitgenodigd. Een paar Duitsers die ook bij Preschona werkten en die we absoluut vertrouwden, een paar Poolse meisjes, dwangarbeidsters, de dienstbode van Frau Weber en enkele Hollanders uit Peterswaldau. Zij werkten ook bij Preschona en woonden in een Lager in Peterswaldau."

Iedereen vermaakte zich uitstekend. Er werd gezongen en gemusiceerd. En er werden enige toneelstukjes opgevoerd. Enkele bewoners van het Lager hadden zelf een paar stukjes geschreven en opgevoerd waarbij ook zelf gecomponeerde liedjes werden gezongen.

Om kwart voor twaalf houdt onze kamergenoot Jules van 't Schip een

toespraak en wordt er een minuut stilte gehouden om de vrienden die hier
gestorven zijn te herdenken. Klokslag twaalf worden de bierglazen
geklonken en volgen wederzijdse gelukwensen.

In het nieuwe jaar ging het feest door tot in de kleine uurtjes, er werd zelfs gedanst. Omdat er te weinig meisjes waren dansten de jongens maar met elkaar, dat ging ook goed. Chris vermaakte zich die avond en nacht prima, maar er waren evenals in 1943 ook jongens die behoorlijk last hadden van heimwee. Voor hen was het een moeilijke avond. Begrijpelijk, niemand wist hoe lang de oorlog nog zou duren. De geallieerde strijdkrachten maakten dan wel vorderingen maar voorlopig zag het er niet naar uit dat Duitsland spoedig zou capituleren.

Controle

Alle dwangarbeiders in Duitsland stonden onder controle van de SS, de Wehrmacht en de Gestapo. Maar ook de bedrijven waar de mannen tewerkgesteld waren hielden de dwangarbeiders in de gaten. De bewoners van Lager Weber waren daarop geen uitzondering. Zondag 26 maart 1944 bijvoorbeeld, mochten ze het Lager niet verlaten want er zou vlektyfus heersen. Ze stonden perplex en hadden hun twijfels over dit bericht, volgens hen was er iets anders aan de hand. Uit een krijgsgevangenenkamp zouden enkele Engelse piloten zijn ontvlucht. Waar dat kamp was wisten ze niet maar volgens de jongens was men bang dat zij de Engelsen zouden helpen. Het opgelegde huisarrest werd genegeerd; 's avonds besloten Chris, Johan de Vries en Willem Speelman de bioscoop in Peterswaldau te bezoeken. Ze hadden Steinseifersdorf amper verlaten toen zij getuige waren van de *crash* van een toestel van de Luftwaffe:

Boven Peterswaldau duikt het vliegtuig omlaag. Plotseling horen we een hevige klap die wordt gevolgd door een zwarte rookwolk. Vlug lopen we door en bereiken Peterswaldau en de plaats des onheils. We kunnen het wrak zien, de laatste restjes smeulen nog een beetje. Het is wel een bijzonder schouwspel: veel Duitsers met bedroefde gezichten, enkele met zakdoeken in hun hand, een wrak van Herman Göring's luchtmacht en tenslotte drie glimlachende gezichten van een stelletje 'domme Hollanders'.

Er waren geen overlevenden. De piloot had het toestel met zijn parachute verlaten maar had de val niet overleefd. Het vliegtuig was vlakbij het postkantoor van Peterswaldau neergekomen, dichtbij Preschona. Dat speet de jongens, wat hen betrof had het best op de fabriek mogen neerstorten.

Veel jongens lagen zondag 16 april 1944 nog in bed toen een afvaardiging van Preschona het Lager binnenkwam: werkleider Kuhr, portier Heidemann, Lagerführer Fortmann en een chauffeur:

"Kuhr gaf ons amper de tijd op te staan. 'Allemaal voor je eigen kast gaan staan!' brulde hij. Wij protesteerden hevig. Gelukkig begreep de Preschona-delegatie ons niet. Het maakte de sfeer er niet beter op, maar we begrepen dat de heren ons kwamen controleren. Ik kon nog snel mijn dagboek verstoppen onder mijn matras in de hoop dat daar niet gekeken zou worden. Het bezit van een dagboek was namelijk ten strengste verboden."

Er volgde een grondige controle. Kuhr inspecteerde elke kast, haalde alles eruit, hij bekeek zelfs correspondentie. Na de kasten volgden de koffers. Na afloop legde Kuhr uit dat gecontroleerd was om te kijken of dwangarbeiders in bezit waren van werktuigen, onderdelen of tekeningen van Preschona. Bij enkele jongens werden onderdelen aangetroffen. Ditmaal kwamen ze er met een behoorlijke waarschuwing van af, maar de Duitsers bleven argwanend, zo zou blijken. Chris' dagboek werd tot zijn opluchting niet gevonden.

Woensdag 21 juni 1944 kregen de dwangarbeiders opnieuw ongewenst bezoek, ditmaal van twee onbekende heren. De een droeg een NSDAP-speldje, de ander was een soldaat van de Waffen SS. Ze deelden Nederlandstalige brochures uit over de Waffen SS. De NSDAP'er was een Hollander die een rede hield over de SS die aan niets te wensen over liet: hij probeerde zieltjes te winnen.

Tijdens zijn relaas zaten wij aan tafel en toonden geen enkele belangstelling voor zijn verhaal. De een schilde aardappelen, anderen waren aan het lachen of zaten te praten. Het leek wel of de SS'er tegen de tafels en stoelen stond te praten. Hij vertelde hoe je het beste met verlof naar Holland kon gaan, namelijk door je vrijwillig aan te melden bij de SS.

Natuurlijk had hij geen succes. De Hollander en de SS'er dropen onverrichterzake af. Zodra ze de kamerdeur achter zich hadden dichtgetrokken gooiden de Hollanders alle ramen van het Lager open. Louis Zwart nam plaats achter de piano, Dirk Groot greep zijn gitaar.

Even later klonk het *Oranje boven, leve Willemien* door het Lager en door de ramen naar buiten terwijl de Hollander en de SS'er zich uit de voeten maakten. Een van de dwangarbeiders riep de landverrader uit het raam na: 'Jij hoort niet hier, maar aan het Oostfront thuis!'

Een maand later werd op vrijdag 21 juli 1944 de gezelligheid in het Lager wreed verstoord. Drie agenten kwamen controleren op wapens en munitie. De heren inspecteerden niet alleen kasten en koffers, ze keken ook onder de matrassen. Chris zat opnieuw in angst om zijn dagboek, de controleurs kwamen steeds dichter bij zijn hoekje. Waar moest hij het laten? Ten einde raad schoof hij het ongemerkt tussen een stapeltje kleding op het bed van Johan de Vries. Een van de agenten keek in de kast en de koffers van Chris en Johan. Het angstzweet brak Chris uit toen de agent de kleding van Johan optilde en vervolgens onder de matras keek. Zou hij het dagboek tussen de kleding vinden? Nee, het geluk was ook nu weer met hem.

De agent vond niets onder de matras en legde het stapeltje terug. Chris slaakte opgelucht een zucht. Toch steeg de spanning, want de jongens wisten dat Klaas Spanjer een wapen bezat dat hij onder zijn matras had verborgen. Alle ogen waren gericht op de kast en het bed van Klaas toen de agenten daar zochten. De kast werd goedgekeurd, toen was het bed aan de beurt. Een agent tilde de matras aan de linkerkant van het bed op, keek eronder en liet het los. Hij had niets gevonden en was tevreden. Gelukkig, want aan de rechterkant lag het wapen, Klaas was de dans ontsprongen. Er werden geen wapens en munitie gevonden in het Lager, de Grünen vertrokken. De jongens hadden nog nooit zo in spanning gezeten. Klaas Spanjer nam meteen maatregelen. Hij ging naar buiten en begroef het wapen achter de schuur die naast Lager Weber stond. Hij verborg het wapen want als de Duitsers hadden gecapituleerd, *had hij het nodig voor een paar moffen.* Klaas wees hen later de plek waar hij het had begraven. Een klein jaar later, na de bevrijding, gingen Chris en Carel Steegeman ernaar op zoek, maar vonden het niet. Klaas Spanjer was toen al vertrokken uit Steinseifersdorf. Chris heeft nooit geweten of Klaas het wapen had opgegraven en eventueel gebruikt.

Omdat de dwangarbeiders geen fruit mochten kopen, probeerden ze er op een andere manier aan te komen. Vrijdagavond 5 augustus 1944 ging een aantal jongens naar een boomgaard. Steef van Arkel klom in een appelboom en schudde eraan. Het regende appels, enkele jongens raapten de vruchten behendig op. Toen ze werden opgemerkt maakten ze zich snel met de appels uit de voeten. Maar Steef van Arkel had pech: hij verloor één van zijn schoenen. In het Lager lieten ze zich de gestolen appels goed smaken. Het zou ook niet bij deze ene keer blijven dat ze op deze manier aan fruit kwamen. Maar het verlies van de schoen kreeg gevolgen; dinsdagavond 5 september arriveerde de Polizei in het Lager met een klein pakje, de verloren schoen van Steef. De spanning steeg want de agenten waren op zoek naar de ontbrekende schoen om zo de fruitdieven te achterhalen. De grondige zoektocht leverde geen schoen op. Hij was er echter wel; de schoen lag op de vensterbank achter het verduisteringspapier, maar daar werd niet gezocht. Weer hadden de bewoners van het Lager geluk.

Maandag 21 augustus 1944 liep een bezoek van de Grünen dramatisch af voor Willem Speelman. Het was 's morgens halfzeven, Chris lag net in bed na zijn nachtdienst en lag wat te praten met Willem Speelman toen twee leden van de Grüne Polizei binnen kwamen en de bedden langs liepen. Wie was Willem Speelman? Willem meldde zich. Hij kreeg bevel zich meteen aan te kleden want hij moest mee met de heren. Zijn vrienden adviseerden hem extra kleren aan te trekken en wat eten mee te nemen. Chris gaf Willem een set ondergoed van hemzelf mee.

Willem zei dat hij over een paar uurtjes wel weer terug zou zijn en trok zijn kleren en schoenen aan, geen sokken. Hij nam ook geen brood mee. Zo zagen wij hem vertrekken: tussen de twee 'Herrn-moffen' in. We hebben hem niet teruggezien.

Willem Speelman werd vastgezet in het politiebureau tegenover Lager Weber. Hoe lang hij daar heeft gezeten en waar hij later naartoe is gebracht, wisten de Hollanders niet.

Naderhand kwamen ze aan de weet waarom Willem was ingerekend, een triest verhaal. Willem had een relatie met de Duitse Marlene. Zij woonde met een vriendin op een kamer in Steinseifersdorf. Willem kwam regelmatig bij haar, samen luisterden ze naar een Engelse zender. Zo hield Willem zijn vrienden in het Lager op de hoogte van het oorlogsnieuws. De kamergenote van Marlene was hierachter gekomen door zich tijdens een bezoek van Cor in een kast te verstoppen. Ze had hen verraden, Willem en zijn vriendin werden opgepakt want zowel omgang tussen buitenlanders en Duitse vrouwen als het luisteren naar de Engelse zender, waren verboden. De dwangarbeiders hadden geen idee wat er met Willem was gebeurd en waren erg bezorgd om zijn lot.

Zondag 9 oktober 1944 viel de Polizei het Lager binnen, Chris was er niet, hij maakte een wandeling met Johan de Vries. Van de aanwezigen werden alle spullen gecontroleerd. Chris had geluk want van de afwezigen werden geen kasten en koffers gecontroleerd.

"Mijn vrienden vertelden later dat alleen de kasten en koffers van degenen die op dat moment in het Lager waren, werden gecontroleerd. Mijn dagboek lag in mijn kast en die was op slot. Ik was opgelucht toen ik dat hoorde want bij elke inval door de Polizei of de directie van Preschona was ik bang dat mijn dagboek gevonden zou worden. Ik zou het dan niet alleen kwijt zijn, maar was ook bang voor persoonlijke gevolgen. Verschillende jongens hadden mij al enkele malen geadviseerd dat ik mijn dagboek maar moest verbranden omdat ze bang waren dat ik er last mee zou krijgen. Maar wat er ook zou gebeuren, mijn dagboek wilde ik niet kwijt. Ik moest en zou het mee terug nemen naar Holland, ondanks de risico's."

Ziek

In Neder-Silezië verzuimde Chris regelmatig bij Preschona. Verschillende keren was hij ziek, soms zelfs ernstig. Maar het kwam ook voor dat hij zich ziek voordeed om niet te hoeven werken. Hij probeerde zijn afwezigheid altijd te rekken, want een ding was duidelijk: zodra hij zich kon onttrekken aan de oorlogsindustrie gaf hem dat grote voldoening. Ziek of gesimuleerd, dat maakte hem niets uit.

Zaterdag 20 november 1943 maakte Chris kennis met dokter Hans Richter in Peterswaldau. In Berlijn was het niet gelukt afgekeurd te worden, misschien lukte het in Neder-Silezië. Hij wilde een nieuwe poging wagen om vanwege zijn arm afgekeurd te worden en verliet de dokterspraktijk met een recept voor warmtemassage in het Kloosterziekenhuis in Reichenbach. Chris onderging de kuur al had hij weinig hoop op afkeuring:

Er worden doeken om mijn arm gewonden, vervolgens worden er electrische apparaten op aangesloten. Dan nogmaals een laag doeken en daarna moet ik plaats nemen in een met lekkere, zachte kussens gevulde stoel. Als alles in orde is, wordt de stroom aangezet. Het voelt heerlijk warm aan en het bevalt me best om zo te zitten, laat ze in de fabriek maar werken. Ik mag hier dan wel zitten, het is toch voor niets want ik weet heel goed dat het niet zal helpen. Ik houd die moffen zo mooi voor de gek, ik kan er niets aan doen dat ze me geloven. De bestraling duurt een half uur en ik heb een gezellige tijd gehad. De non die me hielp was erg vriendelijk; ze vond het verschrikkelijk dat haar landgenoten zo vreselijk huishielden in Holland en dat ze mensen naar Duitsland transporteerden om ze daar te laten werken. Zij zei openlijk tegen me dat ze het nazigespuis haatte. Ze kon wel spuwen van Hitler.

De mening van de non was verklaarbaar. Hitler was weliswaar van huis uit katholiek, maar had een grote aversie tegen het geloof. Er volgden nog twee prettige behandelingen maar resultaat bleef uit. Chris had niet anders verwacht, hij ging terug naar dokter Richter die hem tabletten en zalf voorschreef. Hij haalde de medicijnen bij de apotheek maar gebruikte ze niet, ze verdwenen in de kachel van Lager Weber.

Chris was blij dat hij gedurende deze periode niet hoefde te werken. Afkeuren was niet gelukt, maar voor even geen productie draaien voelde als een kleine overwinning. Toch gaf hij het niet op, donderdag 25 november zat hij weer tegenover Richter. Na onderzoek concludeerde de arts dat hij verder niets kon betekenen:

Ik vraag de arts of ik ziekteverlof kan krijgen om veertien dagen naar huis te gaan. 'Dat gaat niet', zegt hij, maar als ik vraag of ik een paar dagen naar Holland kan om winterkleding te gaan halen, zegt hij dat ik dat moet aanvragen bij het arbeidsbureau. Hij dacht dat ik daar wel verlof voor zou kunnen krijgen. Ik hoop het, want als ik eenmaal in Holland zit, dan zien ze mij hier nooit meer terug.

Hoopte dokter Richter zo van Chris af te komen, of gaf hij hem werkelijk een kans? We zullen er nooit achter komen, toch leek er enige kans van slagen. Chris moest zich vrijdag 26 november 1943 eerst melden bij het Arbeitsamt in Reichenbach waar hij een goed gesprek had met een in zijn ogen redelijke Duitser:

Ik trof het, want hij begon meteen een praatje te maken. Hij leek me geen lid van de Hitler-partij want hij droeg geen insigne.

Chris had inmiddels de ervaring dat insignedragers buitenlanders slecht behandelden. Ja, hij zou misschien wel enkele dagen verlof kunnen krijgen.

"Ik kreeg een onbeschrijflijk gevoel van blijdschap. Zou het echt zo zijn dat ik na vijf maanden spoedig naar huis kon? Zou ik met Kerstmis weer thuis zijn?"

Het hele weekend stond in teken van hoop, stel dat het lukte, misschien was hij dan volgend weekend thuis! Helaas, zo gemakkelijk ging het niet.

Maandag 29 november trof hij een echte nazi-dokter die hem hardhandig onderzocht. Had deze dokter hem door? Chris kreeg geen enkele hoop, hij zou de uitslag wel krijgen van het Arbeitsamt. Bovendien moest hij de volgende dag weer aan het werk en hij ging. Hij had geen keus. Maar zette zijn spel voort want hij moest toch net doen alsof hij het aan zijn arm had? Hij speelde zijn rol met verve, pakte een bezem en veegde met zijn linkerhand. Meister Bühlmann vroeg waarom hij niet met twee handen kon werken:

"Dat kan ik niet", antwoordde Chris. "Ik heb erge last van mijn rechterarm."

Bühlmann geloofde het maar half.

Chris bleef in zijn rol tijdens het eten in de kantine, zelfs zijn vrienden waren ervan overtuigd dat er werkelijk iets aan de hand was.

Bühlmanns woede steeg en 's middags greep hij Chris in zijn kraag: "Kom jij maar mee naar Damme!" en bracht hem naar 'Hondenkop'.

Chris kreeg er behoorlijk van langs door beide Duitsers. Verdedigen maakte de zaak alleen maar erger.

Damme sprak over sabotage en greep op een gegeven moment de telefoon: "We zullen je een paar maanden in de gevangenis laten zetten!"

Chris wist de situatie in zijn voordeel te wenden: "Maar ik moet vandaag bij de dokter terugkomen."

Het was een leugen, maar werd geloofd.

Chris werd doorgestuurd naar Herr Lehmann die hem uitmaakte voor saboteur en luilak, ook daar dreigde het uit de hand te lopen.

Juist op het moment dat Lehmann Chris bijna te lijf wilde gaan liep een andere Duitser binnen en kwam Chris ervan af met: "Ga naar de dokter, hond!"

Trillend van de zenuwen verliet hij het kantoor van Lehmann. Als hij dit allemaal van tevoren had geweten, was hij er nooit aan begonnen. Maar terug kon hij niet meer dus meldde hij zich opnieuw bij dokter Richter, deed zijn verhaal en werd geloofd. Die goede dokter Richter:

Wat de behandeling betreft is het een prima dokter. Hij staat geheel aan mijn kant, ondanks dat hij lid is van de NSDAP. Zodra ik hem over het voorval van vandaag heb verteld, gaat hij een brief schrijven waarin hij schrijft (hij heeft de brief voorgelezen!) dat ik moet wachten op de uitslag van het Arbeitsamt en dat ik licht werk moet doen omdat mijn arm niet in orde is. De brief moet ik aan Herr Damme geven.

Natuurlijk was Damme niet blij maar hij respecteerde het doktersadvies. Chris kreeg licht werk en bleef in zijn rol; vegen met zijn linkerhand, de rechter hield hij in zijn zak. Op de wc deed hij af en toe oefeningen om te voorkomen dat zijn arm stijf werd. Aan het einde van de middag werden toeslagkaarten uitgedeeld, die moesten op het kantoor van Bühlmann voor ontvangst worden ondertekend:

Ik moet me ook melden en zie aan het lachende gezicht van Bühlmann dat hij verwacht me te kunnen betrappen omdat ik mijn handtekening moet zetten. Maar zijn gezicht verandert als hij ziet dat ik mijn handtekening zet met mijn... linkerhand! Dat had hij zeker niet verwacht want hij kijkt me nijdig na als ik zijn kantoor verlaat.

Er ging een week voorbij waarin Chris bleef veinzen, tot grote woede van Damme die hem scheldend meedeelde dat zijn loon werd verlaagd. In plaats van 78 Pfennig kreeg hij voortaan 51 Pfennig per uur uitbetaald. Natuurlijk vond Chris dat jammer, maar hij kon niet anders dan deze consequentie te aanvaarden: *Laat hij zich rijk maken met die 27 Pfennig. Ik kom er evengoed wel.*

De volgende dag kreeg Chris het aan de stok met de zeer nijdige directeur van Preschona: "Zo, dus jij hebt geen zin om te werken? Ik zal je voor drie maanden naar de gevangenis laten sturen!"

Chris schrok, want in de fabriek ging het gerucht dat hij binnenkort vast en zeker naar Holland terug zou keren. En dan nu dit. Hij vestigde zijn hoop op de uitslag van het Arbeitsamt maar dat duurde lang, veel te lang. De spanning steeg en Chris voelde zich allesbehalve relaxed.

Naar van de zenuwen ging hij de volgende dag, woensdag 8 december 1943 naar Preschona. Werd dit zijn laatste werkdag, zou hij worden opgepakt door de Polizei? Waar kwam hij dan terecht, in de gevangenis? Zou hij zijn vaderland en zijn familie in dat geval ooit nog terugzien? Hij voelde zich steeds onzekerder worden tijdens de wandeling van Steinseifersdorf naar Peterswaldau, in dat half uurtje ging er van alles door hem heen.

Hij moest zich melden bij Bühlmann in de veronderstelling dat de Polizei daar klaar stond om hem in te rekenen. Maar er wachtte geen Polizei in het kantoor van Bühlmann. Integendeel: "Ga morgen maar naar het

Arbeitsamt om te vragen of je afgekeurd bent of niet. Ik denk wel dat je naar Holland teruggaat."

Chris kon het amper geloven en veegde die dag zoals hij inmiddels gewend was. Toch bleef hij op zijn hoede, bang dat er alsnog politie zou komen. En die kwam, 's middags om drie uur. De schrik sloeg hem om het hart. Bühlmann heeft gelogen, ging het door hem heen, ik ben de klos! Alle ogen waren gericht op Chris want iedereen wist wat er speelde. Zou hij worden opgehaald? Bühlmann kwam erbij en ging in gesprek met de drie agenten. Chris had het niet meer van de zenuwen. Op dat moment wees Bühlmann. Maar niet naar Chris, hij wees in een andere richting en enkele minuten later vertrokken de agenten met een Pools meisje dat van diefstal werd verdacht. Ze had de portefeuille van een van de Franse dwangarbeiders gestolen en in haar kous verstopt, het meisje zagen ze niet meer terug. Chris was voorlopig gerustgesteld, zou dat zo blijven?

De volgende dag nam Chris vanuit Peterswaldau het bergspoortje naar Reichenbach. Hij hoopte dat het Arbeitsamt goed nieuws voor hem had maar werd niets wijzer: de uitslag was doorgestuurd naar het Arbeitsamt van Peterswaldau. Daar aangekomen trof hij het niet: "Ben jij die verdomde Hollander, die te lui is om te werken? Je mankeert niets en je moet morgen weer aan het werk!"

Daar moest hij het mee doen. Aan de ene kant was Chris erg teleurgesteld, hij had gehoopt spoedig naar huis te kunnen. Aan de andere kant was hij blij dat hij gezond werd verklaard, niet alleen vanwege zijn rechterarm. En hij was opgelucht dat hij niet in de gevangenis terecht was gekomen Maar opgeven, nee, dat wilde hij niet, ondanks de grote risico's.

Hij besloot opnieuw dokter Richter te consulteren: "Jij bent een oude bekende", zei de dokter lachend toen hij Chris die middag zag. "Kom er maar in."

Binnengekomen geef ik hem de uitslag van de keuring. Hij knikt en zegt dat hij er onmogelijk iets aan kan veranderen. Dan vraagt hij of ik vrijwillig naar Duitsland ben gekomen en hoe de keuring in Holland is geweest. Ik vertel hoe het is gekomen dat ik in Duitsland ben beland en hoe de 'keuring' was. 'Nee, dat gaat niet. Je kan zo hier niet blijven, je moet weer naar Holland terug,' zegt de dokter. Aan mijn arm kan hij niets doen, wat ik kan begrijpen. Maar ik heb geen zin om weer aan het werk te gaan en daarom vraag ik of ik een week rust mag houden. Hij gaat akkoord en geeft me een bewijs dat ik acht dagen rust moet houden.

Maandag 20 december hervatte Chris zijn werk, hij moest weer vegen. Maar daarmee behield hij zijn lagere salaris en dat was ontoereikend. Daarom besloot hij weer aan de draaimachine te gaan werken zodat hij op zijn oude uurloon terugkwam. Meister Bühlmann ging akkoord en Chris begon in een rustig tempo aan de draaibank te werken:

"Om niets te laten merken werkte ik eerst in een laag tempo. Langzamerhand verhoogde ik het zodat ik zogenaamd weer begon te wennen aan het werk."

Chris kwam wat zijn gezondheid betrof redelijk de winter door. Er waren enkele dagen dat hij zich ziek melde, maar dat was voorgewend; hij had gewoon geen zin om te werken.

Nadat begin juni 1944 de invasie van de geallieerden in Normandië had plaatsgevonden nam bij de dwangarbeiders in Lager Weber de hoop op een spoedige capitulatie toe. Hun houding ten opzichte van het gedwongen werk veranderde nog meer, vaker bleven zij zonder een geldige reden gewoon thuis. Dinsdag 13 juni 1944 was zo'n dag, er waren al een aantal zogenaamde zieken, Chris sloot zich bij hen aan met als enige klacht hoofdpijn. De volgende dag bezocht dokter Richter het Lager:

"Wat is er met jou aan de hand?", informeerde hij.

"Ik heb ontzettende hoofdpijn."

"Dan moet je maar naar de praktijk komen voor verder onderzoek", adviseerde de arts.

Dat stond Chris niet aan, hij wilde gewoon enkele dagen thuisblijven. Als hij naar de dokterspraktijk moest, kostte hem dat veel tijd en daar had hij geen zin in. Hij antwoordde dat hij dagelijks wel vijf à zesmaal naar het toilet moest.

"Heb je koorts?", vroeg Richter vervolgens.

Dat wist Chris niet. Hij kreeg de thermometer onder zijn oksel terwijl de arts ondertussen zat te schrijven. Zo ging het goed, nu nog de temperatuur. Ongemerkt wreef Chris de thermometer onder de dekens tot deze 38 graden aangaf, dat achtte Richter voldoende voor enkele dagen ziekteverlof.

Chris was tevreden, hij had nu mooi de tijd voor allerlei klusjes zoals naar huis schrijven en zijn kleren repareren.

Een week later besloot Chris dokter Richter te consulteren in de hoop nog enkele dagen ziekteverlof te kunnen krijgen. Anderhalf uur duurde het voordat hij de spreekkamer betrad. Hij verklaarde nog steeds vaak naar het toilet te moeten waarop Richter een recept uitschreef en hem nog een paar dagen rust gunde. Chris vertrok tevreden maar verzilverde het recept niet. Na het weekend moest hij zich weer melden bij de fabriek.

Een maand later herhaalde Chris ongeveer hetzelfde kunstje:

Nachtdienst op de fabriek, om ongeveer twee uur heb ik geen zin meer in het werk en stel alle pogingen in het werk om naar het Lager terug te kunnen gaan. Maar dit heeft heel wat voeten in de aarde, want zonder koorts mag ik de fabriek niet verlaten. Ik blijf aandringen en zeg dat ik last heb van hevige maagkrampen; dat kunnen ze toch niet controleren. Om halfdrie sturen ze me eindelijk naar huis.

Het weekend bleef Chris thuis en deed *niets anders dan lol en gein maken.* Deze vorm van saboteren ging hem regelmatig makkelijk af. Hij had de ontspanning nodig om vol te kunnen houden. Die zomer meldde hij zich elke maand wel een keertje 'ziek' om een paar dagen rust te kunnen nemen en zich aan het werk te onttrekken.

En toen werd het september en sloeg het noodlot toe; donderdag 7 september 1944 werden Frau Weber, haar twee kinderen en twee logees ernstig ziek naar het ziekenhuis in Peterswaldau gebracht. Ze bleken dysenterie te hebben, een besmettelijke ziekte die enkele malen per jaar in Duitsland heerste. De bewoners van het Lager vreesden het ergste. Twee dagen later werden de eerste twee dwangarbeiders ziek: Nico Beusekom en Jan Middelhof. Ook zij werden in Peterswaldau opgenomen, wellicht besmet door de familie Weber waar ze veel over huis kwamen. Diezelfde dag overleed het 4-jarig zoontje van Frau Weber, het ventje dat regelmatig in het Lager over de vloer kwam. De jongens waren er kapot van, wat een verdriet voor de familie Weber. De ziekte greep snel om zich heen want maandag 11 september moesten acht Hollandse dwangarbeiders worden opgenomen in het ziekenhuis. Omdat er geen plaats meer was werden zij verpleegd door verpleegsters van het Rode Kruis in een ziekenbarak die bij Preschona stond. Diezelfde dag kreeg Chris hevige maagkrampen en kwam ook in de ziekenbarak terecht. Johan de Vries volgde een paar uur later. In zijn dagboek schreef Chris over deze vreselijke tijd:

In de ziekenbarak is het een toestand, alle zieken liggen te kermen en te

kreunen van de pijn. Om het hardst lopen we naar de wc. Als eten krijgen
we slijmsoep, dat is in water gekookte dunne rijst zonder suiker en zonder
zout. Geen van de zieken kan het naar binnen krijgen. Maar de zuster
houdt vol dat we het moeten eten omdat we het anders niet overleven.
Zieken die het absoluut niet naar binnen kunnen krijgen worden door
haar gevoerd alsof het kleine kinderen zijn. Het is vreselijk eten, ik kan het
ook bijna niet weg krijgen. Dan komt zuster Anna. Geduldig helpt ze me
met de slijmsoep. We krijgen ook allerlei drankjes met een vieze smaak.

De volgende dag liep de koorts op bij Chris en zat er bloed bij zijn
ontlasting. Volgens zuster Anna een zeer zorgelijke ontwikkeling. Ze gaf
Chris niet alleen medicijnen maar ook Russische thee te drinken, een
middel dat goed scheen te werken tegen dysenterie. Hij leek erop te
reageren, maar was doodziek. Zowel maandag 11 als dinsdag 12
september was er luchtalarm in Peterswaldau maar de zieken mochten de
barak niet verlaten:

Het kon mij op dat ogenblik echt niet schelen of er een bom op de
ziekenbarak terecht zou komen. Soms dacht je dat je beter dood kon zijn,
dan zo erg te moet lijden.

Gelukkig bleef het bij luchtalarm.

De volgende dag voelde Chris zich iets beter en vanaf donderdag 14
september mocht hij weer een klein beetje zout in zijn eten gebruiken.
Hij kon zelfs zijn bed af en toe verlaten, al viel het hem zwaar doordat hij
erg was verzwakt. Vrijdag 15 september kreeg hij licht verteerbare kost en
mocht proberen te lopen, al viel dat niet mee:

Ik voel me nog vreselijk slap want ik ben erg afgevallen. Maar dat is niet zo
erg, dat komt wel weer goed. De hoofdzaak is dat mijn vrienden en ik er
nog zijn. Dat hebben we vooral te danken aan de goede verzorging en
behandeling van zuster Anna. We zijn haar ontzettend veel dank
verschuldigd. Zij heeft ons van de dood gered, onder andere door van haar
eigen geld de slecht verkrijgbare en vreselijk dure Russische thee te kopen
die goed voor de zieken was. Ook kocht zij rode wijn die goed zou helpen.
Het is geweldig zoals zij ons heeft geholpen, we zijn haar erg dankbaar.

Chris ging langzaam vooruit. Maar de verslagenheid was groot toen de
zieken in de barak op zondag 17 september het bericht kregen dat hun
vriend Nico Beusekom een dag eerder was overleden.

Dinsdag 19 september 1944 werd Nico begraven op de katholieke
begraafplaats van Peterswaldau. Alle Hollanders, inclusief de zieken die

aan de beterende hand waren, woonden de begrafenis bij. Ook Frau Weber, die net haar zoontje had verloren was gekomen, evenals enkele Franse en Belgische dwangarbeiders en een paar mensen van Preschona. Het was voor de jongens zeer emotioneel. Dwangarbeider Jules van 't Schip sprak aan het graf, het koste hem grote moeite. Het graf was bedolven onder de bloemen: twee grote kransen van de Hollandse dwangarbeiders, een van de afdeling waar Nico moest werken, een van Preschona en een van de familie Weber. Verder een schitterend boeket van zuster Anna en drie mooie planten van de Franse en Belgische dwangarbeiders. Aan het einde van de plechtigheid liepen de Hollanders nog eenmaal langs het graf en wierpen elk een witte bloem in de groeve. Stil en terneergeslagen verliet iedereen de begraafplaats. Chris, Johan de Vries, Leo Michielse en Hilbert Bindels moesten weer terug naar de ziekenbarak, de stemming daar was er een van verdriet. Maar ook de jongens in het Lager hadden het zwaar; gegeten werd er amper, niemand had trek.

De dood en begrafenis van Nico Beusekom hadden Chris erg aangegrepen. Het was de tweede keer dat hij in Duitsland een vriend had verloren.

De volgende dag werd Chris ontslagen uit de ziekenbarak maar werken mocht hij voorlopig nog niet. Om aan te sterken had hij recht op extra levensmiddelen; geen overbodige luxe want hij was negen kilo afgevallen. Hij had altijd een slank postuur gehad maar na zijn ziekte oogde hij schonkig. Uit waardering voor haar goede zorgen kreeg zuster Anna bloemen van de jongens.

Zaterdag 23 september moesten Chris, Leo Michielse, Henk Spits, Johan de Vries, Hilbert Bindels, Philip van der Broek en de Belg Jean Desmet voor controle naar de ziekenbarak. Een controlerend geneesheer uit Reichenbach achtte hen onvoldoende hersteld.

Donderdag 28 september meldde het groepje zich bij dokter Richter. Chris probeerde zijn situatie minder rooskleurig voor te doen en sleepte er nog een paar extra vrije dagen uit.

Maandag 2 oktober moest hij weer aan de slag, zij het niet volledig. Hij en enkele jongens werkten van 's morgens halfzeven tot 's middags twaalf uur terwijl de middagen waren om verder aan te sterken.

Nauwelijks hersteld werd Chris 10 oktober 1944 opnieuw ziek, speelde zijn slechte weerstand een rol? Ditmaal had hij erge keelpijn, hoofdpijn en was verkouden. Hij bezocht de verpleegster die bij de fabriek werkte. Ze gaf hem een gorgeldrankje en nam zijn temperatuur op: 37,6 Graden. Chris werd doorgestuurd naar de dokter die angina constateerde. Na het weekend moest Chris terugkomen bij dokter Richter. Omdat hij toen koorts had werd hij opgenomen in de ziekenbarak, de diagnose was inmiddels veranderd in bronchitis. Ondanks zijn opname, voelde Chris zich niet echt ziek. Over zijn verblijf in de ziekenbarak schreef hij:

De paar dagen die ik in de ziekenbarak heb gelegen zijn mij best bevallen. Overdag deden enkele jongens en ik alsof we behoorlijk ziek waren maar 's avonds, als de verpleegster naar huis was, gingen we naar de bioscoop of naar een boomgaard waarvan we wisten dat er veel fruit te halen was.

Vrijdag 27 oktober hervatte Chris zijn werk. Hij was tevreden dat hij weer onder het werken uit had kunnen komen.

Toen Chris 24 juni 1943 uit Nederland was vertrokken had hij sigaretten bij zich om eventueel als ruilmiddel te gebruiken. Hij kon zich toen niet voorstellen dat hij zelf zou gaan roken. Maar tijdens de zenuwslopende dagen in het Durchgangslager Rehbrücke had hij zijn eerste sigaret gerookt. En daar was het niet bij gebleven. Als hij sigaretten had, rookte hij. Waren er geen sigaretten, dan snakte hij ernaar. En zo was hij al die maanden doorgekomen.

In november 1944 werd het voor de buitenlandse dwangarbeiders steeds moeilijker om aan tabak te komen. Tegen woekerprijzen konden de jongens af en toe wat aanschaffen, maar van inferieure kwaliteit zoals de Poolse tabak. Tweeëntwintig november had Chris maar liefst RM 60,- over voor rookwerk. Die uitgave kwam hem duur te staan, de volgende dag was niet alleen zijn portemonnee leeg, maar alles was op en hij hield er bovendien een nicotinevergiftiging aan over. Chris besloot voorlopig niet meer te roken. Al vroeg hij zich af of hem dat zou lukken...

Tijdens zijn werk in de fabriek op vrijdag 1 december 1944 voelde Chris zich behoorlijk beroerd worden. Hij was al enkele dagen niet in orde en meldde zich bij de verpleegster in de ziekenbarak. Hij had koorts en moest naar de dokter, al gaf zijn Meister er geen toestemming voor. De koorts liep verder op en toen werd hij naar huis gestuurd, gelukkig kon hij meerijden met de bus. Onderweg raakte hij bewusteloos, drieënhalf uur later kwam hij weer bij bewustzijn in zijn bed in het Lager. Hij kon zich niets herinneren van wat was gebeurd en sprak wartaal. Volgens zijn vrienden herkende hij hen ook niet. De ontboden dokter constateerde een ontsteking aan zijn amandelen en adviseerde opname in de ziekenbarak.

Om vijf uur word ik door enkele vrienden weggebracht. In de ziekenbarak aangekomen heb ik 37,8 koorts en die stijgt 's avonds tot 38. Ik moet in bed blijven en steeds een natte doek om mijn hals houden die om de twee uur verfrist moet worden. Aan bezoek heb ik geen gebrek, want alle dagen komen mijn vrienden me opzoeken.

Een week lang lag Chris in de ziekenbarak van Preschona. Toen kwam dokter Richter langs, in gezelschap van een Russische arts op leeftijd die Richters buitenlandse patiënten zou overnemen. Helaas, volgens Chris want de Rus leek hem eerder kwakzalver dan arts. Hij had weinig vertrouwen in de man al sprak hij wel behoorlijk Duits. Tot zijn teleurstelling besliste de Rus dat Chris maandag 11 december wel weer zijn werk kon hervatten.

Zondag 10 december verliet hij de ziekenbarak. Terug in het Lager wachtte hem een verrassing: er was eindelijk post van zijn ouders. De brief was gedateerd 30 oktober, het zou de laatste brief zijn die hij uit Kwadijk ontving.

Het bleef sukkelen met zijn gezondheid. Was dat vreemd, gezien het leven dat hij leidde? Om over de strenge winters nog maar te zwijgen. Begin januari 1945 ging het weer mis en belandde hij in de ziekenbarak met diagnose *zware reumatiek.*

"De reumatiek was ook geveinsd. Ik had eerder geprobeerd me af te laten keuren vanwege mijn arm, dat was jammer genoeg niet gelukt. Toen bedacht ik dat ik kon proberen reuma voor te wenden, misschien werd ik dan afgekeurd. Het was Frans Kalter en Frederik van Cleef tenslotte ook gelukt zich af te laten keuren. Misschien lukte het nu wel. Ik kreeg drankjes, poedertjes en pilletjes, die gooide ik in een onbewaakt ogenblik door het raam naar buiten. Ik had het wel naar mijn zin, maakte plezier met Michel Mertens, een Belgische vriend die ook was opgenomen."

Was de reuma gesimuleerd, Chris werd wel degelijk ziek: difterie. Omdat het in het beginstadium werd gediagnosticeerd kon het afdoende worden behandeld met medicijnen, waaronder injecties.

Naast Chris en Mertens lagen er zeven Russen op de zaal. Zij maakten deel uit van een groep van twintig Russen die onlangs bij de fabriek waren komen werken. Het waren oorspronkelijk soldaten van het Rode Leger die onder generaal Andrej Vlasov hadden gevochten. In juni 1942 waren ze door de Duitsers krijgsgevangen gemaakt. Ze waren vreselijk behandeld en ook gemarteld. In juli 1942 had Vlasov zich overgegeven aan de Duitsers. Onder zijn leiding liepen talloze Russen over naar het Duitse Leger en werden door de Wehrmacht opgeleid. De eenheden, die vooral uit Russen bestonden, opereerden onder de naam Roesskaja Osvoboditelnaja Armija (ROA)[16] dat ressorteerde onder de Wehrmacht en werd aangevoerd door generaal Vlasov. Om die reden werd de ROA ook wel het Vlasovleger genoemd dat streed tegen hun eigen landgenoten. Met verschrikkelijke gevolgen: velen sneuvelden of raakten zwaargewond. De laatste categorie werd verpleegd en opgelapt en moest daarna aan het werk in de Duitse oorlogsindustrie. Zo was de groep van twintig Russen bij Preschona terecht gekomen.

Het was een stelletje invaliden: de een had één arm, de ander liep op krukken, weer een ander had kunstbenen en zo moesten zij hun brood verdienen. Nu was de winter ingetreden en hun zwaar verminkte lichamen begonnen te protesteren. Zeven van hen werden in de ziekenbarak opgenomen en net als wij verpleegd. Naast mij ligt de Rus Popov. Hij mist beide benen en loopt op kunstbenen. Hij ligt hier omdat zijn kunstbenen hem knellen en wacht op andere. Af en toe verlaat hij het bed, dan zie ik die stompjes been. De wonden zijn nog niet geheeld en vormen een etterige massa. Het is erg naar om te zien. Maar ondanks dat hij zijn benen moet missen is hij vrolijk en uitgelaten.

De ellende van deze Rus en de anderen op de zaal maakte een diepe indruk op Chris:

Het beeld van die zeven Russen is op mijn netvlies gebrand. Als ik alleen al denk aan de korte stompjes been van de Rus Popov, dan lopen de rillingen me over de rug.

"Er is me altijd een voorval bijgebleven uit die dagen in de ziekenbarak. Een voorval met de Rus Popov. Het is goed afgelopen, maar het had slachtoffers kunnen kosten. In de ziekenbarak werkte Natalia, een Poolse. De Rus was verliefd op haar geworden maar zij wilde niets van hem weten, ze plaagde de arme man de hele dag door. Dat begon de Rus steeds meer te irriteren. Op een avond werkte Natalia in de ziekenzaal naast ons omdat ze moest waken bij een zwaar zieke man. Op een gegeven moment bracht de Rus zijn kunstbenen aan, verliet zijn bed, haalde iets uit een kast en liep de zaal uit. Dat deed hij wel vaker. Even later hoorden we een vreselijk gegil uit de zaal naast ons komen. Michel en ik sprongen uit onze bedden en gingen naar het zaaltje. Toen we daar kwamen schrokken we enorm want de Rus bedreigde Natalia met een mes. Michel en ik handelden als in trance: Michel sprong op de Rus en probeerde hem in bedwang te houden. Ik wist hem het mes afhandig te maken nadat hij ons ook probeerde te steken. Gelukkig waren wij sneller. Toen volgde er tussen de Rus en Natalia een enorme scheldpartij in het Russisch waarna Natalia hem in zijn gezicht sloeg. Dat bracht hem kennelijk terug tot de realiteit, hij draaide zich om, zocht zijn bed weer op en barstte in janken uit."

Een paar dagen na dit incident werd Chris genezen verklaard en op maandag 22 januari moest hij weer aan de slag.

Precies een maand later liep Chris bloedvergiftiging op. Hij meldde zich ziek, bezocht verschillende malen de dokter en begon op dinsdag 6 maart weer bij Preschona.

Ontspanning

Tijdens Chris' verblijf in Berlijn was er weinig gelegenheid om op stap te gaan, laat staan de stad te verkennen. Er moest niet alleen veel worden gewerkt, de situatie in de stad werd steeds gevaarlijker.

Over zijn gedwongen twee jaar in Neder-Silezië heeft Chris diverse herinneringen aan ontspanning in zijn dagboek beschreven. Ook al was er weinig gelegenheid, toch zag hij af en toe de kans zich te ontspannen. Hij genoot van wandelingen door de bergen, bezocht enkele malen een bioscoop of ging naar een voorstelling en maakte tweemaal stiekem een uitstapje naar plaatsen in de buurt. Maar de clandestiene bezoeken aan Tsjechische dwangarbeiders en hun gezamenlijke voetbalavontuur staan in zijn geheugen gegrift.

Toen Chris, Bob Carels, Leo Michielse, Carel Steegeman en Cees Bodegraven 8 november 1943 met de trein richting Reichenbach reisden waren zij enthousiast geworden toen ze het Uilengebergte in de verte zagen opdoemen.

Regelmatig maakten ze wandelingen in de bergen, bijvoorbeeld op Eerste Kerstdag 1943. 's Middags maakten Chris, Johan de Vries, Carel Steegeman en Bob Carels een wandeling door het besneeuwde landschap. Met enige moeite beklommen ze een hoge berg maar hun moeite werd beloond met een prachtig uitzicht. Ze vervolgden hun tocht door een groot bos. Het werd inmiddels schemerig waardoor ze gedesoriënteerd raakten. Na een uur zagen ze nog steeds niets dat op bewoning leek. Ze bereikten een volgende bergtop, ook nu weer een prachtig panorama, ditmaal op een verlicht dorp in het dal. Was het Steinseifersdorf? De omgeving was vreemd voor ze, ze waren nog maar kort in Neder-Silezië. Vanaf de bergen leken alle dorpen op elkaar. Hoopvol daalden ze de berg af, maar eenmaal in het dorp herkenden ze het niet. Dorstig gingen ze op zoek naar een café waar ze koffie dronken en informeerden waar ze waren: Peiskersdorf, op ongeveer een uur lopen van Steinseifersdorf. Toen ze langer in Steinseifersdorf woonden, kwamen ze vaker in Peiskersdorf om daar hun Tsjechische vrienden te bezoeken. De terugtocht vlotte niet vanwege het donker. Toen ze eenmaal de doorgaande route naar Steinseifersdorf hadden gevonden ging het voorspoedig. Hongerig en moe, maar tevreden kwamen ze in het Lager aan. Het was een prachtige wandeling geweest. En daarmee een kerstdag die ze niet snel vergaten.

Een andere wandeling waar Chris in zijn latere leven regelmatig aan terugdacht en over vertelde was die van zondag 21 mei 1944.

Chris, Johan de Vries, Willem Speelman, Bert Zijlstra, Leo Michielse, Bob Carels en Nico Beusekom hoefden die zondag niet op te draven voor Preschona. De dag begon als een mooie, warme dag, de jongens besloten de hoogste berg in de omgeving, de 1014 meter Hohe Eule, te beklimmen en de Bismarckturm te bezoeken.

Het is een mooie tocht maar hoe hoger wij komen, des te moeilijker het gaat. Het is een stijle en daardoor vermoeiende klim. Als we halverwege zijn horen we dat het in de verte begint te onweren. Toch zetten we door, omdat we de top willen bereiken. We komen door een groot bos, waar we zo goed en zo kwaad als het gaat doorheen baggeren. Het loopt erg slecht want overal liggen hout en takken van sparrebomen verspreid. Bovenop de berg ligt zelfs nog sneeuw, op sommige plaatsen wel ruim een halve meter. We lopen steeds verder door in het bijna ondoordringbare bos. Eindelijk komen we bij een grote open vlakte en zien in de verte de toren. We hadden ons doel bijna bereikt.

Bij de Bismarckturm kochten ze toegangskaartjes en beklommen de witte toren. Hun moeite werd ruimschoots beloond met een fantastisch uitzicht. Heel in de verte herkenden ze Steinseifersdorf. Een andere richting gaf zicht op het kleine dorpje Eulendörfel en ze zagen het zogenoemde Eulenbaude, het op ongeveer negenhonderd meter hoogte gelegen Uilengebouwtje, dat vlak voor het uitbreken van de oorlog was gebouwd als pleisterplaats voor skiërs en wandelaars. Er kon niet alleen wat worden genuttigd, er was ook gelegenheid voor overnachting. Ze kregen maar geen genoeg van het uitzicht. Rond een uur of halfzeven besloten ze terug te gaan naar Steinseifersdorf:

De terugtocht gaat veel sneller dan de heenreis want we nemen geen wandelpaden, maar gaan dwars door het bos naar beneden. We komen langs steile hellingen, watervallen en beken. Als jonge honden rennen we de berg af door het kreupelhout. We springen over grote stenen en het mag een wonder heten dat er geen gewonden vallen. Af en toe viel er wel iemand wat niet erg bevorderlijk was voor onze kleren, maar we stonden weer op en renden verder. We moesten namelijk voortmaken om thuis te komen; er was slecht weer op komst.

Na een half uur komen we ten slotte boven op een kleinere berg terecht en beneden ons zien we een dorp. We denken dat het Steinseifersdorf is, maar het blijkt Steinkunzendorf te zijn.

"Dat viel tegen, Steinkunzendorf! We hadden geen idee hoe ver het nog naar Steinseifersdorf was terwijl we erg moe waren. Bovendien werd het weer slechter. We vroegen een voorbijganger de weg, zo'n acht kilometer was het nog. Dat was schrikken maar de helft als we dwars over de bergen zouden gaan. We besloten het erop te wagen; het werd de zwaarste wandeltocht die ik ooit heb gemaakt."

Als slakken beklommen we de ene na de andere heuvel. We konden onze voeten bijna niet meer verzetten van moeheid. Nico Beusekom wilde vrolijk doen, rende hard vooruit en kwam op een andere heuvel terecht. Hij riep naar ons dat hij ons Lager zag. Wij wilden hem niet geloven en met de moed der wanhoop gingen we verder. Toen we bij Nico stonden, moesten we hem wel geloven want vanaf die berg hadden we inderdaad een schitterend uitzicht op Steinseifersdorf en ons Lager.

Ze moesten voortmaken, het begon al te spatten. Ze renden zo snel ze nog konden de berg af. Alsof het een film was barstte de bui los toen ze net thuis waren gekomen. Ze waren de eersten van hun Lager die de Uil en de Bismarckturm hadden 'bedwongen'.

's Avonds op stap gaan was niet zonder risico. Zondagavond 30 januari 1944 bijvoorbeeld, gingen Chris en Johan de Vries naar de pas geopende bioscoop in Peterswaldau. Op het programma stond de recent verschenen film 'Tonelli', geregisseerd door de van oorsprong Russische Viktor Tourjansky. Een spannende film over een koorddanser die niet alleen uit jaloezie zijn partner had laten vallen maar ook werd verdacht van de moord op zijn vrouw. Uitblinkers waren de Oostenrijkse acteur Ferdinand Marian en de Duitse acteur Albert Hehn. Chris en Johan vonden het een prachtige film maar hadden na afloop wel een probleem omdat ze uiterlijk om tien uur in het Lager terug moesten zijn, dat was per 19 januari verordonneerd. Een onmogelijke opgave, daarom maakten ze een omweg door de bergen om eventuele Polizei te ontlopen. Het lukte; om elf uur waren ze terug in het Lager.

Een paar dagen later gingen Chris en Johan opnieuw uit. Ditmaal bleven ze dichtbij huis en bezochten café Zur guten Quelle in Steinseifersdorf. Daar werd de film 'Quax der Bruchpilot' gedraaid met Heinz Rühmann in de hoofdrol. Buitenlanders hadden eigenlijk geen toegang want dergelijke avonden werden georganiseerd door de NSDAP, maar het was de jongens gelukt binnen te komen:

Wij Hollanders gaan er vooral naartoe om de boel op stelten te zetten, tot grote ergernis van de aanwezige Duitsers. Voor aanvang van de voorstelling wil een kraai van de partij een rede houden. Maar voordat hij begint steekt hij zijn hoofd in de hoogte en brult: 'Heil Hitler!' Daarna houdt hij zijn rede. Hetzelfde herhaalt zich na afloop ervan en daarna kan de voorstelling beginnen.

Het was *wel een aardige film* volgens Chris.

Een mandoline-concert dat in Zur guten Quelle werd gegeven op donderdag 17 februari, viel zwaar tegen. Het concert was een dag uitgesteld maar *Ik vond het jammer dat we er naartoe waren gegaan, want er was niets aan.* Zonde van de twee Mark die ze ervoor betaalden.

Donderdag 28 december 1944 ging Chris alleen naar de bioscoop in Peterswaldau. 's Avonds, iets wat eigenlijk verboden was, om tien uur kwam hij terug in Steinseifersdorf. Welke film hij bezocht en wat hij ervan vond, noteerde hij niet zijn dagboek. Wel wat hij op de terugweg in Steinseifersdorf meemaakte:

Vlakbij het Lager zie ik plotseling iemand achter een hek verdwijnen; af en toe wordt een hoofd zichtbaar. Wie het is weet ik niet, maar het lijkt alsof iemand het op mij heeft gemunt. Ik loop door en doe net alsof ik niets zie of hoor. Als ik het bewuste hek ben gepasseerd word ik tegengehouden door een agent van de Polizei. Hij was het die me in de gaten hield. Met een bars gezicht vraagt hij waar ik vandaan kom; ik vertel dat ik naar de bioscoop ben geweest. Mijn antwoord staat hem kennelijk niet aan want hij begint behoorlijk op mij te schelden waar ik me niets van aan trek. Het leven in Duitsland heeft mij gestaald en ik voel me alsof ik nergens bang meer voor ben. Hij dacht dat ik in de bergen sabotage wilde plegen omdat ik zo laat nog op straat was.

Chris kwam er met een waarschuwing van af. Het deed hem niets. Ook niet dat de agent hem tot aan het Lager bleef volgen.

Chris was goed bevriend geraakt met de Tsjechische dwangarbeiders bij Preschona. Zondag 7 april 1944 bezochten zeven Hollanders, waaronder Chris, Peiskersdorf waar de Tsjechen in een Lager woonden. Het werd een leuke middag. Toen ze arriveerden hoorde Chris op afstand al een bekend lied: *Poel hodjinka*, het lied dat Josef Šimek hem had geleerd. Gezamenlijk zongen en musiceerden ze. Tot grote verbazing en vreugde van de Hollanders was er een vat bier, iedereen kon drinken zoveel hij wilde.

"De Tsjechen bevonden zich in een bijzondere positie. Zij woonden niet zoals wij, ver van hun vaderland. Nee, Tsjecho-Slowakije was vlakbij, de bergen over. Daardoor hadden ze veelvuldig contact met hun familie en kregen vaak extra eten en drinken. Ze lieten ons meegenieten en stopten ons regelmatig wat toe want ze wisten dat wij niet altijd voldoende te eten hadden. Die middag in Peiskersdorf werden we verwend, niet alleen met brood met vlees, maar ook worst, koek en gebak, bier en zelfs wijn. En van wat overbleef kregen we van alles mee naar huis."

Omdat verschillende bewoners van Lager Weber van voetbal hielden werd er op 8 april 1944 een voetbalvereniging opgericht. Het idee was de vorige dag bij hun Tsjechische vrienden ontstaan:

Na eindeloos stemmen is er een bestuur dat bestaat uit voorzitter Jan Middelhof, tweede voorzitter Henk Bakker, secretaris Steef van Arkel en penningmeester Leo Michielse.

Chris had in Kwadijk gevoetbald bij de aspiranten van de vereniging waarvan zijn vader in 1933 een van de oprichters was geweest. Daarna was zijn zin eraf, maar nu wilde hij wel meedoen. Het leek hem heerlijke ontspanning.

De vereniging werd chauvinistisch 'Hollandia' genoemd. Joost Broekman was materiaalverzorger, Leo Michielse EHBO'er en Steef van Arkel bood aan de jongens te trainen. De ambities waren hoog: er zou frequent worden getraind en internationale wedstrijden zouden worden gespeeld. Hiermee werden ontmoetingen tegen dwangarbeiders uit andere landen bedoeld. De jongens hadden zich laten inspireren door vergelijkbare wedstrijden in Berlijn die Chris ook had bezocht. De eerste internationale wedstrijd zou natuurlijk zijn tegen het Tsjechische elftal uit Peiskersdorf. Elke week betaalden de voetballers vijftig Pfennig contributie. Waar de contributie voor was kon Chris zich niet meer herinneren. Waren de ambities hoog; de regels het tegenovergestelde:

Er is nog geen elftal samengesteld, maar dat kwam wel in orde als het zover was. Hoe je voetbalde moest je zelf maar bepalen. Voetbalschoenen hadden we natuurlijk niet, evenmin als een shirtje en een broek. Iedereen moest ervoor zorgen als 'sportman' aanwezig te zijn, al moest hij zijn beste schoenen aantrekken. Dat gold ook voor de kleding.

Steef van Arkel hield woord: zondag 9 april organiseerde hij de eerste training. Het programma startte met een kilometerslange wandeling door de bergen. Op een open veld volgden gymnastiekoefeningen. Daarna ging het richting het Lager maar de training was nog niet ten einde, al hadden sommigen dat misschien gehoopt:

We moesten nog ongeveer een kilometer lopen toen de trainer zei: 'We zullen eens kijken wie het snelste is.' Meteen begon de groep jongens als een stelletje gekken te rennen. Vreselijk. Toen we in het Lager aankwamen lieten ze zich allemaal op hun bed neervallen. Doodop van het hardlopen, waren we minutenlang buiten adem.

Had Steef van Arkel de jongens te hoog ingeschat? Waren ze minder gemotiveerd dan hij had gehoopt? Of hadden ze een slechte conditie? Hoe dan ook, het was de eerste en ook de laatste training van Hollandia. Een slecht begin...

Diezelfde dag gingen zeventien jongens 's middags naar hun Tsjechische vrienden in Peiskersdorf. Niet om te voetballen want niemand had een voetbal. Ze zouden er een leuke middag van maken, daarom hadden ze het beste pak op de rug.

Groot was de verbazing van de Hollanders toen de Tsjechen toch een voetbal bleken te hebben geregeld. Ze trapten al een balletje, keurig in sportkleding en op geschikte schoenen. De Hollanders lieten zich niet kennen. Met enkele kledingstukken werd op het gras een veld gemarkeerd en toen begon de wedstrijd:

De jasjes gingen aan de kant, de broeken in de sokken en toen begon het spel. Er werd alleen niet gevoetbald maar meer gestoeid. Als een stel bezetenen liepen we achter de bal aan, geen mens kon zijn plaats houden en liep maar wat raak. Af en toe maakte je een buiteling en onder de modder stond je weer op. Je trok je nergens wat van aan, want je moeder zag het toch niet en trouwens, het droogde wel weer. Mijn kamergenoot Willem Speelman, ook in zijn beste kleren, kon het blijkbaar helemaal niets schelen en vloog steeds als een wild beest op zijn prooi af. Met als gevolg dat hij veel vaker met de grond in aanraking kwam dan met zijn tegenspeler. Er was nog geen kwartier verstreken, of de eerste schoenen vlogen het veld uit. Kapot. Niet zo erg, want de schoenmaker moest toch ook leven? Dan maar verder op sokken. Maar het duurde niet lang of deze gingen ook in de richting van de schoenen. Kapot. Maar koste wat koste, er moest worden gevoetbald.

Chris besloot het een beetje rustig aan te doen. Hij zag in dat het hem zowel zijn kleding als schoenen zou kunnen kosten. Reserve had hij niet.

"Ik speelde rustig door totdat de bal over de zijlijn werd geschoten en ik in moest gooien. Ik gooide de bal in en wilde mijn positie in het veld weer opzoeken. Toen ging het mis. Ik struikelde over een stuk ijzerdraad en kwam met mijn knie op een steen terecht. Mijn broek was kapot, mijn been geblesseerd. Ik verliet het veld en ging bij de andere gewonden zitten; ik was niet de enige die was uitgespeeld. We volgden het spel vanaf de zijlijn, dat was vermakelijk. De ene speler liep kreupel, een ander op blote voeten, weer een ander met een scheur in zijn broek. Maar het was een aardige wedstrijd die sportief met een 1-1 gelijkspel eindigde."

Na de wedstrijd knapten de Hollanders zich zo goed en zo kwaad als het ging op en werden de gewonde spelers verzorgd. Daarna gingen ze naar Leutmannsdorf[17] om daar de Tsjechische meisjes te bezoeken. De wandeling van ongeveer een uur vonden ze geen probleem. In Leutmannsdorf gingen de meesten wandelen, Chris en Henk Spits bleven achter omdat ze geblesseerd waren.

Op een gegeven moment besloten ze terug te lopen naar Peiskersdorf, en om halfacht arriveerden ze bij de Tsjechen. Gezamenlijk aten ze brood, koek en gebak, het was gezellig totdat plotseling de deur van het Lager werd opengegooid: Polizei.

Chris en Henk schrokken, ze wisten dat het verboden was dat buitenlanders elkaar opzochten. Ontsnappen was onmogelijk, ze waren er gloeiend bij. Iedereen moest bij zijn kast gaan staan. Omdat enkele Tsjechen niet thuis waren kozen Chris en Henk hun kasten uit, alleen wisten ze niet hoe die jongens heetten. Maar een andere mogelijkheid om hun aanwezigheid te verklaren, was er niet. Vol spanning wachtten ze af, zouden de agenten niets in de gaten hebben of vielen ze door de mand? En als dat zo was, wat ging er dan gebeuren? Een van de Tsjechen zag de ernst van de situatie in en trok Chris mee:

De Tsjech zegt dat ik op een van de bedden moet gaan liggen en net doen alsof ik ziek ben. Een van de agenten inspecteert het Lager en komt ook bij het bed waar ik op lig. Hij brult naar zijn collega: 'Hier ligt er nog één!' Opeens begint die kerel aan me te schudden en te trekken. Ik doe net of ik slaap en laat niets merken maar ik voel me angstig als die vent zo aan mij schudt. Plotseling schreeuwt hij: 'Zwijnhond, word eens wakker!' Maar ik verroer geen vin. Op zijn geschreeuw komen de andere moffen aanlopen en zij beginnen ook aan me te trekken. Ik lig te trillen van de zenuwen. Als ze Henk en mij grepen, waren we verloren, ze mochten absoluut niet aan de weet komen dat we Hollanders waren.

Dit was weer zo'n moment waarover Chris schreef dat hij *door het oog van de naald was gekropen*. Ook nu had hij geluk, dankzij een Tsjech. Deze man had met een stalen gezicht uitgelegd dat Chris *zwaar ziek* was en had de naam genoemd van een van de afwezigen. De Grünen hadden hem geloofd en Chris verder met rust gelaten. Nadat ze waren vertrokken bewonderden de Tsjechen hun Hollandse vrienden om hun koelbloedigheid, al gaf Chris toe dat hij het behoorlijk benauwd had gehad.

Rond een uur of tien waren Chris en Henk terug in Steinseifersdorf. Ook daar bleek de Polizei te zijn geweest om te controleren. Maar gelukkig was alles goed verlopen en had hun afwezigheid niet voor problemen gezorgd.

Al met al was het een enerverende dag geworden. Wat Hollandia betrof bleef het bij een enkele training en wedstrijd:

"We zagen wel in dat het eigenlijk een zinloze bezigheid was. Ontspannend, dat wel, maar kapotte kleding en schoenen hadden we er verder niet voor over. En aan sportkleding en schoenen konden we natuurlijk niet komen. Het was dus over met het spelletje, we lieten het maar bij wat het was."

Donderdag 22 juni 1944 bracht Chris een ontspannende dag door met Frederik van Cleef. Beiden hadden zich ziek gemeld. Er was niets ernstigs aan de hand, het was gesimuleerd om enkele dagen vrij te kunnen zijn. Beide jongens waren in elk geval fit genoeg om op stap te gaan. Ze kozen voor Peterswaldau, hun eerste doel was het postkantoor om een brief naar huis te versturen. Daarna bezochten ze enkele vrienden die in het ziekenhuis waren opgenomen. Ze namen in Gasthaus zur Deutschen Krone een biertje en een warme maaltijd, trokken de bergen in en bezochten daarna de bioscoop in Peterswaldau waar ze de film 'Leichte Muze' bekeken, een aardige film uit 1940 van regisseur Arthur Rabenalt over een componist. In Peterswaldau waren ze constant op hun hoede geen mensen van Preschona tegen te komen. Want officieel waren ze ziek en hoorden misschien wel in bed te liggen.

Toch was het ze blijkbaar goed bevallen want de volgende dag voelden ze zich nog niet 'hersteld' en maakten ze er nogmaals een leuke dag van. Ditmaal togen ze met de Eulengebirgsbahn vanuit Peterswaldau naar Reichenbach. Ze waren er eerder geweest, maar de stad echt bekijken, nee, dat was er niet van gekomen.

Om tien uur kwamen ze in de stad aan en wandelden op hun gemak door het centrum rond het stadhuis op de Ring, de vestingwal, de kerken en synagoge. Ze zagen ook prachtige villa's. Reichenbach was een aardige stad om te zien. In enkele winkels kochten ze wat *foto's en andere snuisterijtjes*. Na enkele uren rondgeslenterd te hebben wilden ze naar de bioscoop maar de lange rij wachtenden schrok af. "We hadden geen zin aan te sluiten en liepen verder. Toen kwamen we langs een badhuis en besloten naar binnen te gaan."

In het Stadtbad genoten ze van een *Brausebad*:

We konden een half uur van de douche gebruikmaken, maar het duurde een uur voordat we er onder vandaan kwamen. De vrouwen die toezicht hielden op de badhokjes, keken behoorlijk kwaad naar ons maar daar trokken we ons niets van aan. We waren heerlijk opgefrist.

Ze waren kennelijk niet alleen opgefrist maar ook tevreden over hun dag en waren om halfzeven weer in het Lager.

Winter in Neder-Silezië

Aan de twee winters in Neder-Silezië heeft Chris veel herinneringen. Tegenstrijdige. Aan de ene kant was er de kou, het ontwrichtte dagelijks leven, en aan het einde van de oorlog de verschrikkelijke beelden van Duitse vluchtelingen. Maar aan de andere kant waren er de prachtige wandelingen door de besneeuwde bergen en het leren skiën in het Uilengebergte.

Een week nadat Chris in november 1943 zijn intrek in het Lager in Steinseifersdorf had moeten nemen, werd het winter:

De winter doet zijn intrede. Het sneeuwt ontzettend en het is erg koud. Ook bij ons in de kamer wordt het er niet beter op omdat de kolen op zijn.

Goede raad was duur, hoe kregen ze het warm? Er moesten kolen komen. 's Avonds gingen Chris en Cees Bodegraven naar Peterswaldau, ze wisten dat bij een bepaalde fabriek kolen opgeslagen lagen. Ongezien klommen ze over een schutting en jatten allebei een *geweldig groot stuk steenkool.* Meer konden ze niet meenemen omdat ze lopend terug moesten. Het gejuich waarmee ze in het Lager werden ontvangen maakte al veel goed, maar vooral de even later heerlijk snorrende kachel.

De volgende dag liet Preschona 200 kilo kolen bezorgen. Daar moesten ze de winter maar mee zien door te komen. Chris zette daar grote vraagtekens bij want ze verstookten per dag wel 50 kilo om de grote ruimte enigszins te verwarmen. Gelukkig zorgde Preschona toch regelmatig voor aanvulling van de brandstof.

De winters in Neder-Silezië waren streng:

Buiten is het gemeen koud; Koning Winter zwaait reeds enige weken zijn scepter, schreef Chris op vrijdag 10 december 1943.

De sneeuw valt met dikke lagen omlaag en dekt alles onder een prachtige, witte vacht. Het is bijzonder om te zien hoe mooi het hier in de winter is. Zoiets hadden we weleens op een foto of op de film gezien, maar nu zagen we het met eigen ogen. Schitterend. De hoge bergen, bedekt met sneeuw geven de liefhebbers dan ook volop gelegenheid tot skiën. Gister zijn enkele jongens aan de gang geweest en zij hebben behoorlijk genoten.

Vanwege 'ziekte' kon Chris niet mee de bergen in. Tussen aanhalingstekens want eigenlijk mankeerde hij niets bijzonders. Maar skiën, dat zou wel erg in de gaten lopen, dus bleef hij in het Lager.

Een paar dagen later huurde opnieuw een ploegje jongens ski's terwijl Chris met Joost Broekman en Cees Bodegraven een prachtige wandeling door de besneeuwde bergen maakte:

Sprookjesachtig mooi staan de kleine huisjes beneden in het dal tussen de

witte besneeuwde dennenbomen. Overal in de omtrek zien we tientallen
skiërs. Het uitzicht is nog fraaier van bovenaf de berg.

Januari 1944 viel het winterweer kennelijk mee, maar 6 februari
noteerde Chris:

Hevige sneeuwstormen teisteren het gebied en het is ontzettend koud. De
winter is hier heel anders dan in Holland. Als het hier gaat sneeuwen
sneeuwt het niet zoals thuis, maar het zijn stevige sneeuwstormen die
dagen achtereen aanhouden. Wie de pech heeft en door zo'n sneeuwstorm
op pad moet, is niet zomaar op de plaats van bestemming. Voor je uitkijken
kun je onmogelijk, ja het is zelfs moeilijk je staande te houden.

De winter hield aan, er lag spoedig ruim een halve meter sneeuw. Het
was tergend koud, te koud om te skiën. Dat was het niet op zondag 20
februari 1944. 's Morgens moest Chris werken, maar terug in
Steinseifersdorf besloot hij met Klaas Spanjer, Nico Beusekom, Eduard
Vriend en Siebren Kingma te gaan skiën. Zoals gebruikelijk werden ski's
gehuurd in het naburige Friedrichshain bij café-restaurant Alte Fritze.
Met hun uitrusting klommen ze een paar honderd meter omhoog en
daarna daalden ze één voor één de bergen af. Zo keken ze de kunst bij
elkaar af om de sport onder de knie te krijgen. Het ging steeds beter, ze
maakten een piste en genoten volop tot het schemerig werd. Niet alleen
nat, maar vooral hongerig kwamen ze terug in het Lager.

Sinds 10 januari 1944 konden de jongens als ze wilden met de bus naar
hun werk. Tegen betaling weliswaar, maar Preschona had dit geregeld.
Op werkdagen stonden ze 's morgens om zes uur op; de bus arriveerde om
kwart over zes. Maar maandag 14 februari 1944 was om halfzeven nog
steeds geen bus te bekennen, er zat niets anders op dan te voet naar de
fabriek te gaan:

We moeten door ongeveer een halve meter sneeuw heen baggeren wat het
lopen er niet gemakkelijker op maakt. Als we een kwartier onderweg zijn
en in het dal komen, passeren we de autobus. Hij staat stil en is
ingesneeuwd. De chauffeur is druk bezig de wagen uit te graven. We
kijken het een poosje aan en gaan dan weer verder en arriveren om
halfacht op de fabriek.

Natuurlijk kwamen ze te laat, ze maalden er niet om, tot ergernis van de
Duitsers. 's Avonds reed de bus wel, het werd een heuglijke rit:

Vanwege de hoge sneeuwbanken maakt de bus regelmatig een hellende
beweging en dreigt zelfs af en toe te kapseizen. In de bus genieten we van

de gezichten van de angstig kijkende Duitse passagiers, ze zijn ontzettend
bang voor de gevolgen. In Steinseifersdorf zijn de bewoners druk bezig met
sneeuwruimen. Met behulp van een grote sneeuwschuiver in de vorm van
een A die door maar liefst tien paarden wordt getrokken, wordt de sneeuw
van de weg geschoven.

Twintig februari 1944 was Willem Speelman uit Berlijn overgeplaatst en
woonde ook in Lager Weber. Het beviel hem spoedig prima, beter dan in
Berlijn. Ook hij wilde leren skiën, dus nam Chris hem een week later
mee naar de door de dwangarbeiders aangelegde 'piste' die ze inmiddels
hadden verlengd. Willem was de beginneling die regelmatig viel, Chris
de gevorderde die hem aanwijzingen gaf, al had hij zelf nog moeite met
het sturen van zijn ski's. Maar hij was ervan overtuigd dat hij dat ook wel
onder de knie zou krijgen. Het middageten schoot erbij in; het deerde ze
niet, zo heerlijk ging het. De oorlog leek even ver weg.

Het strenge weer hield aan, de nachten waren ijskoud. Sneeuwstormen
joegen om het robuuste gebouw. Chris' gedachten gingen naar de winters
in Kwadijk. Hij sliep met zijn broers en zussen op de koude zolder, daar
hoorde hij de wind ook om het huis huilen. Maar als hij 's morgens
beneden kwam had zijn moeder de kachel al opgestookt en was het
behaaglijk warm. Werd hij in het Lager wakker, dan was het steenkoud,
geen prettig begin van de dag.

Dinsdag 29 februari werden Steinseifersdorf en omgeving opnieuw
geteisterd door hevige sneeuwstormen. Spoedig vormden zich
sneeuwbanken die het bergdorp onbereikbaar maakten voor de bus, de
jongens moesten lopend naar de fabriek. Het werd een marteling:

We gaan blootshoofds, hebben geen sokken aan onze voeten en bijna geen
kleren meer aan ons lichaam. De schoenen die wij, of beter gezegd
sommigen dragen, zijn die naam niet meer waardig. In mijn schoenen
zitten al een paar beste gaten. Ik heb nog maar een paar stappen in de
sneeuw gezet of ik voel het sneeuwwater al naar binnen dringen. Ik draag
een dunne bruine jas, daaronder het korte jasje van mijn beste pak,
daaronder mijn overall en ten slotte een enkel stuk ondergoed. Zo gaan wij
door de barre winter van 1944, het is bijna niet om uit te houden. Het valt
mij nog mee dat er onder ons zo weinig zieken zijn. De inwoners van
Steinseifersdorf snappen niet hoe wij het uit kunnen houden en
blootshoofds door die jagende sneeuwstormen lopen. Na zo'n
'wandelingetje' van een half uur komen we verkleumd en doornat in de
fabriek aan waar je de rest van de dag in je natte kleren moet werken.

Een paar dagen later waren er dan toch dertien zieken in het Lager. De dokter uit Peterswaldau bezocht hen dagelijks; alle patiënten hadden een zware griep met koorts tussen de 38 en 40 graden.

Begin maart leek de winter op z'n retour; de dooi viel in, de hele dag zon. Chris vond het heerlijk maar jammer dat het waarschijnlijk over was met skiën. Maar de volgende dag, maandag 6 maart was er toch weer zware sneeuwval. Zo zwaar dat de bus het af liet weten en er weer gelopen moest worden naar Peterswaldau. Nee, de winter was helemaal niet op z'n retour want zondag 26 maart stonden Chris en Willem Speelman opnieuw op de lange latten. Wie had dat gedacht, maar het viel tegen. De sneeuw was te nat en bleef constant aan de ski's plakken, na een uur hielden ze het voor gezien.

Het was blijkbaar nu echt gedaan met de winter want de eerstvolgende keer dat Chris in zijn dagboek over de winter schreef was dinsdag 7 november 1944. Hij had een nachtdienst gedraaid. Toen hij buiten kwam had het gesneeuwd, de bergen zagen er sprookjesachtig uit. Alleen had de zon overdag te veel kracht en was de eerste sneeuw van het seizoen snel gesmolten. Toch sneeuwde het de volgende dag opnieuw en zag alles prachtig wit.

Hoe de winter zich vervolgens ontwikkelde blijkt niet uit het dagboek. Misschien logisch want Chris had andere zaken aan zijn hoofd die hij wellicht belangrijker vond om te beschrijven. Zo was er herhaaldelijk luchtalarm, was hij enkele keren behoorlijk ziek en werd de voedselvoorziening minder. Maar de meeste zorgen baarde het front dat dichterbij kwam; het Rode Leger rukte op richting het westen. Bijkomstig voordeel was dat daardoor het werk op de fabriek terugliep.

In januari 1945 had de winter in elk geval behoorlijk toegeslagen. Of de dwangarbeiders ervan genoten is nog maar de vraag want de Russen kwamen snel dichterbij. Veel Duitsers sloegen massaal op de vlucht en trokken door het besneeuwde landschap de bergen in met alle bijkomende ellende.

Begin maart 1945 maakte Chris een opmerking over het weer: *De winter duurt in de grootste hevigheid voort. Geweldige sneeuwbuien teisteren het dorp...* Verder wijdde hij er niet over uit. Toch moet het opnieuw een zwaar seizoen zijn geweest getuige zijn opmerking op vrijdag 16 maart:

De sneeuw verdwijnt, de winter is nu voorbij. Gelukkig maar, want het is een troosteloze toestand hier. We hebben bijna geen kleren meer aan ons lijf. Hoe loop ik erbij als ik naar de fabriek ga? Ik heb een overall aan waaronder ik een behoorlijk versleten onderbroek draag. Een hemd bezit ik niet meer, maar daarvoor in de plaats heb ik een kapot overhemd aan. Dan een kort jasje waar het beste van af is en ten slotte mijn jas, die ik overigens 's nachts gebruik als deken en mijn overall als pyama. Kousen of sokken heb ik niet meer. Alleen een paar schoenen met gaten erin heb ik aan en iedere dag sta ik te werken op blote, natte voeten. Het is niet verwonderlijk dat we snel ziek worden. Maar hoe komen wij aan andere kleding? Hier krijgen wij niets, om aan kleding te komen moeten we naar huis. Wat ons betreft zo spoedig mogelijk, maar of dat lukt?

Het naderende Rode Leger

Het Russische leger rukt op richting Duitsland. Zo fris als dit leger schijnt te zijn, zo zwak is het Duitse leger.

Dit noteerde Chris op vrijdag 4 augustus 1944. Alle Duitse mannen tussen de 18 en 60 werden opgeroepen voor de Volkssturm. Officieel werd deze volksmilitie trouwens pas in oktober 1944 door de nazi's opgericht. Het Duitse leger kampte in 1944 met steeds grotere tekorten aan mankracht, brandstof en logistieke middelen. En dat terwijl het Rode Leger tot in Polen en Oost-Pruisen was opgerukt. Mannen die vóór die tijd als ongeschikt werden beschouwd, moesten zich nu alsnog melden voor de Volkssturm: Duitslands hoop in bange dagen.

In de omgeving waar wij wonen worden ongeveer 50.000 stuks kanonnenvlees opgeroepen, schreef Chris cynisch. *Van Preschona worden er tien opgeroepen, onder wie onze 'zeer geliefde' Lagerführer Fortmann. Wij gunnen hem van harte de reis naar het Oostelijk front en hopen dat we hem nooit meer terugzien. De jongere garde van 14 tot 18 jaar wordt opgeroepen om naar het oosten van Duitsland te worden gezonden waar zij loopgraven moeten maken.*

Dinsdag 5 september vernamen de Hollandse dwangarbeiders dat de invasie in Frankrijk voorspoedig verliep; Engelse en Canadese troepen hadden inmiddels België en het zuiden van Holland bereikt. Roozendaal zou ondertussen zijn bezet en rond Breda werd zwaar gevochten. Vijf september 1944 ging de geschiedenis in als Dolle Dinsdag.

Omdat vooruitgeschoven geallieerde troepen 3, respectievelijk 4 september Brussel en Antwerpen hadden bevrijd groeide in Nederland de hoop op een spoedige bevrijding. Zeker toen premier Gerbrandy 5 september uit Londen berichtte dat de geallieerden de Nederlandse grens waren gepasseerd. Een mededeling die, zo bleek later, onjuist was. Kortom, de Hollanders verwachtten elk moment hun bevrijders te kunnen onthalen, vlaggen en vaandels werden al uit het stof gehaald. Onder de Duitsers en collaborateurs brak paniek uit. De Duitse bezetter vernietigde in de haast vele administraties; ruim 65.000 NSB'ers en andere Duitsgezinde Hollanders vluchtten massaal naar Duitsland. Helaas waren er veel te weinig geallieerde troepen in België want de hoofdmacht bevond zich nog steeds in Frankrijk, er was namelijk sprake van een groot bevoorradingsprobleem. De geallieerde legers hadden de Nederlandse grens nog niet eens bereikt. Van dat alles wist de bevolking niets. Pas tien dagen later werd de eerste Nederlandse stad door de geallieerden bevrijd. Dat was Maastricht, en niet Breda.

In Steinseifersdorf kregen de Hollanders spoedig te maken met de gevolgen van Dolle Dinsdag. De schoonzuster van een van hen en haar twee kinderen die naar Bremen waren gevlucht, kwamen in Steinseifersdorf wonen. De vrouw, Corrie, huurde een kleine kamer in het dorp. Een andere dwangarbeider haalde, eveneens vanuit Bremen, zijn moeder naar Steinseifersdorf. Na overleg kregen de vrouwen toestemming overdag in het Lager te verblijven, daar maakten zij zich nuttig door de jongens het huishoudelijk werk uit handen te nemen.

Ook meldde zich een gevlucht NSB-gezin uit Den Haag: vader, die een vooraanstaande positie bij de NSB had bekleed, moeder en twee kinderen. De vrouw en een van de kinderen kregen onderdak in het dorp; de vader en de 12-jarige zoon werden in het Lager ondergebracht, iets wat de stemming niet ten goede kwam. Overdag werkte de man bij Preschona maar terug in het Lager werd hij min of meer genegeerd.

"Deze man en zijn zoon hebben maar kort bij ons in het Lager gewoond. Ik geloof een paar dagen. Het was niet netjes van ons, maar we hebben ze eigenlijk weggetreiterd. Wij waren een groep vrienden geworden, die elkaar vertrouwde. En daar paste geen gevluchte NSB'er tussen."

De dwangarbeiders waren redelijk op de hoogte van de oorlogsstatus. Niet altijd objectieve informatie want het nieuws kwam vooral uit Duitse kranten. Toch kregen ze redelijk betrouwbare inlichtingen van Duitse collega's die de oorlog meer dan beu waren. Dit waren geloofwaardige mensen, zoals ene Karl, een bejaarde man die ze ervan verdachten naar de Engelse zender te luisteren. En zo waren er nog enkele betrouwbare

Duitsers, onder andere een man uit Königsberg, hij had een gruwelijke hekel aan de oorlog. Hij was altijd kwaad op de nationaalsocialisten.

De toestand in zijn vaderland baarde Chris vaak zorgen. Toen hij 24 september 1944 reflecteerde dat hij al vijftien maanden van huis was, gaf hij toe dat de tijd aan de ene kant best snel was gegaan. Zijn jonge, flexibele geest, de vele vrienden die hij had gemaakt en het ten opzichte van Berlijn verbeterde dagelijks leven in Neder-Silezië waren daar ongetwijfeld debet aan, maar daarnaast was er zijn bezorgdheid om thuis:

Wanneer zullen wij weer thuis zijn en hoe zullen we thuis alles aantreffen? Zou iedereen nog in leven zijn? Ons optimisme daalt. Niet omdat we het hier niet meer kunnen uithouden, maar vooral door de toestand in Holland. In kranten lezen we en over de radio horen we berichten over zware gevechten bij Nijmegen en Arnhem. Ook op film zien we de gevechten in Holland. Het is vreselijk op het witte doek te zien hoe je eigen mooie en geliefde Holland kapot wordt gemaakt.

Chris doelde op de Duitse propagandafilms die in de bioscoop van Peterswaldau tijdens voorprogramma's werden gedraaid, films over de strijd aan het front en de vorderingen die de Duitse troepen maakten.

De strijd kwam dichterbij. Acht oktober 1944 was er luchtalarm:

Er wordt hevig geschoten en in de verte horen we het naar beneden suizen en ontploffen van bommen. We vermoeden dat de vliegtuigen zich boven Breslau bevinden. Hier in de omgeving wordt hevig gevochten tussen Duitse en Russische troepen.

Enkele dagen later, zaterdag 14 oktober was het weer raak, anderhalf uur luchtalarm tijdens een bombardement boven Breslau.

Ook 17 en 18 oktober gaven de sirenes luchtalarm van ongeveer een uur. De strijd om Breslau werd heviger, Chris vergeleek de situatie zo langzamerhand met die van Berlijn:

We waren blij dat we uit Berlijn vandaan waren in verband met de vele bombardementen, maar nu gaat het hier dezelfde kant op. Zo ook vandaag, er was tweemaal luchtalarm. Weer was het Breslau dat het te verduren kreeg.

Het was niet het laatste luchtalarm, al bleef het een maand kennelijk rustig tot vrijdag 17 november. De maandag erna ging de sirene opnieuw, de strijd kwam dichterbij:

In de omgeving van de nabijgelegen dorpen Leutmannsdorf en Langenbielau zijn valschermtroepen neergelaten. Volgens radioberichten zijn het Russen die nu in de bergen rondzwerven. In verband hiermee loopt elke Duitser in de fabriek gewapend rond. Hooggeplaatste personen zijn in het bezit van twee revolvers, een bewijs dat ze bang zijn voor hun hachje.

Het volgende luchtalarm was precies een maand later op 17 december 1944 en duurde anderhalf uur. Dinsdag 19 december was het weer zover, de bommen vielen dichtbij. Chris kon ze horen vallen. De angst nam toe en herinneringen aan de bombardementen in Berlijn kwamen terug.

De veranderde oorlogsomstandigheden kregen grip op het dagelijks leven in het Lager. Er kwam bijna geen post meer uit Holland en omgekeerd werd het steeds moeilijker post naar huis te versturen. Donderdag 16 november 1944 zond Chris via het Rode Kruis een brief aan zijn ouders. Hij wilde laten weten dat ze zich om hem geen zorgen hoefden te maken maar de brief is nooit aangekomen.

Preschona kreeg eind 1944 last van het oprukkende Rode Leger. Maandag 18 december bijvoorbeeld, waren stroomstoringen schering en inslag. Ze werden veroorzaakt door de zware strijd tussen Russische en Duitse troepen in Opper-Silezië. Alhoewel Peterswaldau in Neder-Silezië lag, werd stroom betrokken uit Opper-Silezië. De dwangarbeiders hoopten dat de Russen de elektriciteitscentrale spoedig in handen zouden krijgen, dan was het met Preschona misschien gedaan?

Zo langzamerhand werd het leven in het Lager moeilijker. Er werd helemaal geen post meer bezorgd, ook niet vanuit Duitsland. Chris had lange tijd bijna wekelijks een brief van zijn broer Jan ontvangen. Dat was fijn, niet alleen vanwege het sociale contact maar ook omdat Jan, nog altijd in dienst bij bakker Rechter, hem talloze broodbonnen zond. Die waren erg welkom, voor hemzelf, maar ook om te delen met vrienden:

Tot het laatste aan toe heeft mijn broer Jan ervoor gezorgd dat ik bonnen kreeg en het aantal grammen (ik kan beter zeggen kilo's) dat hij mij gezonden heeft, loopt in de duizenden. Eens ontving ik een brief van hem en daarin stuurde hij mij 10.000 gram brood en 2000 gram gebak aan bonnen. Door de veranderde omstandigheden lukt dat nu niet meer. Daarom wil ik op deze manier mijn broer hartelijk bedanken voor de ontelbare bonnen die hij mij gestuurd heeft. Hij was voor mij vaak de redder in nood.

Ook in Neder-Silezië werd van alles schaars.

Eind januari 1945 rukte het Rode Leger verder op, het had Breslau op naar schatting dertig kilometer genaderd. Er heerste veel verwarring onder de bevolking, niet alleen in Breslau, ook in de omgeving. Op 23 januari schreef Chris:

Het Russische leger ligt vlak voor Breslau. Vandaag zijn drie van onze vrienden die maandag 18 september vertrokken om aan het front loopgraven te maken, teruggekeerd. Zij zijn daar vandaan gevlucht. Volgens hen spelen zich vreselijke tonelen onder de bevolking af. Zij vluchtten in allerlei richtingen. Wat ze mee kunnen nemen wordt op wagens geladen en zo ontvluchten talloze gezinnen Breslau. Kilometerslange kolonnes vluchtelingen trekken op Peterswaldau en Steinseifersdorf aan. Het is hier een waar toevluchtsoord geworden voor vluchtelingen. Maar zij hebben het zwaar te verduren door de snerpende wind en zware sneeuwbuien. Degenen die niet meer kunnen lopen vanwege ouderdom, of jonge mensen of kinderen die bevroren voeten hebben, worden in de wagen toegestopt. Daar zitten zij en gaan een onbekende bestemming tegemoet. Vanwege de hevige kou die bijna onweerstaanbaar is, bevriezen talloze kinderen. Zij zijn de eerste slachtoffers van de vluchtelingen en worden in doeken gewikkeld aan de kant van de weg gelegd. Ze kunnen niet worden begraven want de grond is veel te hard om er een gat in te graven. En zo trekt de kolonne verder als er weer een dode langs de kant van de weg is neergelegd. Aan de gezichten van de mensen is te zien dat zij veel hebben meegemaakt als zij hier aankomen.

De drie teruggekomen vrienden waar Chris over schreef waren overigens Hans Bruinsma, Steef van Arkel en Frans Möhlmann.

Bij Preschona was de kentering merkbaar. "Omdat de stroomvoorziening achteruitging, kon er amper worden gewerkt. Volgens de directie was de productie gehalveerd. We moesten 's morgens om halfzeven beginnen en stopten om tien uur wegens stroomgebrek. Dat vonden wij dwangarbeiders natuurlijk niet erg, we konden weer terug naar het Lager. De volgende dag was de situatie verslechterd; toen we ons 's morgens vroeg meldden konden we meteen rechtsomkeert maken want er was helemaal geen stroom."

De enorme groepen vluchtelingen maakten niet alleen een onuitwisbare indruk op de dwangarbeiders, ze beseften dat zij wellicht ook gevaar liepen en namen voorzorgsmaatregelen:

Voor het geval wij ook moeten vluchten maken we alvast een sleetje voor onze bagage. Bedden worden gesloopt (wat natuurlijk niet mag) en van de planken maken we er een. Op de fabriek wordt geadviseerd ons voor te bereiden op een eventueel vertrek. Daarom worden ook de koffers gepakt.

"Het was een vreemde situatie. Praktisch geen werk, de stromen vluchtelingen die langs trokken, onze voorbereidingen om te vertrekken. Volgens Preschona was de kans reëel dat we moesten vluchten. Het waren onzekere dagen, aan de ene kant wilden we natuurlijk graag weg want vluchten betekende voor ons richting huis gaan. Aan de andere kant zagen we er tegenop om onder deze weersomstandigheden te vertrekken. We hadden genoeg ellende gezien en gehoord over wat de evacuees uit Breslau was overkomen."

De Russen zetten door en kwamen woensdag 24 januari 1945 in het zuidwestelijke deel van Breslau aan. Maar ook het op ongeveer zeventig kilometer ten westen van Breslau gelegen Liegnitz was inmiddels door het Rode Leger bezet.

De volgende dag vertrokken de Hollanders zingend richting Preschona. Het was vreselijk koud, de bus reed niet dus moesten ze lopen naar Peterswaldau. Het maakte hen niet uit, ze waren in een uitgelaten stemming, want het einde van hun verblijf als dwangarbeider in Duitsland leek nabij. In de fabriek kon praktisch niet worden gewerkt, om de haverklap was er stroomuitval. De meeste dwangarbeiders werden naar hun Lager gestuurd met de boodschap dat ze bericht zouden krijgen als ze weer moesten aantreden. Een klein groepje moest in de fabriek blijven.

Diezelfde dag, 25 januari 1945, werden de ziekenhuizen van Reichenbach en Peterswaldau ontruimd om plaats te maken voor gewonden van het front. In Steinseifersdorf was niet alleen het gebulder van de Duitse kanonnen hoorbaar maar ook het geweld van de Russische Katjoesja-raketten waarmee vele granaten tegelijk werden afgevuurd uit pijpen die leken op orgelpijpen, daarom werden deze lanceerinstallaties ook wel Stalinorgels genoemd. Opnieuw trokken enorme stromen vluchtelingen uit Breslau langs. In Steinseifersdorf was geen plaats meer, dat was overvol. Ze gingen verder, niemand wist waar naartoe.

"De Steinseifersdorfers werden dagelijks geconfronteerd met de ellende en angst van de vluchtelingen die langs trokken, het maakte ze steeds ongeruster. Ze wilden niet dat hun eigendommen in handen van de Russen zouden vallen. Frau Weber had een varken en besloot het te slachten. Klaas Spanjer, Dirk Groot en ik boden hulp aan evenals enkele Duitsers. Natuurlijk moest het slachten clandestien gebeuren. 's Avonds werden we uitgenodigd in de keuken van Frau Weber en mochten we zoveel vlees eten als we wilden."

De situatie van de dwangarbeiders werd gecompliceerd, was er eerst de hoop op een spoedig vertrek in de vorm van vluchten, die hoop was binnen enkele dagen vervlogen. Zaterdag 27 januari schreef Chris:

Het is een hopeloze toestand. Mannen, vrouwen en kinderen vluchten hier naartoe. Kinderen vallen dood neer van de honger, kou en ellende. Breslau is bijna bezet, er wordt hevig gevochten. Vanuit Liegnitz rukken de Russen op, het bulderen van de kanonnen is hier duidelijk te horen. De afstand front-Steinseifersdorf bedraagt ongeveer vijftig kilometer. De Duitsers worden nerveus en weten niet wat zij moeten doen. Wij blijven echter kalm, onze bevrijding nadert. Vluchten kunnen we evenwel niet meer omdat Neder-Silezië bijna helemaal omsingeld is door het Russische leger. Kortom, we zitten als ratten in de val.

Het leven in Steinseifersdorf raakte totaal ontwricht. Soldaten werden ingekwartierd om met arbeiders van Organisation Todt tankversperringen te graven. Deze overheidsorganisatie was in 1938 opgericht door Fritz Todt en was oorspronkelijk een onderdeel van het Duitse Ministerie voor Bewapening en Munitie. In de oorlog kreeg Organisation Todt echter meer bevoegdheden en gaf onder andere leiding aan de bouw van de Atlantikwall. Maar ook in Neder-Silezië was de organisatie dus actief.

Hordes vluchtelingen trokken opnieuw door het dorp, er kwam geen eind aan, de dwangarbeiders ondergingen het gelaten.

Het front kwam met de dag dichterbij, woensdag 7 februari 1945 werden alle vrouwen uit Steinseifersdorf en omgeving verplicht te helpen bij het graven van tankversperringen en loopgraven. Bij Preschona kon alleen nog maar 's nachts worden gewerkt, al was er weinig te doen. Degenen die niet in de fabriek konden werken, werden evenals de vrouwen gedwongen versperringen te maken:

In Steinseifersdorf werden vijf van die dingen gemaakt. Deze versperringen moeten Russische tanks tegenhouden. Ze lijken wel wat op spoorwegovergangen. De moffen denken kennelijk dat Russische tanks blijven wachten totdat de versperring weer wordt opengedaan. Het ding is echter allesbehalve stevig; als een paar soldaten er tegenaan duwen, stort het meteen in elkaar.

De volgende dag moesten alle nog achtergebleven Duitse mannen tussen 16 en 60 jaar zich melden voor dienst bij de Wehrmacht, weigeraars werden doodgeschoten.

Diezelfde avond moest Chris werken op de fabriek. Om elf uur konden ze eerst eten in de kantine, daarna mochten ze naar het Lager terug om te slapen. De volgende ochtend zouden ze ingezet worden om loopgraven te maken. Tijdens het eten bespraken de jongens de situatie, een ding was zeker: hun inzet zou minimaal zijn. "Het vooruitzicht loopgraven te moeten maken was niet prettig. Maar we waren de volgende dag in een juichstemming want we waren van plan om zoveel mogelijk het werk te saboteren. We liepen vrolijk richting Peterswaldau, voorop liepen een paar jongens die op hun mondorgels speelden, erachter volgde zingend de rest. Onderweg kwamen we enkele Duitsers tegen die wel 's nachts hadden gewerkt. Ze begrepen er niets van, die domme *Holländer*, zingend richting Peterswaldau. We meldden ons bij Preschona en kregen gereedschap, daarna moesten we naar de firma Diehl in Peterswaldau. Daar moesten we een platform voor afweergeschut maken. Eerst moest een berg briketten worden verplaatst om ruimte te maken. We werkten zo traag als we konden en vernielden zoveel mogelijk schoppen en houwelen. Toen kregen we nieuw gereedschap, maar daarmee gebeurde hetzelfde. Aan het eind van de dag waren er 24 schoppen en houwelen kapot. De berg briketten, die we best in een uurtje hadden kunnen slechten, was amper geslonken. Voorlopig was er in elk geval nog geen platform voor afweergeschut."

Ondertussen werkten soldaten van de Wehrmacht en Organisation Todt gestaag aan de barricades. Zondagochtend 11 februari 1945 werd een van de locaties door een Russisch vliegtuig beschoten, en vielen er vele gewonden.

's Middags stortte in Peiskersdorf een vliegtuig neer, twee inzittenden kwamen om het leven. Enkele uren later werd Reichenbach getroffen door een bombardement, de schade was groot. De afstand tot het front was inmiddels vierendertig kilometer: *De omgeving waar wij wonen, is tot frontgebied verklaard*, schreef Chris.

Maandag 12 februari moesten Chris en mededwangarbeiders weer naar Diehl om aan het platvorm te werken. Ze hanteerden dezelfde tactiek als de vrijdag ervoor: ze voerden weinig uit. Na een poosje verlieten ze het terrein en gingen aan de wandel om te kijken hoe er verder in Peterswaldau werd gewerkt. Onderweg werden ze af en toe aangehouden door een militair of de Polizei: "We zeiden dat we onderweg waren naar ons werk. We werden geloofd. Maar we moesten wel voorkomen dat we niet nogmaals door dezelfde heren werden aangehouden."

Dinsdag 13 februari werden Chris en Hilbert Bindels op een andere klus gezet, ze moesten bij een houtzagerij boomstammen op maat zagen. Deze waren bestemd voor versperringen over de weg om het Rode Leger te weren. Op de stammen was met wit krijt de juiste lengte aangegeven maar die streep wisten de jongens met wat sneeuw. Ze bepaalden zelf op welke lengte zij de stammen afzaagden, maar wel te kort of te lang.

Het front lag inmiddels op zo'n vijfentwintig kilometer afstand: *Alles staat te dreunen, de zware bominslagen zijn te horen.*

Woensdag 14 februari begon de evacuatie van Reichenbach en omgeving, binnen vierentwintig uur moesten de inwoners hun woonplaats verlaten. Hetzelfde gold voor de dorpen Faulbrück[18] en Leutmannsdorf. In Peterswaldau moesten alle vrouwen en kinderen vertrekken. Er werd opruiming gehouden in de stad, vlees werd zonder bon verkocht. In de fabriek werden wijn, lucifers en andere kostbare producten weggeven aan Duitsers, de buitenlanders kregen niets. Ook de inwoners van Steinseifersdorf moesten hun dorp verlaten, de inwoners van het Lager werden uitgezonderd; zij waren buitenlanders.

Twee dagen later, vrijdag 16 februari, werd Reichenbach zwaar gebombardeerd, honderden vluchtelingen kwamen richting Steinseifersdorf. Velen konden slechts één nacht blijven, de volgende dag werden ze gesommeerd verder te trekken. Café Weber nam ook evacuees op. Het bombarderen van Reichenbach was nog niet ten einde.

Zaterdag 17 februari was Chris getuige van een aanval. Toen hij in Peterswaldau was vlogen negen Russische bommenwerpers over die hun bommenlast uitwierpen boven de stad. De volgende dag was de stad opnieuw het doel van Russische bommenwerpers. De inwoners van Peiskersdorf moesten evacueren.

Dinsdag 20 februari besloten Chris, Johan de Vries en Hilbert Bindels naar Reichenbach te gaan, ondanks de herhaaldelijke bombardementen. Een dag eerder was een van hun vrienden er geweest en had daar een nieuw kostuum kunnen kopen en in Peterswaldau nieuwe schoenen. Eigenlijk mocht alleen aan Duitsers worden verkocht, maar er waren winkeliers die een oogje dicht knepen en aan buitenlanders verkochten. Uit medelijden, of eigenbelang? Wie zal het zeggen...

"Het was natuurlijk riskant om naar Reichenbach te gaan, maar een kans om aan nieuwe kleding te komen. Sinds we in Duitsland waren hadden we niets kunnen kopen. Onze kleding was inmiddels behoorlijk versleten. Dit was een mooie gelegenheid het te proberen."

De wandeling naar Reichenbach duurde twee uur. In de stad was het druk. Ze waren niet de enigen die inkopen wilden doen. Bij veel winkels stonden drommen mensen te wachten tot de deuren open zouden gaan. Vooral Duitsers, maar ook verschillende buitenlanders sloten zich aan in de rijen voor de winkels van hun keuze. Het was een gekkenhuis want alles werd zonder bonnen en vergunning verkocht omdat de winkeliers wilden voorkomen dat hun voorraden in Russische handen zouden vallen. De Polizei probeerde de buitenlanders uit de rijen te verdrijven, dat lukte bij verschillende winkels. Chris, Johan en Hilbert hielden de Polizei in de gaten, ze waren niet van plan zich weg te laten jagen: "Maar toen kwam de Polizei bij onze rij en begon te schreeuwen en te schelden. Een paar Fransen en Polen gingen er beteuterd vandoor, wij bleven gewoon staan. Toen kwam de agent op ons af, wat voor *Ausländer* we waren. We zeiden dat we geen *Ausländer* maar *Holländer* waren. Hij werd woest en snauwde dat we ons bij de Landrat moesten melden om naar het front gestuurd te worden. We zeiden dat we dat zouden doen en de Polizei vertrok. Natuurlijk waren we dat niet van plan en gingen weer vooraan in de rij staan. Toen de winkel openging waren wij als eersten binnen. Er lagen een paar kostuums op de toonbank, ik trok meteen een colbertje aan, het paste. Ik vond het pak mooi genoeg, betaalde 80 Mark en had eindelijk een nieuw pak, net als Johan en Hilbert."

Het lukte de jongens ook enkele kilo's meel te kopen. Toen ze op het punt stonden naar Steinseifersdorf terug te gaan, ging het echter mis:

Er kwamen enkele soldaten aanlopen met het geweer in de aanslag. Achter hen reed langzaam een auto. Bij ons gekomen (er stonden nog enkele andere buitenlanders bij ons) bleven zij staan met de geweren op ons gericht. Alsof we misdadigers waren. Een van de soldaten vroeg aan een van de buitenlanders uit welk land hij kwam. Hij antwoordde: 'Uit Polen'. Hij werd meteen beetgepakt en in de auto gegooid. De volgende was een Tsjech, hij onderging hetzelfde. Het derde slachtoffer was eveneens een Pool en ook hij verdween in de auto. Toen was het mijn beurt om te antwoorden. Ik zei dat ik Hollander was en ik verwachtte dat ik en daarna

Johan en Hilbert in de auto zouden verdwijnen en naar het front gestuurd zouden worden. Maar er gebeurde niets.

De auto met de opgepakte buitenlanders vertrok, evenals de soldaten. Chris en zijn vrienden hadden geluk gehad en besloten zo snel mogelijk te vertrekken.

Ze hadden de stad bijna verlaten toen er luchtalarm was, de jongens hoorden de vliegtuigen al naderen. Ze renden voor hun leven met hun nieuwe kostuums en de zakken meel onder hun armen geklemd. Net op tijd waren ze buiten Reichenbach toen de bommen naar beneden suisden en hun vernietigende lading de stad opnieuw zwaar trof.

Met de blaren op hun voeten, maar wel met een nieuw pak en elk twee kilo meel, kwamen Chris, Johan en Hilbert om halfzeven in Steinseifersdorf. Dankbaar dat ze veilig in het Lager waren, ook al was Chris' pak bij nader inzien eigenlijk een maatje te groot. Het deerde hem niet; hij was er blij mee. Eindelijk zag hij er weer wat fatsoenlijker uit.

Zijn nieuwe pak kwam Chris goed van pas als hij naar Friedrichshain ging, hij bezocht daar regelmatig Lise Hellenberg en haar familie. Hij had haar leren kennen toen hij in september 1944 was opgenomen en door haar als verpleegster van het Rode Kruis was verzorgd. Lise woonde niet ver van Steinseifersdorf, als Chris het Lager verliet en de weg overstak liep hij rechtdoor naar Friedrichshain, een wandelingetje van nog geen tien minuten. Hij kwam er in die roerige periode bijna dagelijks en werd altijd gastvrij ontvangen en op allerlei lekkers onthaald. Chris voelde zich erg thuis bij Lise en haar familie:

Frau Hellenberg is een heel vriendelijke vrouw, zij helpt mij met van alles. Haar man is net als zij ongeveer 55 jaar oud en bevindt zich als soldaat aan het front. Dan volgt de oudste zoon die ik nooit gezien heb. Deze vecht ook aan één van de fronten. Vervolgens komt Lise, de Rode kruis-zuster. Aan haar heb ik het te danken dat ik het een stuk beter heb. Op haar volgt Frantz, een aardige jongen van 14 jaar en ten slotte komt Walter. Hij is een 11-jarige kwajongen die ontzettend veel streken uithaalt. Dit is de familie Hellenberg, ze zijn katholiek.

De familie Hellenberg behandelde Chris alsof hij één van hun zoons was. Hij kreeg er vaak te eten, nooit vroegen zij er iets voor terug. Geen bonnen, geen geld, niets: *Ik word door hen als een mens behandeld.* Het deed Chris enorm goed, hij was altijd welkom. Toen hij 22 februari last kreeg van een ontstoken blaar die hij had opgelopen toen hij twee dagen eerder naar Reichenbach was geweest om zijn pak te kopen, besloot hij de Hellenbergs advies te vragen. Ze legden een noodverband aan en adviseerden een arts te raadplegen, maar dat was lastig want Chris kon amper lopen. Er werd een fiets voor hem geregeld zodat hij naar Peterswaldau kon. De dokter constateerde een bloedvergiftiging die inmiddels zichtbaar was tot aan zijn knie. De arts behandelde het been en schreef rust voor; Chris kon vertrekken. Hij bracht de fiets terug naar Friedrichshain en wilde vertrekken, maar dat was niet de bedoeling: "Ik moest gaan zitten, met mijn been omhoog en blijven eten. 's Avonds mocht ik pas naar huis. In plaats van acht minuten deed ik er toen wel drie kwartier over met mijn pijnlijke voet."

Chris en Lise maakten soms een wandeling door de bergen, daar genoten ze van. Ze vertelde hem dat haar werk voor het Rode Kruis haar een dubbel gevoel gaf. Het verplegen van mensen vond ze prachtig, alleen, ze was verplicht lid van de NSDAP. En dat stond haar tegen. Ze moest het partij-insigne dragen, dat vond ze vreselijk.

"Op een dag toen ze weer over dat speldje begon, zei ik tegen haar: 'Geef het maar aan mij. Dan ben jij het kwijt'. Ze gaf mij het speldje. Natuurlijk wilde ik het niet houden. Ik heb het in het beekje dat langs de dorpsstraat stroomde gegooid. De eeuwig stromende beek, zoals die werd genoemd."

Tot 25 februari bleef de oorlog op afstand van Steinseifersdorf, maar die zaterdag arriveerden de eerste pantserwagens, tanks en ander oorlogsmateriaal in het kleine bergdorp. Op zo'n honderd meter van het Lager werden ter oefening de eerste schoten gelost. Het Lager stond te trillen op z'n fundamenten, door de schok vielen enkele pannetjes eten van de gasstellen.

In die dagen werd hevig gevochten bij berg het Zobten[19] en het gelijknamige dorp dat hemelsbreed ongeveer dertig kilometer ten noordoosten van Steinseifersdorf lag.

Een week later moesten alle vrouwen en kinderen uit Steinseifersdorf en Friedrichshain evacueren, de mannen en Hollandse dwangarbeiders mochten blijven. Er kwam verzet tegen deze opgelegde maatregel want in Reichenbach hadden ook niet alle inwoners gehoor gegeven aan de oproep. Degenen die het bevel zouden negeren kregen voortaan geen levensmiddelenbonnen meer, uitgezonderd de dwangarbeiders. Omdat zij inmiddels aan het front werkten, beschikten zij over een Ausweiß en hadden recht op voedselbonnen.

Bij Preschona werd amper productie gedraaid, reden voor een aantal dwangarbeiders ontslag aan te vragen zodat zij naar huis konden. De verzoeken van Eduard Vriend, Hilbert Bindels, Johan de Vries en Cornelis van der Meer werden tot hun grote blijdschap ingewilligd.

Maandag 5 maart moest Chris vanwege de bloedvergiftiging in zijn voet voor controle terugkomen bij de arts en werd genezen verklaard, hij kon weer aan het werk. Hij meldde zich bij Preschona en vroeg meteen ontslag aan de directeur:

Ik word door hem allesbehalve vriendelijk ontvangen; hij zegt dat ik me moest schamen om ontslag te vragen zodat ik naar Holland terug kan. Hij zegt ook dat ik te veel gesaboteerd had en te vaak ziek was. 'Je hebt nooit goed werk geleverd en daarom krijg je geen ontslag', was het laatste dat hij zei.

Chris was diep teleurgesteld, hij had gehoopt met het groepje Hollanders mee terug te kunnen reizen. Hij was ruim anderhalf jaar in Duitsland, het verlangen naar huis was groter dan ooit en groeide met de dag sinds hij de stromen vluchtelingen langs zag trekken en het front zo dichtbij was genaderd. Het werd met de dag gevaarlijker...

Dinsdag 6 maart verlieten Eduard Vriend, Hilbert Bindels, Johan de Vries en Cornelis van der Meer Steinseifersdorf. Corrie en haar kinderen reisden mee.

Met gemengde gevoelens nam Chris afscheid, hij vroeg Corrie of zij zijn ouders wilde laten weten dat hij in orde was, dat zou ze doen. Een auto van de Wehrmacht zou hen tot Leipzig brengen, daarna reisden zij per trein naar Bremen en verder moesten zij maar zien hoe zij thuiskwamen.

Diezelfde 6 maart werden Joop Pieterse, Lo van der Kamp, Steef van Arkel, Frits Lodewijks, Hans Bruinsma, Peter Verhagen en Henk Spits ontslagen. Zij waren blij, maar het wakkerde het verlangen naar huis bij Chris nog meer aan. Had hij spijt dat hij zo had gesaboteerd?

"Natuurlijk was het een hard gelag. Ik had uit overtuiging gesaboteerd omdat ik het sinds mijn vertrek op 24 juni 1943 verschrikkelijk vond dat ik gedwongen werd te werken voor de Duitsers, om mee te werken de oorlogseconomie draaiende te houden. Ik stond nog steeds achter mijn sabotage en vele afwezigheid door al dan niet gesimuleerde ziekte en hoopte maar dat de Duitsers spoedig zouden capituleren en dat we de strijd hier aan het front zouden overleven."

De dagen na het vertrek van de verschillende dwangarbeiders waren zwaar voor Chris. Hij had geen voedselbonnen en sigaretten meer, die zou hij pas een week later krijgen. Dat werden voortaan maandkaarten voor als ze onverhoopt moesten vluchten.

Corrie, die maandenlang het eten had verzorgd en de kleding van de mannen had onderhouden, was weg. Gelukkig ving de familie Hellenberg in Friedrichshain hem op, hij mocht daar eten en kreeg ook eten mee als hij zo nu en dan bij Preschona moest werken. Ze verzorgden ook zijn kleding, hij was hen er erg dankbaar voor.

Zondag 11 maart vertrok een groep van elf vrienden. De nog maar vijftien achterblijvende jongens namen met tranen in hun ogen afscheid, hoe lang zou het duren voor zij werden ontslagen? Het werd erg stil en ongezellig in het Lager. Vanaf dinsdag 13 maart telde het Lager nog maar veertien bewoners want de ernstig zieke Bart Laan werd met tyfus in het ziekenhuis van Langenbielau opgenomen. Het was nog maar de vraag of hij het zou redden.

Voor zover mogelijk hield Chris de strijd tussen Duitsland en de geallieerde landen in de gaten. Woensdag 14 maart noteerde hij:

De felle strijd in Neder-Silezië wordt minder. Het Russische leger wordt teruggedreven; aan het westelijk front gaat het er anders aan toe. Met grote snelheid rukken Engelse en Amerikaanse troepen Duitsland binnen. Stad na stad en dorp na dorp worden door hen veroverd.

Voor de achterblijvers in het Lager teleurstellende berichten, de noodzaak te vluchten en huiswaarts te gaan, leek kleiner. Natuurlijk was het nieuws over de vorderingen van de geallieerde legers geweldig. Chris vroeg zich af of zijn broer al was bevrijd, hij hoopte het voor Jan en zijn ouders, zijn situatie was jammer genoeg uitzichtloos.

Al was het Rode Leger een stuk teruggedrongen, het bombarderen ging gewoon door. Zaterdag 17 maart 1945 waren Langenbielau en opnieuw Reichenbach aan de beurt.

Dinsdag 27 maart vertrokken Joost Broekman, Dirk Groot en Henk Spits richting Holland. Opnieuw voor Chris een zware dag om afscheid te moeten nemen als achterblijver.

Diezelfde dag kwam er een briefkaart van een van de eerder vertrokken jongens, de kaart was verstuurd uit Emden. De afzender hoopte spoedig thuis in Groningen te zijn. Het was goed te horen dat hij bijna veilig thuis was. Goed, maar moeilijk want het was inmiddels drie weken geleden dat de eerste dwangarbeiders vertrokken en Chris' situatie was onveranderd:

Wanneer komt de tijd dat wij naar Holland terug kunnen? We kunnen alleen maar afwachten en de dagen tellen.

Het zouden er nog heel wat worden...

De nazi's bleven optimistisch, evenals de directie van Preschona want eind maart 1945 was opnieuw sprake van verhuizing, ditmaal vanwege het nabije front. Het Beierse Lichtenfels kwam in beeld. De eerste machines en arbeiders werden overgeplaatst, uiteindelijk was het de bedoeling dat al het personeel, zowel Duitsers als dwangarbeiders, naar Beieren zou volgen. Chris hoorde het gelaten aan.

Dat er minder dwangarbeiders in Lager Weber woonden, had voordelen:

Omdat er zoveel kamergenoten zijn vertrokken besluiten wij het Lager een grote schoonmaakbeurt te geven. Alle overtollige bedden en kasten gaan eruit. De overgebleven stromatrassen en verdere rommel gooien we op een hoop en worden verbrand. Daarna ruimen we binnen alles op en volgt de schoonmaak met water. We werken hard, om elf uur 's avonds zijn we klaar, alles is keurig schoon en de troep is weg.

Zaterdag 31 maart 1945 zou Chris voor Frau Hellenberg hout hakken, zelf kon ze dat niet en haar zoon Frantz was inmiddels ook opgeroepen. Toen hij in Friedrichshain arriveerde, trof hij een verdrietige Frau Hellenberg. Het gerucht ging dat zij toch moest evacueren, dat was des te moeilijker omdat zij vier evacuees uit Reichenbach had opgevangen: haar zwager en schoonzuster Heinrich en Maria Hellenberg en hun buren, Frau Teepe en haar dochter Adelheid. Waar moesten zij allemaal naartoe? Chris maakte kennis met de Reichenbachers en kon het goed met hen vinden. Hij raadde Frau Hellenberg aan niet te vertrekken, ook al zou ze geen voedselbonnen meer krijgen. Maar, redeneerde Chris, ze had toch voorlopig voldoende aardappelen? En er stond een geit op stal, die gaf melk. Bovendien had Chris voedselbonnen die hij met de Hellenbergs zou delen; ze waren goed voor hem geweest, hij zag het als zijn plicht nu hen te helpen.

Begin april boekten de Russen opnieuw succes. Weer was er angst voor plundering en roof. Ter voorkoming werden radio's, kleding, keukenspullen en andere kostbaarheden verborgen onder de vloeren. Chris hielp Frau Hellenberg hiermee en kreeg als dank van August en

Maria Hellenberg een prachtig nieuw overhemd waar hij erg blij mee was, het paste prima bij zijn nieuwe pak.

Dat was 3 april 1945, de dag waarop officieel werd afgekondigd dat alle nog aanwezige inwoners van de dorpen in de omgeving moesten evacueren. Zowel de families Hellenberg en Teepe alsmede Frau Weber besloten in respectievelijk Friedrichshain en Steinseifersdorf te blijven, ook al kregen zij geen voedselbonnen meer.

Hadden de jongens het Lager zo keurig schoongemaakt, lang konden ze er niet van genieten want woensdag 4 april moesten ze op stel en sprong verhuizen, in Lager Weber moesten zeventig Georgiërs worden gehuisvest. Deze groep soldaten was krijgsgevangen gemaakt door de Duitsers. Na hun vrijlating waren zij overgelopen naar het Duitse leger. Ze waren gewond uit de strijd gekomen, de ene soldaat liep mank, anderen misten een arm of been. En zo waren alle zeventig mannen er op de een of andere manier slecht aan toe en moesten in Steinseifersdorf aansterken. De Hollandse dwangarbeiders werden overgebracht naar Lager Biermann in Peterswaldau. Een ossenwagen bracht, zeer tegen hun zin, hun spullen er naartoe. Ze gingen er alles behalve op vooruit:

In dit Lager woonden eerst buitenlandse meisjes waaronder een paar Hollandse. Als we het Lager binnen gaan schrikken we; wat een zwijnenstal! Nee, dan zag ons Lager in Steinseifersdorf er heel wat netter uit. Wij mannen zorgden ervoor dat het er steeds zindelijk was en nu komen wij in een Lager waar vrouwen hebben gewoond. Zij moeten zich schamen over hoe zij dit Lager hebben achtergelaten. Zo willen wij hier niet wonen. Weer wordt alles flink onder handen genomen en het is al laat in de avond als we klaar zijn.

Bert Zijlstra had geluk, hij verhuisde mee, maar werd diezelfde dag ontslagen bij Preschona en vertrok vrijdag 6 april richting Nederland. De overige jongens vroegen zich af hoe lang ze in dit Lager moesten blijven. Ze waren optimistisch en schatten in dat de oorlog nog hoogstens een week of vier, vijf zou duren, dat was te overzien. Voor twee van hen was het snel over want zaterdag 7 april werden Albert Visser en Piet Wagenaar ontslagen. Chris en Carel Steegeman besloten nogmaals ontslag te vragen maar kregen nul op rekwest:

De directeur zegt dat wij geen ontslag krijgen omdat Holland bijna is bezet. Dan vragen wij om overplaatsing naar Beieren maar dat wordt ook niets want de provincie Beieren zou vanmorgen door de Amerikanen zijn bezet. Het waren natuurlijk leugens maar hij wilde ons niet laten gaan.

Hij kijkt op een lijst waar onze namen op voorkomen en streept aan dat wij graag spoedig naar Beieren overgeplaatst willen worden. Toen verlieten wij het kantoor en moesten maar weer verder afwachten.

Chris was nieuwsgierig geworden naar de toestand in Reichenbach en bezocht de stad op zondag 8 april 1945. De schade aan huizen en gebouwen was enorm, ramen en deuren waren uit hun sponningen en scharnieren gesprongen door het geweld uit de lucht. Er was bijna geen ruit bespaard gebleven, gordijnen wapperden troosteloos naar buiten. Het ooit levendige provinciestadje was veranderd in een spookstad. Een uur dwaalde hij door het centrum van de desolate stad, met gemengde gevoelens bekeek hij de verwoestingen. Hij was geen mens tegengekomen, dat was veelzeggend.

Door de toestand in Reichenbach besefte Chris opnieuw dat hij zo dichtbij het front in een gevaarlijk gebied woonde. Reichenbach was vele malen gebombardeerd, Langenbielau was onlangs ook doelwit van de bommenwerpers geweest. Als de fabriek naar Beieren werd overgeplaatst en hij moest mee, dan mocht dat wat hem betreft spoedig gebeuren. Ruim een jaar geleden was hij blij Berlijn te verlaten, nu zou het een opluchting zijn om naar Lichtenfels overgeplaatst te worden.

We zijn in de fabriek aan het werk. Om tien uur komt Meister Bühlmann aanlopen en gaat met een van mijn vrienden in gesprek. Als hij uitgesproken is begint mijn vriend te lachen; de Meister stapt op een Fransman af. Daar praat hij ook even mee en gaat dan naar een paar andere buitenlanders toe. Ik had geen idee wat er aan de hand was. Op het moment dat ik naar mijn vriend wilde gaan om te informeren, stond de Meister plotseling achter me en zei: 'Lenstra, vanaf zaterdag ben je vrij'. Ik antwoord dat het klopt, want de laatste tijd waren we altijd vrij op zaterdag. Maar hij zegt dat ik met ingang van zaterdag ben ontslagen. Meteen begin ik te lachen en zeg tegen hem: 'Goddank, eindelijk is het zover!' Hij vat mijn reactie ernstig op en vraagt waarom ik hem uitlach. Ik heb mijn antwoord meteen klaar en zeg dat ik bijna twee jaar hier heb gezeten en nooit verlof heb gehad en dat ik nu naar huis kan omdat de rollen zijn omgedraaid, want Duitsland heeft de oorlog verloren.

Het was 12 april 1945, Chris kon zijn geluk niet op. Hij was niet de enige, Koos Timmerman, Louis Zwart, Carel Steegeman en Leo Klok werden ook van de loonlijst geschrapt. Meteen werden plannen gemaakt voor het vertrek, Chris wilde naar Rheinsberg reizen, naar zijn broer Jan. Carel Steegeman zou mee gaan.

Er was nog meer nieuws die dag. Wereldnieuws: President Roosevelt was overleden. Aan Duitse zijde gloorde hoop dat de Amerikanen de strijd zouden opgeven maar niets bleek minder waar. De Amerikaanse en Engelse troepen in Duitsland rukten voorspoedig op richting Maagdenburg en Berlijn. Daardoor zagen Chris en Carel af van hun plan naar Rheinsburg te gaan, ze moesten namelijk via Berlijn en wilden de strijd niet opzoeken. Bovendien wist Chris niet zeker of Jan nog voor bakker Rechter werkte. Hij had al lange tijd niets meer van zijn broer gehoord, hopelijk was Jan inmiddels thuis.

Zaterdag 14 april maakte Chris zijn laatste officiële gang naar Preschona. Hij moest zijn spullen zoals gereedschappen en sleutels van zijn kast inleveren. En zijn fabrieks-Ausweiß; dat wilde hij echter als aandenken aan deze turbulente tijd houden. Daarom zei hij dat hij het bewijs verloren was, hij werd geloofd. Zowel hij als Carel hadden nog salaris te goed: Chris kreeg RM 235 en dat viel hem alles mee. Carel zelfs nog iets meer en dat gaf de jongens een goed gevoel, geld op zak te hebben.

Al voelde het als een enorme bevrijding dat hij dwangarbeider-af was, de zorgen waren er niet minder om. Want Chris was nog steeds in het gehate Duitsland, ver van zijn familie. Zowel Chris als Carel wilden het liefst zo snel mogelijk naar huis maar door de hevige strijd, niet alleen in Neder-Silezië maar ook in Midden-Duitsland, was reizen erg gevaarlijk. Zolang ze nog niet naar huis konden moesten ze op zoek naar werk. Noodzakelijk, want zonder werkgeversverklaring hadden zij geen recht op levensmiddelenbonnen en zonder was het erg lastig om aan voldoende eten te komen.

Ze wilden proberen in Reichenbach werk te vinden, misschien lukte het bij machinefabriek Hagenuk of radiofabriek Telefunken. Ook dit waren bedrijven die vanuit andere plaatsen naar Neder-Silezië waren verhuisd. Tot hun verbazing werden ze dinsdag 17 april aangenomen bij Hagenuk, zelfs hun eis dat ze eerst nog wat dagen vrij wilden, bleek geen probleem. De rollen waren nu compleet omgedraaid, omdat de Duitsers hun verlies zagen naderen en velen vluchtten voor de vijand, waren ze blij met elke werknemer die zich meldde. Want ondanks alles moest de productie zo goed mogelijk door gaan. De Duitsers probeerden bij de buitenlandse dwangarbeiders in een goed blaadje te komen staan. En zo waren Chris en Carel in het bezit van een werkgeversverklaring die hen recht gaf op voedselbonnen.

Omdat ze toch in Reichenbach waren gingen ze op bezoek bij de families

Hellenberg en Teepe. Ze waren een dagje naar huis gekomen om te kijken of alles in orde was en om schoon te maken. Daarna zouden ze weer naar het veiligere Friedrichshain gaan. Chris en Carel werden hartelijk ontvangen, Heinrich en Maria Hellenberg vroegen de jongens of ze op hun woning wilden passen zolang zij in Friedrichshain verbleven. Ze stonden voor een dilemma, nu ze voor Hagenuk in Reichenbach zouden gaan werken was het aantrekkelijk daar ook te wonen. Maar veilig was de stad allerminst. Lager Biermann moesten zij echter verlaten omdat ze niet meer in dienst van Preschona waren, dus hadden ze weinig keus en besloten het erop te wagen.

Bevrijd

Vrijdag 20 april 1945 verhuisden Chris en Carel met de Eulengebirgsbahn hun spullen vanuit Lager Biermann in Peterswaldau naar Reichenbach en namen hun intrek in de verlaten woning van Heinrich en Maria Hellenberg in de Uferstraße. De straat was zo goed als uitgestorven, maar ongeschonden; Reichenbach was welbeschouwd in de voorliggende maanden herhaaldelijk gebombardeerd. Chris had het nota bene bijna aan den lijve ondervonden toen hij in februari een pak had gekocht in de stad.

Telde Reichenbach rond 1940 ruim 17.000 inwoners, daarvan was voorjaar 1945 weinig meer te merken want de stad was grotendeels verlaten. Tijdens de oorlogsjaren waren de meeste mannelijke inwoners langzamerhand opgeroepen voor de strijd aan het front. Het merendeel van de achtergebleven mannen, vrouwen en kinderen had voorjaar 1945 huis en haard verlaten en was gevlucht naar familie of kennissen op het platteland. Dat hadden ook de familie Hellenberg en hun buurvrouw Teepe en haar dochter Adelheid gedaan. Vader Andreas Teepe moest beroepshalve in Reichenbach blijven, hij bemande een wachtpost en was daardoor redelijk op de hoogte van de situatie aan het front en van die informatie profiteerden Chris en Carel.

De jongens hadden het aanbod om het huis in de Uferstraße te betrekken na enige aarzeling geaccepteerd. "Het is voor ons een geruststelling als jullie op ons huis passen en het onderhouden", had Maria Hellenberg gezegd in een poging hen over te halen. Om eventuele problemen met de politie te voorkomen had Heinrich Hellenberg een verklaring van goedvinden opgesteld. Ook de woningbouwvereniging, eigenaar van de woonkazerne waar de woning deel van uit maakte, was akkoord gegaan.

157

Hadden de woorden van Maria Hellenberg de doorslag gegeven of de goede bedden? Want de afgelopen twee jaar hadden de jongens genoegen moeten nemen met schamele slaapplaatsen zoals Chris 20 april 1945 in zijn dagboek beschreef:

We treffen het geweldig, alles is hier aanwezig. Maar wat ons het beste aanstaat zijn de bedden. In de kamer staan er twee naast elkaar. Bijna twee jaar lang hebben we op papier of op stro geslapen en nu kunnen we in heerlijke bedden slapen.

Het Rode Leger kwam ondertussen steeds dichterbij en daarmee de angst want hoe barbaars waren de soldaten? Niet alleen verhalen over plunderingen, moord en verkrachting waren hen vooruitgesneld ook het gebulder van de kanonnen voorspelde weinig goeds. Door deze ontwikkeling werd Reichenbach vanaf 23 april 1945 een eerste gevaar-zone. Daarnaast waren Chris en Carel bang dat ze als buitenlanders opnieuw werden gedwongen in een Lager te wonen maar die angst verdween toen ze officieel als inwoners van de stad stonden geregistreerd. Het was overigens geen onterechte zorg, want hun in Lager Biermann achtergebleven vrienden moesten enkele dagen later verhuizen naar een Lager in Reichenbach dat Chris vergeleek met dat van Rehbrücke, dat hij destijds als *de hel* had omschreven. Bovendien moesten hun vrienden onder bewaking van de Volkssturm loopgraven maken voor het terugtrekkende Duitse leger en dat was absoluut geen pretje. Kortom, Chris en Carel bleven bang dat de Duitsers alle buitenlanders bij elkaar wilden onderbrengen.

Tot hun vreugde had de familie Hellenberg een radio, donderdag 26 april schreef Chris:

Er is in het huis van de familie Hellenberg ook een radio. Ondanks het feit dat het voor ons verboden is om naar buitenlandse uitzendingen te luisteren, storen wij ons er niet aan en elke dag horen wij het nieuws. Vandaag ging het bericht door dat de Russen reeds tweederde deel van Berlijn hebben bezet. Overal in die stad wordt zwaar gevochten, zelfs in de ondergrondse spoorweg.

Hitler, Göring, Goebbels en nog meer hooggeplaatste nazi's bevinden zich in Berlijn en nu Berlijn geheel is omsingeld, zitten zij als ratten in de val. Vanmorgen is Göring door Hitler ontslagen wegens 'onbetrouwbaarheid'. Van mijn part volgen er nog meer ontslagen. Het is te hopen dat alle nazileiders niet levend uit Berlijn vandaan komen.

HET GAAT HEEL GOED, DE BEVRIJDING NADERT SNEL.

Zo waren de jongens redelijk op de hoogte van de oorlogssituatie. Ze waren blij dat de geallieerden vorderingen maakten al bleef de angst om de oprukkende Russen onverminderd groot.

Chaos regeerde in Neder-Silezië met aan de ene kant de Duitsers die zich steeds verder moesten terugtrekken en aan de andere kant het nietsontziende Rode Leger. Het front schoof herhaaldelijk heen en weer maar het waren de communisten die de meeste winst boekten.

Spoedig zou het leven in Neder-Silezië voorgoed veranderen, de provincie stond aan de vooravond van een exodus. Tot en met 1950 verlieten miljoenen Duitsers hun Heimat omdat Oost-Pruisen, Pommeren en Silezië na de oorlog door respectievelijk de Sovjet-Unie en Polen werden geannexeerd. Het was een gedwongen vertrek, niemand had hiervan voorjaar 1945 nog weet al was de plaatselijke bevolking zich terdege bewust van dreigend onheil. Dat de nationaalsocialisten als winnaar uit de bus zouden komen, daaraan twijfelden steeds meer Duitsers, de vrees voor de gevolgen van een eventuele capitulatie groeide met de dag.

Chris en Carel meldden zich vrijdag 27 april bij de firma Hagenuk in de Schulstraße 3 in Reichenbach.[20] Het werk hield weinig in want er was niet veel te doen. De eerste dag kwamen de jongens in contact met enkele Nederlandse joden, Chris beschreef die ervaring in zijn dagboek:

Een van hen komt naar ons toe. Hij had blijkbaar gezien dat wij een rood-wit-blauw speldje droegen en vraagt in het Duits: 'Zijn jullie Hollanders?' Wij antwoorden hem in het Hollands en binnen enkele seconden worden we omringd door een groep joden. Ze zitten vol vragen over de oorlog. Omdat zij gevangen werden gehouden hadden zij geen idee hoe het ervoor stond. Wij vertellen hen wat wij weten. Een van de joden is de bekende Hollandse radio-zanger Sal Polak. Hij ziet er net als de andere mannen vreselijk mager en slecht uit. Lang kunnen wij niet met ze praten omdat het verboden is. Maar af en toe houden andere joden ons ook aan en vertellen we hen vluchtig over de toestand van de oorlog.

Omdat de mannen ontzettend weinig te eten krijgen, besluiten Carel en ik om morgen eten voor hen mee te nemen.

Chris en Carel hadden erg te doen met hun gedeporteerde landgenoten. De joden maakten deel uit van het zogenoemde Philips-Kommando. Deze groep Nederlanders onder wie vele joden, werd vanuit Kamp

Vught begin juni 1944 gedeporteerd naar Auschwitz en vandaaruit deels overgebracht naar werkkampen. Een deel van hen kwam terecht in Reichenbach waar de mannen werden tewerkgesteld bij Hagenuk en de vrouwen bij Telefunken. De mannen werden een tijdlang gevangengehouden in de Sportschule, een van de Außenlager, de buitenkampen, van Groß-Rosen in de omgeving van Reichenbach. En een van hen was Sal Polak.

's Middags moesten Chris en Carel met acht mensen van de Philipsgroep naar het door een bombardement getroffen Telefunken. Ze moesten puinruimen en bedolven geraakte transformators uitgraven. Voor Chris en Carel verliep de middag echter anders want de Meister van de klus nam hen mee naar zijn huis waar ze in de schuur een soort houten raampjes in elkaar moesten zetten. Chris en Carel kregen de indruk dat de Duitser een zwarthandeltje er op na hield want in de schuur lagen op verschillende planken diverse pakketten en nieuwsgierig als ze waren, maakten ze er eentje open dat vrouwenschorten bleek te bevatten.

De volgende dag moesten Chris, Carel en de joden opnieuw aan de slag bij Telefunken en waren getuige van een bijzonder voorval. De joden werden bewaakt door een soldaat op leeftijd. Deze man had óf geen hekel aan joden óf hij begreep dat de oorlog een aflopende zaak was. Hij bewaakte hen met een geweer, maar op een gegeven moment moest hij naar de wc en gaf zijn wapen aan een van hen: 'Hou jij mijn geweer maar even vast', zei hij en ging rustig naar het toilet.

Enkele dagen verliepen, 's morgens stempelden ze hun kaart bij Hagenuk, gingen vervolgens naar de puinhopen van Telefunken, hingen wat rond op straat, lagen lekker in het zonnetje of gingen naar het huis in de Uferstraße. 's Middags stempelden ze weer hun kaart bij Hagenuk. Dit luie leven beviel hen prima, zeker toen ze op 30 april een mazzeltje hadden. Met twaalf joden moesten ze kisten aardappelen lossen op het station. Het lukte ze om zo'n vijftig kilo achterover te drukken die tot hun grote verbazing door een Duitser met een auto tot vlakbij de Uferstraße werden gebracht.

Alhoewel Chris en Carel in die dagen met de joden samenwerkten, vertelden de Philipsmensen hen overigens niets over hun gevangenschap.

Eind april hoorden ze op de radio dat de Russen twee derde van Berlijn hadden bezet. Er werd zwaar gevochten in de stad, ook ondergronds in de U-Bahn; Hitler, Göring en Goebbels konden geen kant meer op. De jongens probeerden zich er een voorstelling van te maken, ze kenden de stad tenslotte. Niet alleen in Berlijn, ook elders in Duitsland en daarbuiten moesten de nationaalsocialisten en hun aanhangers grote verliezen incasseren.

Achtentwintig april werd de op de vlucht geslagen Italiaanse leider Mussolini door partizanen vermoord bij de Italiaans-Zwitserse grens. Hij werd vervolgens in Milaan met zijn eveneens omgebrachte maîtresse Clara Petacci ondersteboven opgehangen aan een lantaarnpaal.

Dertig april zou Hitler zijn gesneuveld. Het lukte Chris en Carel een krant te kopen; ze zochten bevestiging van dit wereldnieuws. Op de voorpagina omlijstte een brede zwarte rand het bericht dat de Führer aan het hoofd van zijn troepen was gesneuveld in de strijd tegen het bolsjewisme.

"Het was een bespottelijk bericht, op de radio werd meegedeeld dat Hitler zichzelf door een schot in zijn mond van het leven had beroofd. Zijn minnares Eva Braun, met wie hij een dag eerder was getrouwd, had eveneens zelfmoord gepleegd."

Hun in doeken gewikkelde lichamen zouden buiten zijn verbrand, maar ook die verslaggeving was onjuist. Jaren later werd bekend dat de lichamen van Adolf Hitler en Eva Braun bijna vijfentwintig jaar begraven hadden gelegen op een Russisch kazerneterrein in het Oost-Duitse Maagdenburg. In 1970 had Joeri Andropov, destijds leider van de KGB, uit angst voor neonaziverering opdracht gegeven de stoffelijke overschotten te verbranden. Of klopte ook dit bericht niet en waren Hitler en zijn vrouw in 1945 naar Zuid-Amerika gevlucht?

Een dag na de zelfmoord van Hitler volgde Joseph Goebbels zijn voorbeeld. Nu de fundamenten onder de pijlers van het nationaalsocialisme waren weggeslagen ging de ineenstorting van het Duitse Rijk snel. Het begon op 2 mei met de overgave van Berlijn en de capitulatie van Italië en Oostenrijk.

's Avonds 4 mei lukte het de jongens de radio op een Nederlandse zender af te stemmen, om kwart over tien luisterden ze op Radio Oranje naar de nieuwslezer die het langverwachte en oh, zo welkome nieuws bracht:

Holland is weer vrij! Met ingang van morgen acht uur zullen alle Duitse troepen in Holland, Denemarken, Noordwest-Duitsland, Helgoland en de Friese eilanden zich aan het 21ste Amerikaanse leger overgeven.

De historische uitzending werd besloten met het *Wilhelmus*. Chris en

Carel, die zich op bijna duizend kilometer van huis bevonden, zongen in de Uferstraße in Reichenbach uit volle borst mee met tranen in hun ogen van blijdschap. Chris noteerde:

Eindelijk is het zover: 'Holland is weer vrij'. Het heeft lang geduurd, maar de tijd is toch gekomen en als herinnering aan dit heuglijke feit hebben Carel en ik onze handtekeningen in mijn dagboek gezet.

De blijdschap was van korte duur, want de realiteit in Reichenbach viel niet te vergelijken met die in het bevrijde vaderland. Vijf mei zaten de jongens weer gekluisterd aan de radio:

In Holland heerst grote vreugde, we luisterden naar een uitzending vanaf de Dam in Amsterdam. Het was schitterend. Met tranen in onze ogen stonden we te luisteren hoe in Holland de vrede wordt beleefd; het spijt ons heel erg dat wij er niet bij kunnen zijn. De Hollanders zijn bevrijd, maar wij zitten hier nog aan het front waar onverminderd zwaar wordt gevochten. Als het zo door gaat, dan vrezen Carel en ik dat wij Holland nooit meer terug zullen zien. Het Russische leger is slechts enkele kilometers van Reichenbach verwijderd, schreef Chris in zijn dagboek. Het bevrijdde Nederland was voor hen ver weg.

Overal capituleerden Duitse troepen die tegen de Engelsen en Amerikanen streden, maar de eenheden die in Neder-Silezië tegen de Russen vochten weigerden de wapens neer te leggen. De toestand in Reichenbach verslechterde, bij Hagenuk werd niet meer gewerkt, Chris en zijn vriend keerden onverrichter zake terug in de Uferstraße. Buurman Teepe kwam de jongens waarschuwen dat de situatie uitermate gevaarlijk werd, ze pakten een deel van hun bezittingen uit voorzorg vast in. Ze gingen die dag nogmaals naar Hagenuk waar de portier hen vertelde dat ze moesten vluchten en zich 's avonds bij de fabriek moesten melden:

We moesten onze bagage meenemen. Hij vertelde dat alles op een auto zou worden geladen en naar Tratenau²¹ zou worden gebracht. Wij moesten er lopend heen. We vroegen de portier hoeveel kilometer dat zou zijn. 'Tweehonderd', luidde zijn antwoord. Meteen stond voor ons vast dat we niet mee zouden gaan.

De heer Teepe adviseerde de jongens hun spullen in veiligheid te brengen. Dat deden ze, met fietsen brachten ze hun koffers naar Friedrichshain. Op de terugweg werden ze aangehouden door twee hoge officieren van de Wehrmacht die vertelden dat de Russen door de Duitse verdediging heen waren gebroken en onderweg waren naar de stad. Volgens de militairen was iedereen in Reichenbach ten dode opgeschreven omdat de Russen hen zouden vermoorden. Dat beloofde niet veel goeds. Ze kwamen ook enkele vrienden, waaronder Cees Bodegraven tegen die hadden besloten om te vluchten en vroegen Chris en Carel met hen mee te gaan maar ze vonden het te riskant.

Terug in de Uferstraße overlegden ze de situatie, stel dat de Russen het huis binnen zouden vallen, wat moesten ze dan doen?

"We vroegen ons af hoe we de Russen duidelijk konden maken dat we geen Duitsers maar Hollanders waren. We doorzochten het huis en vonden een topografisch kaartje van Duitsland en omgeving. Met een rood potlood tekende ik een kader om ons land en schreef er met grote letters 'Holland' boven, daarna bevestigde ik het kaartje aan de wand. Verder hadden we met enige moeite van enkele gevonden lappen stof een Nederlandse vlag gemaakt met een bezemsteel als vlaggenstok. Elke avond plaatsten we de vlag tussen onze bedden, zo hoopten we eventueel binnendringende soldaten duidelijk te maken dat wij Hollanders waren. Toch voelden wij ons alles, behalve op ons gemak."

Op 6 mei gaf de commandant van Breslau zich na een maandenlange belegering van de stad over aan de Russen. Een dag later gaf Hitlers opvolger, Rijkspresident Karl Dönitz, opdracht tot volledige en totale overgave van alle Duitse strijdkrachten. Aan een afschuwelijke, zinloze vijfjarige oorlog was een einde gekomen. Berichten op de radio spraken deze overgave echter tegen.

's Morgens vroeg zetten Carel en ik de radio aan. Het gerucht ging dat grootadmiraal Dönitz toestemming had gegeven voor de ondertekening van Duitslands algehele capitulatie. Volgens verdere berichten werd het weer afgewezen, hopelijk klopt dat niet. Wij verlangen allemaal erg naar de vrede, dat geldt ook voor Carel en mij. Wij zitten hier in de vuurlinie en in Holland vieren de mensen het feest van de bevrijding. Hier in Silezië wordt de toestand onhoudbaar door de zware strijd bij 't Zobten, Waldenburg[22] en Schweidnitz.[23] De afstand van het front tot bij ons in Reichenbach is ongeveer tien kilometer. Als het zo blijft doorgaan geven Carel en ik niet veel meer voor ons leven. Kanonnen, tanks, soldaten en munitie, alles staat in Peterswaldau opgesteld om de komende aanval af te slaan. Tientallen kanonnen staan in de richting van Reichenbach, geen goed vooruitzicht voor ons. Zullen wij het er levend van af brengen? Carel en ik hebben er weinig vertrouwen in. Wij zijn bang dat we onze ouders en

ons vaderland wel niet meer terug zullen zien. Het is om gek van te worden.

De volgende dag, dinsdag 8 mei om 12.00 uur legden alle Duitse troepen hun wapens neer: *Goddank, eindelijk is het zover: Vrede. De Duitse adelaar is gezwicht voor de overmacht van de geallieerde legers.* Emotionele woorden in Chris' dagboek, hoe lang had hij er niet naar verlangd deze te kunnen opschrijven?

De achtergebleven inwoners van Reichenbach en omgeving sloegen massaal op de vlucht voor de Russen of staken witte vlaggen uit. De Wehrmacht legde de wapens neer en trok zich terug waarbij ze diverse bruggen opbliezen; alleen de Waffen SS vocht door totdat ook hen het zwijgen werd opgelegd door het communistische leger. Kilometerslange colonnes trokken door de stad, de straten lagen bezaaid met door de Duitsers achtergelaten munitie, helmen, gasmaskers, fietsen, enzovoorts. Maar ook onbruikbare auto's en dode paarden werden achtergelaten.

Diezelfde dag, 8 mei, arriveerden de eerste Russische soldaten in Reichenbach. Van een zware confrontatie was geen sprake; de Russen gedroegen zich vriendelijk en zochten hun heil in een van de verlaten cafés waar ze zich tegoed deden aan drank. Spoedig werden ook nabijgelegen buitenkampen van Groß-Rosen bevrijd en arriveerden de gevangenen in Reichenbach. Hun haat jegens de Duitsers was groot. Verschillende groepjes joden namen hun intrek in verlaten huizen en sloegen aan het plunderen, eindelijk konden zij zich weer fatsoenlijk kleden, goed eten en zichzelf verzorgen.

De weinige achtergebleven Duitsers gedroegen zich uiterst correct tegenover alle buitenlanders en maakten geen onderscheid tussen Russen, Polen, Hollanders enzovoorts. *Huichelaars*, volgens Chris: *Er lopen mannen bij die niets anders doen dan sigaretten uitdelen aan Russische soldaten, joden, Carel en mij. We worden letterlijk van van alles en nog wat voorzien. Carel en ik hoeven er niet eens om te vragen, het wordt zelfs bij ons thuis gebracht. We krijgen worst, volle melk, vlees, haring, sigaretten, enzovoorts. Het is eindelijk zover; de moffen moeten nu voor ons buigen. Eerst waren wij de Ausländer, nu zijn zij het in hun eigen land.*

Chaos

Nu het eindelijk vrede was hoopten Chris en Carel spoedig naar huis te

164

kunnen maar zo eenvoudig lagen de zaken niet. Russische autoriteiten hadden het bestuur van Reichenbach overgenomen en moesten toestemming voor vertrek geven. Wellicht lastiger was het feit dat reizen vrijwel onmogelijk was, het openbaar vervoer lag plat want spoorlijnen, wegen en bruggen waren verwoest. Het zou nog ruim anderhalve maand duren voordat de jongens uit Neder-Silezië vertrokken, het werd een lange en waanzinnige periode. Een met gevaar, al kwam die niet meer van Duitse kant, er waren andere factoren waarmee rekening moest worden gehouden. De Russen op de eerste plaats maar ook de waan van de dag; 9 mei 1945 was een dag waarop ze er ten volle mee werden geconfronteerd. 's Morgens vroeg om zes uur gebeurde dat waar de jongens zo bang voor waren, ze kregen onaangekondigd bezoek van Russische soldaten:

Er wordt bij ons aan de deur gemorreld. We trekken onze jassen aan en spreken af wat we zullen doen. We vermoeden dat het Russische soldaten zijn en gespannen lopen we naar de deur. We durven de deur eigenlijk niet te openen, maar net op het moment dat deze zou bezwijken onder de zware druk die erachter zit, gooi ik het slot er af. Carel staat achter mij, opeens schiet de deur open en kijken we in de lopen van drie pistolen. We steken onze handen omhoog en staan oog in oog met Russische soldaten. Daar staan we dan, met ongekamde haren, in onderkleding met daaroverheen onze jassen. In gebroken Duits vraagt een van de Russen: 'Zijn jullie nazi's?' We schudden ontkennend en Carel wijst op de kaart aan de wand die we daar uit voorzorg hebben opgehangen. Hij wijst op Holland en zegt dat wij Hollanders zijn. Eerst begrijpen ze ons niet, maar als zij de kaart hebben bekeken, knikken ze dat het in orde is.

De soldaten vertrokken, de rust leek weergekeerd. Hadden de vlag en het landkaartje hen mogelijk het leven gered? Tijd voor verwerking kregen de jongens niet want spoedig arriveerden vier andere Russen. Zij vroegen hen naar horloges, wijn, ringen, fietsen en sigaretten maar dat alles hadden ze niet. Chris en Carel maakten opnieuw duidelijk dat zij Hollanders waren. Twee Russen vertrokken, de andere twee bleven achter, jongens van hun leeftijd die de woning doorzochten. Ze vonden een mondharmonica, één van de Russen wilde erop spelen, wat niet lukte. Toen moest Chris spelen:

Ik was niet echt uitgeslapen en wist daarom niet wat ik zou spelen dus speelde ik maar wat in het wilde weg. Dit 'ochtendconcert' duurde enkele minuten, toen was hij kennelijk voldaan. Zijn ogen glinsterden als die van een kind.

Ook deze Rus vroeg hen sigaretten, maar die hadden ze dus niet. Toen diepte hij uit zijn broekzak tabaksbladeren en bood deze aan om een sigaret mee te draaien. Chris en Carel gaven hem een sigarettenvloeitje dat hij weigerde, uit een andere broekzak kwam een krant tevoorschijn. Hij scheurde er een stuk af en draaide van de krant en bladeren een sigaret die hij meteen opstak.

Spoedig daarna vertrokken ook deze soldaten maar rustig werd het niet. Groepen vernielende en plunderende joden trokken door de straat, sommigen droegen nog kleding uit de kampen waar zij gevangen hadden gezeten. In verschillende woningen haalden ze kasten leeg, op zoek naar kleding die zij meteen aantrokken. 's Middags gingen de jongens de straat op waar zij opnieuw met de chaos werden geconfronteerd. Chris kreeg van een Duitser een paar goede schoenen, hij was er blij mee, ondanks de herkomst want van de zolen van zijn oude schoenen was weinig meer over. Niet alleen joden maar ook Polen sloegen hun slag:

Als we huiswaarts keren, komen we langs een woning waarvan de deur is open geramd met een lange balk. Even later komen er vier Poolse vrouwen uit met koffers vol kleding. Zij hebben het hele huis doorzocht en alles wat van hun gading was, meegenomen.

Griesmeelpap, gekookt in drie liter volle melk, twee blikjes sardientjes, vruchten op sap, haring, een half pond worst, aardappelen, koolraap, brood met stroop en pudding. Het werd hen allemaal toegestopt door achtergebleven Duitsers, ze aten er die dag goed van evenals de dagen erna.

Ondanks de ordeloosheid was er weer elektra. De storing was ontstaan doordat kabels waren vernield bij het opblazen van enkele bruggen. Was dat de reden dat Chris en Carel allebei een nieuwe radio pikten? Enfin, ze luisterden die dag naar *goede muziek* en stelden af op Engelse en Hollandse zenders, zo probeerden zij even aan de waan van de dag te ontsnappen. Dat was niet eenvoudig, want hoe zou de volgende dag verlopen? Het gerucht ging namelijk dat een Russische commandant zou arriveren. De achtergebleven Reichenbachers zouden weer aan het werk moeten. Wie weigerde, zou geen recht meer hebben op levensmiddelenkaarten.

Chris en Carel wilden zo snel mogelijk naar huis. Maar was dat wel mogelijk want het terugtrekkende Duitse leger richtte veel schade aan. Die dag bijvoorbeeld, hadden zij bruggen in Peterswaldau en

Steinseifersdorf opgeblazen. Dat was wat Chris vernam uit zijn directe omgeving maar elders was de situatie vergelijkbaar.

Negen mei 1945 werd een bladzijde met een dikke rouwrand in de geschiedenis van Reichenbach, het latere Dzierżoniów. De dag eindigde met een bloedbad: achtendertig Polen die zich niet aan de avondklok hielden werden koelbloedig door de Russen doodgeschoten.

Nieuwsgierig naar de toestand in Friedrichshain, bezocht Chris 10 mei de families Hellenberg en Teepe in het bergdorp. Onderweg kwam hij door Steinseifersdorf, de wandeling maakte diepe indruk:

De straten lagen bezaaid met geweren, helmen, enzovoorts. Langs de kant van de weg lag een dood paard, het kadaver begon al aardig te stinken. Hier en daar was het een troosteloze toestand door opgeblazen bruggen. De huizen in de omgeving zijn zo goed als onherstelbaar beschadigd, de straten liggen vol met glas. In Steinseifersdorf zijn veel vrouwen en meisjes overweldigd door de vijand. Onder hen onze vroegere hospita, Frau Weber. Ik ontmoet haar op straat, zij vertelt mij vreselijke verhalen. Zij mag niet meer in haar eigen huis wonen. Een buurvrouw van haar werd door een paar Russische soldaten verkracht. Toen ze zich verzette werd ze vanaf een berg naar beneden gegooid en bleef bewusteloos achter op straat. Tegen de avond kwam ik haar tegen, ze zag er vreselijk uit, ze zat onder de bulten en schrammen.

Er was ook nieuws over de groep Georgiërs die in Lager Weber was ondergebracht nadat de Hollandse dwangarbeiders waren vertrokken. De soldaten van het Rode Leger hadden de mannen de bergen in gedreven en geëxecuteerd, 's avonds had een andere groep Russen de lijken van hun bezittingen beroofd.

In Friedrichshain waren de families Hellenberg en Teepe blij Chris te zien. Dankbaar dat hij nog leefde en dat hij en Carel plundering van hun huizen in Reichenbach door de Russen hadden voorkomen.

Enkele dagen later keerde de rust enigszins terug in Reichenbach en omgeving, al noteerde Chris wel dat er in de dagen ervoor veel nare dingen zijn gebeurd:

In deze dagen is er veel, heel veel gebeurd. Plundering, moord en verkrachting volgden elkander in snel tempo op.

Hij had er veel over kunnen schrijven in zijn dagboek maar deed dat bewust niet. Hij wilde er na de oorlog ook nooit over spreken, omdat deze gebeurtenissen te heftig waren geweest voor hem.

De Russen stelden een commandant aan als plaatselijk gezagvoerder. Om de Duitsers te straffen gaf hij toestemming dat er drie dagen geplunderd mocht worden, daarna werd een wacht van achtergebleven Duitse burgers gevormd die verder plunderen moest voorkomen. Het kwam de rust ten goede en langzaam kwam het dagelijks leven op gang, de winkels heropenden. Chris en Carel hielpen de families Hellenberg en Teepe met hun terugkeer naar Reichenbach, als dank kregen zij twee broden, een pond vlees, een pond worst en veertig sigaretten. Chris en Carel mochten gelukkig voorlopig bij Maria en Heinrich Hellenberg blijven wonen, waar hadden ze anders heen gemoeten?

Vanaf maandag 14 mei moest iedereen weer aan het werk al bleven de fabrieken nog gesloten. Het fabriekspersoneel moest helpen met het opruimen van loopgraven en het verwijderen van tankversperringen, van directeur tot de minst betaalde arbeider; iedereen moest de handen uit de mouwen steken. Zelfs de burgemeester van Reichenbach.

Chris en Carel voelden zich niet verplicht te werken, ze hoopten dat de spoorwegverbindingen spoedig hersteld zouden zijn zodat zij eindelijk naar huis konden want het verlangen naar huis werd met de dag sterker. Het was Chris' grootste wens thuis in Kwadijk op 29 juni zijn 21ste verjaardag te vieren. Zou dat lukken?

De herstelde rust in Reichenbach was betrekkelijk want de Russen maakten jacht op de nationaalsocialisten. Zondag 13 mei hielden zij de hele dag huiszoekingen, voor leden van de partij, zoals Chris hen noemt, was de toekomst allesbehalve rooskleurig:

Veel mensen waren lid van de partij en zien hun toekomst somber in omdat zij, zo gaat het gerucht, naar Siberië getransporteerd zullen worden. Het gevolg is dat hele gezinnen zichzelf verhangen, vergiftigen of ze plegen zelfmoord door hun slagaderen door te snijden. Vanmorgen heeft een gezin van acht personen zich opgehangen. De heer des huizes was Ortsbauernführer.

Naast de woonkazerne waar de families Hellenberg en Teepe woonden, stond de boerderij van de ongeveer 60-jarige Erich Jung en zijn dochter. Ook zij hadden Reichenbach verlaten toen het te gevaarlijk werd. Tijdens hun afwezigheid waren twee Poolse joden in de boerderij getrokken nadat zij uit het Außenlager waren bevrijd. Toen boer Jung en zijn dochter terugkeerden, werden zij gedoogd op hun boerderij, maar de nieuwe bewoners maakten voorlopig de dienst uit.

Chris en Carel raakten op 14 mei 1945 in gesprek met een van de twee mannen in de hoop dat zij hen aan melk konden helpen. Ze herkenden de man als een van de vele joden die ook dwangarbeid hadden moeten verrichten bij Preschona. Het was de andere dwangarbeiders ten strengste verboden met hen te spreken. Toch hadden Chris en zijn mededwangarbeiders stiekem af en toe contact met de joden uit het nabije Außenlager waar zij onder erbarmelijke omstandigheden leefden. De Hollandse jongens hadden hen regelmatig heimelijk van eten voorzien. De joodse jongen die zijn intrek in de boerderij van Erich Jung had genomen stelde zich voor als Max Leibovitz en daarmee kreeg een gezicht een naam. De ontmoeting tussen Chris, Carel en Max Leibovitz was erg hartelijk, ze werden aan vader Leibovitz voorgesteld die van zijn zoon hoorde dat de Hollandse dwangarbeiders eten voor de joden hadden geregeld. Natuurlijk kregen zij melk, elke dag twee liter.

Toen Chris en Carel op punt van vertrek stonden arriveerden twee Russische officieren en een Russische vrouw. Leibovitz legde uit wie de jongens waren.

"Hollandsky koet kameradski!", complimenteerde een van de Russen. De jongens mochten niet vertrekken.

"De officieren zeiden dat we met z'n allen de overwinning op de Duitsers moesten vieren. Carel en ik konden er niet onderuit, we waren bang dat de Russische officieren dan kwaad zouden worden. Het werd een bijzondere avond, de dochter van boer Jung moest koken. Ze serveerde brood met boter en spek, kippensoep en pap, iedereen mocht eten zoveel hij wilde. Het smaakte ons prima. Na het eten kwamen drie flessen wodka op tafel, de Russen dronken het als water uit grote bekers maar Carel en ik gruwden van de drank. We waren het niet gewend maar hadden ook nu geen keus. Het koste me vreselijk veel moeite het spul naar binnen te krijgen. 't Was alsof mijn hele lichaam in brand stond. De Russen werden steeds luidruchtiger, we waren erg bang dat het 'feestje' uit de hand zou lopen en wilden naar huis. Maar de Russische vrouw liet ons niet gaan, ze zei dat de officieren ons wel naar huis zouden brengen als het feest afgelopen was. Daar moesten we helemaal niet aan denken, toen zeiden we maar dat we naar huis moesten om naar de radio te luisteren. We verzonnen dat er een speciale uitzending voor Hollanders zou komen. Gelukkig geloofde ze ons en zo verlieten we eindelijk de boerderij."

Toen Chris en Carel op een dag onderweg waren naar Friedrichshain en langs Preschona liepen, werden zij gewenkt door twee mannen in het portiershuisje van de fabriek. Het waren een paar Poolse joden die net als zij in de fabriek hadden moeten werken en die in een van de regionale Außenlager gevangen werden gehouden.

"Ze informeerden hoe het met ons ging en vertelden dat enkele Polen de leiding van de fabriek hadden overgenomen en vroegen ons van welke Duitse personeelsleden wij last hadden gehad toen we nog voor Preschona moesten werken."

Chris stopte even alsof hij het gesprek herbeleefde.

"We noemden enkele namen: Wolff, Diether, Bühlmann, Kuhr. De Polen lachten cynisch, 'Daar zullen jullie nooit meer last van hebben', antwoordde een van hen. 'We hebben die schoften allemaal neergeknald.'"

Om aan voldoende voedsel te komen gingen Chris en Carel regelmatig op pad. Zo karig als de rantsoenen waren geweest voor de dwangarbeiders van Preschona, zo groot waren de voorraden die zij her en der aantroffen, bijvoorbeeld op 15 mei in een Lager van Organisation Todt. Nauwgezet noteerde Chris waarmee hij en Carel naar de Uferstraße teruggingen:

Ongeveer honderd pond tarwe, twee kilo aardappelmeel, vijf pond meel, vijftig pakken soda, twintig stukken zeep, vijf pakken zeeppoeder, vijftien pakken koffie, een paar leren laarzen, een brood, havermout, macaroni, pakken soep, een bus soep, vijf grote lakens en nog enkele kleinigheden.

Chris en Carel deelden hun buit met de families Hellenberg en Teepe. Ze waren overigens niet de enigen: met hen haalden ook vele Polen van alles uit bovengenoemd Lager.

De volgende dag, 16 mei, ging Chris 's morgens met Maria Hellenberg te voet naar Friedrichshain om de laatste spullen van de evacuatie op te halen. Het werd de volgende dag een zware terugreis met hun zwaarbeladen karretje, gelukkig kwam Carel hen tegemoet en hielp met trekken. Vlak bij Reichenbach werden ze aangehouden door een Russische militair. Met hun handen omhoog werden ze gefouilleerd op wapens, die hadden ze uiteraard niet; ze werden doorgelaten.

Dat het gevaar soms uit onverwachte hoek kwam, overkwam hen 's middags tijdens een van hun wandelingen door Reichenbach. Omdat zij niets meer hadden om te roken, gingen ze op zoek naar peukjes. Nadat zij eerst onderweg enkele Hollandse joden tegen kwamen die ook bij Hagenuk hadden gewerkt, klonk er plotseling een schot en miste de kogel ternauwernood hun hoofden. Een dronken Russische soldaat speelde met zijn pistool en had de jongens als schietschijf gebruikt. Voordat hij een tweede poging waagde, wisten de jongens te vluchten.

Die dag ging het gerucht dat alle Hollanders het door Russen en Polen bezette deel van Duitsland, zo spoedig mogelijk moesten verlaten. Te voet en dat zagen Chris en Carel absoluut niet zitten. De enorme stromen vluchtelingen en al hun ellende, stonden op hun netvlies gebrand. Ze besloten te wachten totdat zij met de trein konden reizen al beseften zij dat dat nog wel even kon duren.

Tot zijn grote schrik constateerde Chris 18 mei dat een puist op zijn hand een bloedvergiftiging had veroorzaakt, de hand was behoorlijk opgezwollen. Goede raad was duur want er waren geen Duitse dokters meer in Reichenbach. Gelukkig bleek er zich onder de joden van het Philips-Kommando die bij Hagenuk moesten werken een dokter te bevinden. Chris en Carel gingen naar het huis waar de man verbleef:

De dokter heet David, zijn achternaam weet ik niet. Hij bekijkt mijn hand en begint vervolgens de puist uit te knijpen die erop is ontstaan. Daarna gaat hij naar de slaapkamer van het huis waarin hij woont en trekt een laken van het bed, waarvan hij een stuk afscheurt en om mijn hand bindt. Ten slotte wordt mijn hand goed nat gemaakt en is de behandeling afgelopen.

Diezelfde middag ontmoetten de jongens de zanger Sal Polak nogmaals, hij was op rooftocht uit geweest en had dertien pond boter weten te bemachtigen.

"Sal Polak kwam binnen met een hele rij pakjes boter op zijn arm", Chris gaf met zijn linkerhand op zijn rechterarm aan hoe de zanger met de boter binnen kwam.

De Pinksterdagen op 20 en 21 mei werden doorgebracht bij de familie Hellenberg in Friedrichshain. Vader Heinz Hellenberg was weer thuis. Het werden ondanks alle zorgen fijne dagen met heerlijk eten en een mooie, urenlange wandeling door de bergen. Even werden de dagelijkse zorgen opzijgezet, in zijn dagboek noemt Chris deze dagen de mooiste feestdagen die hij tijdens zijn gedwongen verblijf in Duitsland had meegemaakt. Ook al genoot hij deze dagen, het verlangen naar thuis was er wel. Hoe zouden zijn ouders, broers en zussen de feestdagen doorbrengen, zou Jan al thuis zijn uit Duitsland? En, zou hij zijn verjaardag thuis kunnen vieren?

Was er direct na de capitulatie eten in overvloed, zo langzamerhand raakten de winkels door hun voorraden heen. De voedselproductie kwam maar traag op gang, verder was transport lastig. Ook voor Chris en Carel werd de situatie moeilijk, daarom gingen ze op zoek naar werk dat gevonden werd op de boerderij van Jung waar vader en zoon Leibovitz nog steeds het roer in handen hadden. Chris en Carel moesten toezicht houden op het werk van de Duitse arbeiders op het land, acht uur per dag, met als vergoeding drie maal daags een maaltijd. Een prima beloning, met gevulde magen gingen zij dagelijks huiswaarts. Ook al zwaaiden vader en zoon Leibovitz de scepter op de boerderij, het stond boer Erich Jung uiteraard niks aan.

Het dagelijks leven werd in veel opzichten normaler. In de straten van Reichenbach klonk weer muziek. Op enkele kleine opstootjes na was het rustig in de stad. Vanaf 25 mei werden nieuwe levensmiddelenkaarten uitgereikt. Maar veel was het niet wat met de bonnen kon worden gekocht: 1200 gram brood per week en 250 gram vlees, verder 250 gram griesmeel, 125 gram kwark en 125 gram kaas: *Te weinig om van te leven en te veel om van te sterven*, omschreef Chris deze hoeveelheden in zijn dagboek. Dankzij hun werk op boerderij Jung waren de bonnen gelukkig niet noodzakelijk.

In Reichenbach verbleven eind mei nog steeds achttien Hollandse dwangarbeiders die graag naar huis wilden. Er werden voorzichtige plannen gemaakt voor de terugreis, voor zover ze begrepen was de enige mogelijkheid een voetreis van ongeveer driehonderd kilometer tot de Amerikaanse zone en daarna zou het vervoer verder door de geallieerden worden verzorgd. Naderhand bleek dat eerst naar Dresden moest worden gelopen, daar zouden de jongens enige weken moeten wachten op uitwisseling met Polen en Russen. Chris en Carel besloten te wachten tot een betere gelegenheid.

Eind mei was er weer contact met de joodse medewerkers van het Philips-Kommando die Chris en Carel hadden leren keren bij Hagenuk. De groep van zo'n twintig mannen wilde graag iets terugdoen voor hun hulp en had hen uitgenodigd te komen eten op zondag 27 mei, het werd een bijzondere middag. Na hun bevrijding had de groep joden een van de verlaten villa's van Reichenbach betrokken. Ze waren in afwachting van hun terugkeer naar Nederland, Philips zou daarvoor zorgen, maar zover was het kennelijk nog niet. Chris schreef over de middag:

Wij worden hartelijk ontvangen en om twaalf uur wordt een heus diner op tafel gezet. Het smaakt ons prima. Na de maaltijd worden we getrakteerd op een groot stuk taart. Daarna gaan we naar een ander vertrek om met elkaar te converseren. We nemen plaats in een mooie grote kamer waar al het meubilair nog aanwezig is. Na enige tijd haalt een van de mensen een pistool tevoorschijn en wordt er geschoten met pluimpjes, net zoals op de kermis. Alles wordt in het huis kapotgeschoten, zelfs de spiegel van het dressoir. We gaan door totdat we het pluimpje kwijt zijn en niet meer kunnen vinden. Daarna drinken we uitgebreid thee met elkaar. De kopjes worden na afloop niet afgewassen maar uit het raam uitgegooid, een radiotoestel gaat erachteraan en valt te pletter op straat. Maar daar trekken de joden zich niets van aan. Hun haat tegenover de Duitsers is ontzettend groot, wat we absoluut begrijpen.

Het was niet alleen een prettige middag geweest, er was Chris en Carel een belofte gedaan. Dokter David had hen verteld dat de groep binnenkort zou worden gerepatrieerd, Philips zou hen ophalen en via Praag naar Nederland terugbrengen. De dokter zegde de jongens toe dat ze mee konden reizen, mits er voldoende plaatsen waren in de bus of de auto's waarmee ze naar Praag zouden worden gebracht. De jongens waren erg blij met dit aanbod, het was nu een kwestie van afwachten wanneer het zover was.

Een week later, zondag 3 juni, bezochten de jongens hun zieke vriend Bart Laan die sinds 13 maart met tyfus was opgenomen in het ziekenhuis van Langenbielau. Ze schrokken van zijn toestand: Bart kon bijna niet meer praten. Tegen beter weten in probeerden Chris en Carel hem op te beuren, ze beloofden niet zonder hem terug te keren naar Holland maar het lot bepaalde anders want op 6 juni overleed Bart, ver van huis en zijn familie. Chris en Joop waren ook nu erg aangedaan van dit verdrietige nieuws, al hadden ze het wel aan zien komen na hun laatste bezoek aan Bart, enkele dagen eerder. Uit het bos in Friedrichshain haalden zij dennentakken die zij lopend naar Reichenbach brachten. Een zware wandeling, ze deden er twee uur over. Bloemist Gerstenhauer maakte een prachtige krans van het groen waarin de kleuren van de Nederlandse vlag werden verwerkt. Geld speelde geen rol, ze wilden hun vriend een waardig afscheid geven.

Zaterdag 9 juni werd Bart 's middags om drie uur begraven op de Evangelische begraafplaats in Langenbielau. Naast Chris en Carel werd de uitvaart bijgewoond door drie andere Nederlanders, drie verpleegsters die Bart hadden verzorgd en twee personeelsleden van Preschona. De baar was gedekt met een zelfgemaakte Nederlandse vlag, er werd gesproken aan de groeve en gezongen door het kerkkoor van Langenbielau.

Het was voor Chris de derde vriend waar hij in Duitsland afscheid van moest nemen. In augustus 1943 was in Berlijn Simon Bordewijk overleden, in september 1944 Nico Beusekom en nu Bart Laan.

Toen ze na een emotionele dag terugkwamen in Reichenbach vernamen zij dat zij letterlijk en figuurlijk de bus hadden gemist. De Philips-groep was opgehaald. Omdat er enkele plaatsen vrij waren, was dokter David zoals hij had beloofd, op zoek gegaan naar de jongens zodat zij mee konden reizen. Hij informeerde bij de familie Hellenberg en boer Jung naar de jongens. Ze waren niet te vinden. De bus kon niet wachten en zo misten de jongens wellicht een prachtige kans naar huis te gaan. Maar deze reis zou niet voorspoedig verlopen zoals zij later aan de weet zouden komen.

Boer Jung en zijn dochter kregen weer de zeggenschap over hun boerderij. Chris herinnerde zich niet het moment maar waarschijnlijk was de aanleiding het vertrek van Max Leibovitz en zijn vader. Max had in het kamp waar hij gevangen was gehouden een Pools meisje leren kennen, het stel was verliefd geworden en wilde trouwen. Of ze in Reichenbach zijn gehuwd wist Chris niet, maar Paul en zijn vriendin hadden een verlaten huis in de stad betrokken en waarschijnlijk was de vader bij hen gaan wonen.

Boer Jung kreeg steeds meer kritiek op het werk van Chris en Carel, naar zijn mening waren ze liever lui dan moe en aten hem helemaal arm. Hij ontsloeg hen.

Omdat de voedselvoorziening steeds slechter werd besloten de jongens niet langer te wachten op een goede gelegenheid naar huis te keren. Daarbij kwam dat Reichenbach sinds 5 juni door Polen was geannexeerd. Chris en Carel besloten 26 juni te vertrekken, ze beseften dat het een zware reis zou worden want de infrastructuur was nog niet hersteld. Ze zouden wel zien, langer wachten leek hen echter zinloos. Speelde het missen van de Philips-bus ook een rol of het feit dat er zo langzamerhand praktisch geen Nederlandse dwangarbeiders meer in Neder-Silezië waren? Hoe dan ook, de voorbereidingen werden getroffen. Ze maakten een eenvoudig karretje voor hun bagage en kregen van de burgemeester van Reichenbach een *Bescheinigung* waarin medewerking werd verzocht tijdens hun terugreis. Beseffende dat alleen een Duitstalig bewijs wellicht onvoldoende was, bezochten ze ook de Russische commandant in Reichenbach, het lukte hen om ook van hem een verklaring los te peuteren.

De laatste dagen in Reichenbach stonden niet alleen in het teken van hun komende vertrek, maar ook van afscheid. Verschillende achterblijvers benijdden hen, om meerdere redenen:

Vandaag zouden de nieuwe levensmiddelenkaarten uitgereikt worden die aanstaande maandag geldig zouden zijn. Maar vanwege de voedselschaarste is de uitgifte uitgesteld. Dat betekent dus dat we een week zonder eten zullen zitten. Het is maar goed dat wij vertrekken want er staat volgens mij een grote hongersnood voor de deur. Het aantal grammen boter dat op de bon per maand verstrekt wordt, bedraagt dertig gram. Ook het brood is veel minder geworden, namelijk vierhonderd gram per week.

Iedereen die hoort dat wij naar Holland teruggaan, wil met ons mee en noemt ons 'gelukkige mensen'. Het is begrijpelijk dat zij dit willen, want hun toekomst ziet er zeer somber uit.

Op vrijdag 22 juni bezochten Chris en Carel voor de laatste keer Peterswaldau, Steinseifersdorf en Friedrichshain. Bij de familie Hellenberg had Chris het zwaar, hij moest niet alleen afscheid nemen van zijn vriendin Lise maar ook van haar familie. Hij had haar gevraagd of ze met hem mee wilde naar Holland maar Lise had nee gezegd omdat ze bang was het als Duitse erg moeilijk te krijgen in Holland.

De jongens gingen ook bij Preschona langs, ondanks hun gedwongen en vaak moeilijke verblijf in Neder-Silezië waren er met enkele Duitsers goede contacten ontstaan. Mensen die begrip hadden voor de situatie van de jonge Hollanders en de oorlog ook verafschuwden. Velen waren opgelucht dat de oorlog nu voorbij was, al was de toekomst onzeker. Om Chris en Carel een hart onder de riem te steken stopten verschillende Duitse bekenden de jongens van alles toe: brood, worst, kersen en lucifers.

Vlak voor hun vertrek kreeg Chris van Maria Hellenberg haar rozenkrans waaraan een klein medaillon hing met de beeltenis van de heilige Maria-Theresia.

"Dit medaillon zal je beschermen", zei ze tegen hem. "Je zult heelhuids thuiskomen."

Het medaillon heeft Chris sindsdien altijd in zijn portemonnee bij zich gedragen.

Krankheitsbescheinigung, 5 november 1943.

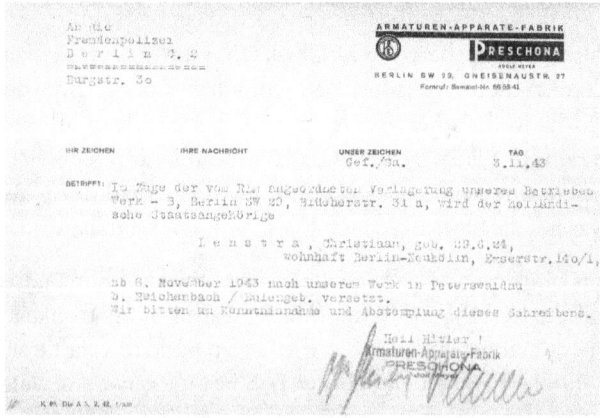

Geleidebiljet van Chris' reis van Berlijn naar Peterswaldau, 8 november 1943.

Steinseifersdorf in Neder-Silezië.

*Hollandse dwangarbeiders bij de door de Wehrmacht
gevorderde bus van de Deutsche Reichspost. Chris staat rechts.*

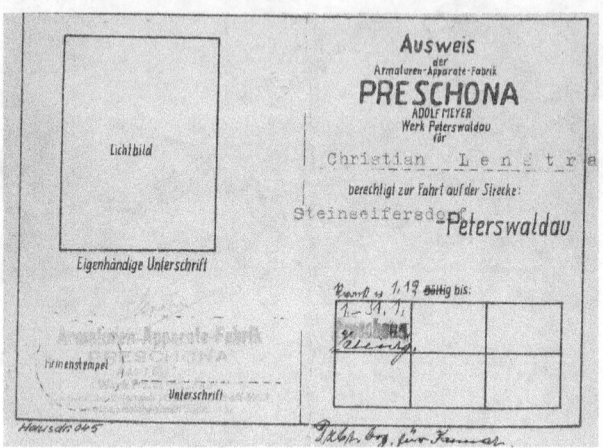

Chris' Ausweiß om te kunnen reizen met de bus van de
Deutsche Reichspost tussen Steinseifersdorf en Peterswaldau.

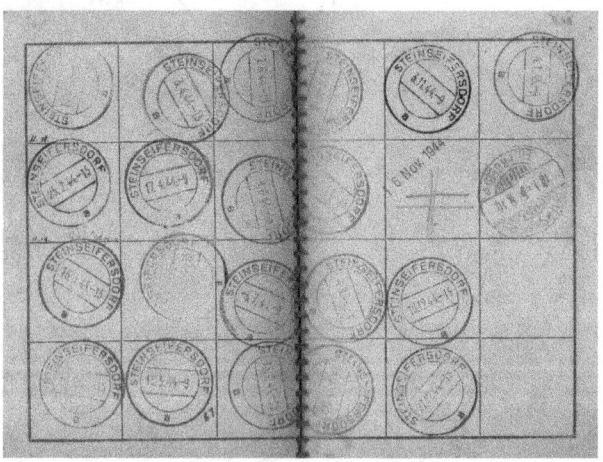

De Kontrollkarte für den Auslandsbriefverkehr. Zestien
november 1944 plaatste de beambte in Steinseifersdorf met
potlood een kruisje voor Chris' brief die hij via het Rode Kruis
probeerde te verzenden. De brief kwam niet aan.

Twaalf mei 1944 kreeg Chris dit Werkausweiß van Preschona, Werk Peterswaldau.

De Hollandse bewoners van Lager Weber met de Tsjechen, twee Polen en een Rus. Chris staat achteraan, tweede van rechts.

Twee Tsjechische dwangarbeiders voor Lager Weber.

Hollandse dwangarbeiders voor de ingang van Lager Weber,
winter 1943. Chris staat tweede rij, helemaal rechts.

Het vroegere Lager Weber in 2016. Rechts van de ingang was beneden het café. Achter de vier ramen op de etage was de vroegere danszaal als Lager voor de dwangarbeiders ingericht. Chris sliep aan de zijkant bij het rechter venster. (Foto Dirk Koopman)

Om Duits te leren had Chris een abonnement genomen op de Eulengebirgs-Zeitung. Krant van 13 april 1945.

Vier Hollandse dwangarbeiders met links Chris. Op de achtergrond het politiebureau van Steinseifersdorf.

Hollandse dwangarbeiders op bezoek bij Tsjechische dwangarbeiders in Peiskersdorf. Chris staat achteraan in het midden. De foto is waarschijnlijk in april 1944 gemaakt.

Chris op ski's in het Uilengebergte, Neder-Silezië.

In de winkel van Oscar Werner kocht Chris deze armband die een skiër tijdens het sporten zou beschermen. (Foto Dirk Koopman)

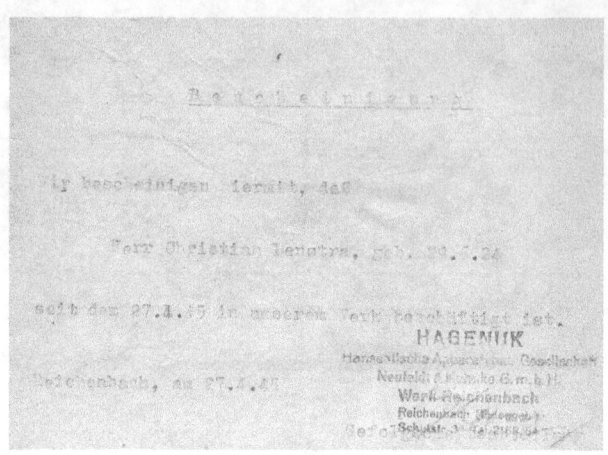

Verklaring van de firma Hagenuk in Reichenbach, dat Chris 27
april 1945 bij het bedrijf in dienst was getreden.

ESSENKARTE H A G E N U K G m. b H. Kiel Werk Reichenbach Woche Montag	N? 4612	Montag Nachholen
ESSENKARTE H A G E N U K G m. b. H. Kiel Werk Reichenbach Woche Dienstag	N? 4612	Dienstag Nachholen
ESSENKARTE H A G E N U K G m. b. H Kiel Werk Reichenbach Woche Mittwoch	N? 4612	Mittwoch Nachholen
ESSENKARTE H A G E N U K G m. b. H Kiel Werk Reichenbach Woche Donnerstag	N? 4612	Donnerstag Nachholen

Essenkarte van Hagenuk in Reichenbach, 1945.

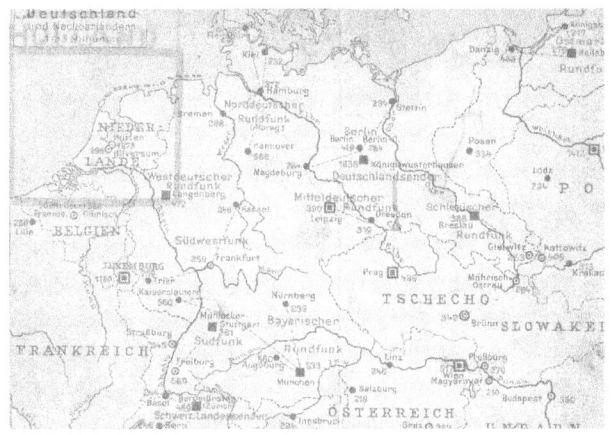

Het topografische kaartje van Duitsland en omringende landen waarop Chris 'Holland' met rood potlood markeerde om eventuele Russische militairen duidelijk te maken dat hij en Carel geen Duitsers waren.

Poolse dwangarbeiders werden verplicht zichtbaar op hun kleding een insigne met een 'P' te dragen. Chris kreeg dit insigne van een Pool.

Uit angst voor het Russische leger vluchtte Frau Weber naar de grote boerderij op de foto. Zij hield zich schuil op de zolder.

De begrafenis van Bart Laan in Langenbielau, 9 juni 1945. Chris en Carel staan in het midden.

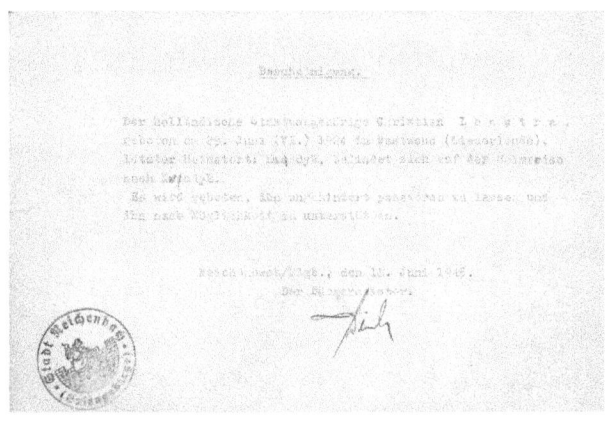

Verklaring (Bescheinigung) van de burgemeester van Reichenbach, d.d. 18 juni 1945 waarin hij verzoekt om medewerking tijdens de terugreis van Chris en Carel.

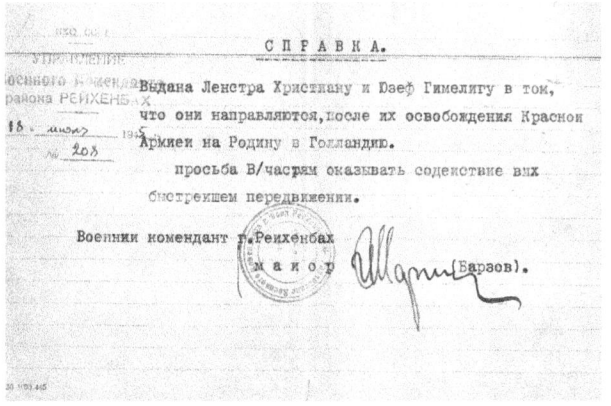

Verklaring van de Russische commandant van Reichenbach, d.d. 18 juni 1945 waarin hij verzoekt om medewerking tijdens de terugreis van Chris en Carel.

*Het medaillon met de beeltenis van de heilige Maria-Theresia
dat Chris van Maria Hellenberg kreeg en dat hem volgens haar
zou beschermen tijdens zijn terugreis.*

4 DE TERUGREIS

26 JUNI 1945 - 25 JULI 1945

De Russische zone

Dag 1. Dinsdag 26 juni 1945: Reichenbach - Langwasser

Dinsdag 26 juni 1945, de dag waar Chris zo lang naar had uitgekeken, de dag van zijn vertrek uit Neder-Silezië. Eindelijk naar huis want 24 juni was het twee jaar geleden dat hij uit Amsterdam vertrok.

Toen Maria Hellenberg hem en Carel 's morgens om vijf uur wekte, voelde hij gelijk de spanning in lichaam en geest, er ging veel door hem heen. Opluchting sowieso, dat hij zijn terugreis zou aanvangen, al wist hij dat het een zware, onvoorspelbare reis zou worden van naar schatting duizend kilometer. Want hoe zou bijvoorbeeld de route lopen? Ze hadden maar één doel voor ogen: richting het westen, naar de geallieerde zone. Maar hoe zouden zij reizen? Met de trein zou lekker opschieten, maar was dat mogelijk? Hoe zouden de contacten met lokale autoriteiten verlopen, met Russen, Polen, Engelsen, Amerikanen? En met Duitsers natuurlijk, maar ook met vluchtelingen en andere buitenlanders zoals zij, op weg naar huis door een land in puin en op drift, letterlijk en figuurlijk. Hoe zouden ze aan voedsel en aan onderdak komen? Hij dacht ook aan hun bagage: zou het karretje de lange reis aankunnen? En dan had hij nog niet eens gedacht aan het gevaar onderweg bagage kwijt te raken. Het duizelde hem, maar zijn jonge geest relativeerde snel. Oké, zijn 21ste verjaardag zou hij onderweg vieren. Het maakte hem niet uit waar, als hij maar op weg was. Op weg naar Kwadijk, naar zijn ouders, broers, zussen en vrienden.

Met gemengde gevoelens namen Chris en Carel afscheid van Maria en Heinrich Hellenberg: "We hadden veel te danken aan deze lieve mensen, ze hadden erg goed gezorgd voor ons, een paar Hollandse jongens die onverwachts in hun leven waren gekomen. In enkele maanden tijd hadden we elkaar goed leren kennen en een fijne band opgebouwd in een zeer zorgelijke, angstige tijd met tegenstrijdige gevoelens. Dat alles maakte het afscheid emotioneel. De Hellenbergs maakten zich zorgen om onze reis, we wisselden adressen uit, en ik beloofde te schrijven. Dat heb ik overigens gedaan, we hebben schriftelijk contact gehouden tot 'tante Maria' en 'oom Heinrich' zoals we hen noemden, overleden."

Na het ontbijt maakten ze het bagagewagentje in orde:

Onze bagage bestond uit twee grote koffers, een kleine koffer, twee dekens, een aktetas, een rugzak en een gewone zak.

Daarnaast hadden ze proviand mee voor ongeveer een week: zeven broden van 1500 gram, boter, kaas en kwark, twee blikken vis en twee cakes, verder twee pakjes shag en 180 sigaretten. Alles gekregen van vrienden en bekenden zoals de families Hellenberg en Teepe.

Adelheid Teepe had de jongens een topografisch kaartje van Silezië gegeven, dat enig houvast gaf voor het eerste deel van hun reis. Ten slotte hadden ze de door hen zelfgemaakte Nederlandse vlag bij zich en droegen ze allebei een door Maria Hellenberg gemaakte rood-wit-blauwe armband om hun bovenarm.

De Hellenbergs brachten hen naar de gasfabriek. Het gerucht ging dat daarvandaan 's morgens een kolenauto naar Waldenburg moest, dus misschien konden ze een lift krijgen? Ze waren niet de enigen met die hoop. In eerste instantie weigerde de chauffeur hen mee te nemen maar een Poolse officier bracht hem op andere gedachten. De jongens tilden hun bagagewagen in de met losse cokes geladen open aanhanger en namen daarna zelf plaats op de brandstof. Naast hen gingen er een stuk of vier Duitse vluchtelingen mee.

Zo verlieten Chris en Carel Reichenbach, 's morgens om zeven uur. Het was stralend weer, het beloofde een mooie dag te worden, een goed begin van hun reis.

Ondanks de niet al te comfortabele plek op de geladen wagen, genoten ze van het heuvelachtige landschap tussen Reichenbach en Schweidnitz. Begin mei had Chris in zijn dagboek geschreven over de zware strijd bij Schweidnitz, Waldenburg en het Zobten; met de gevolgen werd hij die ochtend geconfronteerd. In Schweidnitz zag hij puinhopen van wat tot voor kort woningen waren. Via Altwasser[24] reed de kolenwagen naar Waldenburg en stopte daar bij het station, het eindpunt van zijn route, het was negen uur.

"We hadden de hele dag nog voor ons. Op het station informeerde ik of er een trein in westelijke richting ging. We hadden geluk want tegen halftwaalf zou een trein naar Hirschberg[25] vertrekken. Het werd een prachtige rit door het Reuzengebergte.[26] De trein reed op een gegeven moment door een lange tunnel, van naar schatting een kilometer lengte. We konden geen hand voor ogen zien. Om halftwee arriveerden we in Hirschberg."

Hirschberg was het eindstation van de trein, zodat Chris en Carel te voet verder moesten. Het gedeelte van de stad waar ze doorliepen was ongeschonden. Inmiddels was het erg warm geworden. Toen ze de stad verlieten, doemde een steile weg op die door een open landschap liep. Geen prettig vooruitzicht met het zware karretje.

Halverwege de berg begaf het wagentje het. De jongens besloten eerst te eten en wat uit te rusten, daarna repareerden ze het karretje en hervatten ze de tocht. Toen ze werden ingehaald door een paard en wagen, mochten ze het karretje met een stuk touw aan de wagen vastmaken. Zelf liepen ze er achteraan. Het werd een wandeling van ongeveer twee uur tot Reibnitz[27] waar de wagen voor een café stopte. Waren de jongens in eerste instantie van plan niet verder te reizen, een paar Poolse militairen die ook bij het café stopten, brachten hen op andere gedachten:

Carel en ik gaan er meteen op af om te informeren of we een stukje mee kunnen rijden. Ik haal het document van de Russische commandant uit Reichenbach tevoorschijn en laat het één van de soldaten lezen. Omdat ze geen woord Duits spreken, kunnen we ze niet verstaan. Maar na een paar minuten krijgen we het voor elkaar dat we mee mogen, zetten ons wagentje in de auto en vertrekken. Hoe we rijden doet er niet toe, als we maar richting Holland gaan. Onderweg stopt de wagen een paar keer, dan pakken de soldaten hun geweren en schieten op een hond of op een kip. Als ze mis schieten, gaan we weer verder. De Polen proberen een gesprek met ons te beginnen maar dat lukt niet. We doen maar net of we gek zijn en knikken van 'ja en amen'. Omdat ik een mondorgel bij me had gebaarden ze me dat ik wat moest spelen. Een van de soldaten kon ook spelen en zo losten we elkaar af. Het was halfzeven toen de auto stopte in een klein dorpje, Langwasser²⁸ genaamd. We horen dat de soldaten niet verder gaan dus nemen afscheid. Carel en ik kregen elk zes sigaretten van de soldaten, zo'n lift willen we wel vaker!

Langwasser leek uitgestorven. Hoe kwamen zij aan drinken? Ze hadden enorme dorst. Ze probeerden een paar woningen maar alle deuren waren op slot. Gelukkig zagen ze op een gegeven moment twee Duitse vrouwen die ze aanschoten, een van hen ging haar huis binnen en kwam terug met een schaal geitenmelk. Dankbaar lesten ze hun dorst. Chris en Carel informeerden waarom het zo rustig in Langwasser was, wat was er gebeurd? "Die middag waren Poolse soldaten in het dorp aangekomen, en hadden de bevolking niet alleen uit hun huizen verdreven maar ook het dorp uitgejaagd. Vervolgens waren de huizen leeggeroofd en het vee zoveel mogelijk meegenomen of afgemaakt en langs de weg achtergelaten. Wat niet meegenomen kon worden, was vernield."

Ze besloten de nacht in Langwasser door te brengen, hun oog viel op een verlaten boerderij. De deur was weliswaar op slot, maar een stevige trap ertegen was voldoende om binnen te komen. Alhoewel de bewoners waren gevlucht, waren er nog wel dieren in huis: kippen, konijnen en varkens, ze scharrelden in verschillende kamers, een surrealistisch gezicht. Chris en Carel gingen op zoek naar voedsel en vonden vet, stroop en aardappelen. Kortom, hun avondmaal. Wat overbleef gaven ze aan de dieren. Buiten probeerden ze een koe te vangen om haar te melken maar dat mislukte, het dier was wild omdat het waarschijnlijk enige tijd niet was gemolken.

's Avonds keken ze hun bagagewagentje na want ze wilden de volgende ochtend vroeg vertrekken. Ze kozen voor een hooiberg als slaapplaats want in huis hadden ze te veel last van vlooien. De laatste maanden hadden zij in de heerlijke bedden van de familie Hellenberg geslapen, daarom vielen de geïmproviseerde bedden van stro niet mee. Maar op den duur vielen ze in slaap, tevreden dat ze de eerste dag goed waren opgeschoten.

Dag 2. Woensdag 27 juni 1945: Langwasser - Lauban

Chris had amper geslapen want ook in de hooiberg zaten vlooien. Rond vijf uur hield hij het niet meer uit en stond op met zware hoofdpijn. In de boerderij trof hij de kippen aan op tafel, het lukte hem de kachel aan te maken. Daarna wekte hij Carel en maakten ze hun ontbijt: meelpap, brood met boter, kaas en stroop, vis en kwark. Een stevig, gevarieerd ontbijt. Dat was belangrijk, want ze hadden weer een lange, ongetwijfeld zware dag voor de boeg.

Na een wasbeurtje verlieten ze de boerderij en Langwasser om een uur of zeven. Ongeveer drie uur later kwamen ze langs de stad Greiffenberg²⁹ waar ze vele vluchtelingen met hun volgeladen wagens voorbij zagen trekken. Ze stonden enkele minuten stil en aanschouwden gelaten de lange stoet van honderden mensen op weg naar huis. Ze waren gevlucht voor de Russen en keerden terug naar hun woonplaatsen.

Onderweg haalden ze een groepje mensen in waar ze zich bij aansloten, het groepje bestond uit acht Duitsers uit Berlijn, Hamburg en Maagdenburg. Ze waren gevlucht voor de Amerikanen maar inmiddels overtuigd dat de Russische zone ook niet veilig was voor hen. Daarom besloten ze weer naar huis te gaan. Enkele van de mannen hadden aan het front gevochten. De groep bestond voornamelijk uit vrouwen, een van hen heette Irmgard, ze was rond de 20 jaar en vroeg Chris en Carel of ze met hen mee kon naar Holland: "Daar konden we natuurlijk niet aan beginnen."

Verder was er een Engelsman, genaamd George, een vertegenwoordiger die vanwege zijn werk in Duitsland was toen de oorlog uitbrak. Het was hem niet gelukt naar Engeland terug te reizen, Chris wist niet hoe hij de jaren was doorgekomen, maar nu was ook hij onderweg naar huis. Ze hadden onderling weinig contact maar toch voelde het goed om samen te reizen.

Het weer werd er niet beter op, want het was begonnen te regenen. De route voerde door een groot bosgebied waar de oorlog ook zijn sporen had achtergelaten; veel bomen waren geveld door pantsergevechten. Ze liepen ongeveer een uur door het bos en passeerden een stuk of vijftig kapotgeschoten en uitgebrande tanks. Eén van de Duitsers die aan het front had gevochten klom op een uitgebrande tank en wenkte hen, ze klommen op de tank en zagen binnen twee verkoolde lichamen van Russische soldaten. De afgelopen twee jaar had Chris veel verschrikkelijke dingen gezien, de twee lichamen vond hij afschuwelijk; ook dit beeld bleef hem altijd bij.

Het weer werd steeds slechter, de route voerde over een berg. Toen ze in het dal kwamen moesten ze een rivier oversteken, maar de brug was opgeblazen door terugtrekkende Duitse troepen.

"Dat was een tegenvaller, wat moesten we doen? We besloten een noodbrug te maken en gingen op zoek naar hout en stenen. Gelukkig was het water ondiep, we legden er stenen in en daaroverheen planken. De brug stortte telkens weer in elkaar, maar na een uur hard werken konden we de brug testen. Ons wagentje was het lichtste en werd als eerste naar de overkant gebracht. Daarna werden de andere twee wagens in de stromende regen opgehaald. Onder die slechte weersomstandigheden arriveerden we 's middags rond een uur of vier kletsnat en doodmoe in Lauban.[30]"

Hier proberen we te schuilen maar het was lastig om een schuilplaats te vinden want de hele stad is zo goed als tot puin geschoten. In de straten liggen uitgebrande tanks en auto's. In het midden van de stad zien we een huis dat nog enigszins intact is. We zetten onze wagens neer en gaan eropaf. Het is een winkel geweest, maar omdat de deur onbeschadigd is kunnen we er niet in. Geen nood, door een kapotte etalageruit komen we binnen. We staan op het puin van borden, kop en schotels, enzovoorts maar dat hindert ons niet; we staan droog en dat is de hoofdzaak.

Na een paar uur schuilen op de scherven, knapte het weer wat op en begon het zoeken naar een slaapplaats. Zwerven tussen de puinhopen van Lauban bracht ze bij een lyceum dat was ingericht als lazaret. De reizigers werden ondergebracht in een zaal met tafels, stoelen en bedden. Chris en Carel hingen hun kleding te drogen en bereidden hun eten, daarna zochten ze een bed op. Het was intussen weer gaan regenen, ze hoopten dat het weer de volgende dag beter zou zijn zodat ze verder konden reizen.

Dag 3. Donderdag 28 juni 1945: Lauban

IJdele hoop, zo bleek 's morgens; het goot van de regen. Er zat niets anders op dan in Lauban te blijven, en het werd een dag vol verveling. Ook al leek de stad weinig vertier te bieden, toch gingen de jongens erop uit. Waar ze ook kwamen, overal lag puin, puin en nog eens puin. Niet verwonderlijk, want ruim de helft van de stad was door bombardementen verwoest.

In Lauban waren geen Russische militairen maar ze hoorden dat er wel Poolse soldaten zouden zijn. Chris en Carel wilden graag te weten komen hoe zij eten konden krijgen. Een vrouw uit Hamburg ging met hen mee. Hun zoektocht bracht hen bij een kantoor in een groot gebouw. Daar werden ze te woord gestaan door een Poolse vrouw die hen een verklaring gaf waarmee ze recht hadden op drie maaltijden per dag in de kantine van het Poolse leger in Lauban.

Chris, Carel en de Duitse vrouw zochten de kantine op die allesbehalve gezellig was; er stonden weliswaar stoelen en tafels in de zaal, maar de ramen waren kapotgeschoten en de wind woei naar binnen. Een Pools meisje diende soep, aardappelen, vlees en jus op. Niet slecht. 's Avonds aten ze nogmaals in het militaire schaftlokaal en het smaakte weer goed. Toen ze klaar waren moesten Chris en Carel in de keuken komen, daar kregen ze elk een brood, een half pond boter en een half pond kaas. Voor morgen onderweg, zo maakte de vrouw hen duidelijk.

"Toen we terugkwamen in het lazaret waren de Duitse vluchtelingen jaloers dat wij eten hadden, zij kregen namelijk niets. Omdat wij zelf nog behoorlijk wat voorraad hadden, gaven we hen wat van ons brood, want dat werd zo langzamerhand oud en droog."

Dag 4. Vrijdag 29 juni 1945: Lauban - voorbij Kohlfurt

Een bijzondere dag, Chris werd 21 jaar. Hij was in Lauban, onderweg naar huis. Voor de derde opeenvolgende keer was hij jarig in Duitsland. Even dacht hij terug aan zijn vorige verjaardagen, die van 1943 in Durchgangslager Rehbrücke en de felicitaties van de Hollanders en Tsjechen bij Preschona in Peterswaldau, vorig jaar.

Hij was niet de enige jarige van hun gezelschap want de Engelsman George was ook jarig en werd 38. Hoe ze het geregeld hadden wist Chris niet maar van zijn reisgenoten kreeg hij een bos bloemen en Carel gaf hem namens Adelheid Teepe een pakje sigaretten. Wat een cadeau en attent van Adelheid om aan zijn verjaardag te denken. Het deed Chris veel, onder deze omstandigheden.

Na alle gelukwensen gingen ze snel over tot de realiteit van de dag: hun reis richting het westen. Om een uur of zeven verlieten ze Lauban, of, zoals Chris in zijn dagboek schreef *de puinhoop Lauban*, richting de stad Kohlfurt.[31] Spoedig kwamen zij opnieuw stromen vluchtelingen tegen, uiteraard Duitsers.

"Toen sommigen begrepen dat Carel en ik Hollanders waren, vroegen ze ons hen mee te nemen naar Nederland omdat ze de Russen en Polen vreesden, maar daar konden we natuurlijk niet aan beginnen. Alhoewel wij verschillende 'goede' Duitsers hadden leren kennen in de afgelopen jaren, bewaarden we aan de meesten geen goede herinneringen."

Na een voettocht van ruim zeven uur kwamen ze in Kohlfurt aan, van daaruit wilden ze met de trein verder reizen als dat tenminste mogelijk was. Hun hoop werd de grond ingeboord nog voordat ze bij het station aankwamen, er zouden geen treinen vertrekken. Ze lieten zich niet ontmoedigen en gingen op het station op zoek naar de commandant, een Rus. Met hun verklaring van de Russische commandant uit Reichenbach kregen ze toestemming mee te reizen met een gereedstaande trein die 's avonds om zeven uur richting het westen zou vertrekken, naar welke plaats wisten ze niet.

Ze kregen een plek in een open goederenwagon, de trein vertrok, het werd donker. Rond een uur of elf reden ze een station binnen maar ze hadden geen idee in welke plaats ze waren aangekomen. Er liepen Russische soldaten langs de trein, ze mochten niet uitstappen, moesten wachten. Er zat niets anders op dan proberen te slapen maar dat was niet eenvoudig in de open wagon op een harde vloer. De jongens zochten bij hun gekantelde bagagewagen beschutting tegen eventuele regen, de Duitse vrouw Irmgard kwam bij hen liggen. Chris trok zijn deken tot over zijn oren en met zijn jas onder zijn hoofd viel hij in slaap op dat voor hem nog altijd onbekende station voorbij Kohlfurt.

Dag 5. Zaterdag 30 juni 1945: ? - Radibor

Stijf als een plank werd Chris wakker. Hij had slecht geslapen op de harde vloer. Zijn heupen deden pijn en hij had enkele schaafwonden opgelopen. Toen Carel wakker werd en ze elkaar aankeken moesten ze lachen want ze zagen er niet uit. Hun haar zat erg in de war en hun kleding hing als vodden om hun lichamen: "We leken wel een stelletje landlopers maar we konden er niets aan doen, we moesten er wat voor over hebben om thuis te komen."

Op het station heerste grote drukte, honderden mensen liepen af en aan, de meesten hadden hetzelfde reisdoel: naar de geallieerden. Maar er was grote onduidelijkheid over het vervolg van hun reis, tegenstrijdige berichten. Het zou wel een week duren voordat een trein richting

Dresden vertrok maar ook ging het gerucht dat die middag om drie uur een trein zou vertrekken.

"We hadden geen idee wat we moesten doen. Want als 's middags een trein ging, welke? Was dat de trein waar we al in zaten? Of een andere? Het maakte ons enorm onzeker. George en ik gingen op zoek naar de stations-commandant, Carel bleef bij de spullen. De verklaring van de Russische commandant uit Reichenbach kwam weer van pas, we kregen toestemming mee te reizen met een trein die Russische soldaten naar Dresden zou brengen en namen plaats in een lege wagon. De acht Duitse vluchtelingen waar we mee opgetrokken waren, mochten niet mee. Op het perron stonden veel Duitse vluchtelingen die ook mee wilden maar dat mochten ze niet. We probeerden ze tegen te houden, er ontstonden hevige scheldpartijen. Het lukte de vluchtelingen in andere wagons te stappen maar ook dat was niet de bedoeling. Russische soldaten ontruimden met getrokken pistolen de trein, niet alleen alle Duitsers moesten uitstappen, ook wij moesten de trein verlaten. Wie niet meewerkte, werd uit de trein gesmeten, het was een drama en het werd nog erger want het lukte niet iedereen snel met z'n bagage uit te stappen. Toen begon de trein te rijden terwijl er nog mensen in zaten. Vrouwen gilden dat hun kinderen en bagage nog in de trein waren, sommigen raakten volledig in paniek. Het ging me door merg en been. De trein maakte vaart, er werd bagage uit gegooid dat deels onder de wielen terecht kwam en werd vermorzeld. En zo vertrok die trein, velen ontredderd achterlatend, het was een schrijnende situatie."

Daar stonden ze, op het nog altijd onbekende station, teleurgesteld. Hoe moesten ze verder en wanneer? Hun teleurstelling duurde gelukkig niet lang want een uur later vertrok opnieuw een trein in westelijke richting, waarschijnlijk naar Bautzen. En ze konden mee, in een lege goederenwagon maar het maakte ze niet uit. Ze wilden heel graag weg van dit station.

Het werd geen Bautzen maar het iets noordelijker gelegen Radibor. Iedereen werd gesommeerd uit te stappen, het groepje reizigers dat op dat moment uit elf personen bestond, ging te voet verder:

We zijn inmiddels vijf dagen onderweg, hebben de provincie Neder-Silezië verlaten en zijn nu in de provincie Saksen. In deze dagen hebben we een afstand afgelegd van ongeveer driehonderd kilometer. Naar schatting nog ongeveer negenhonderd kilometer en dan zijn we thuis.

Spoedig begon het te regenen, ze mochten schuilen bij een boer in een hooiberg. Het weer werd steeds slechter en maakte de landweg onbegaanbaar voor hun karren maar ze troffen het want ze mochten voorlopig blijven. Chris en Carel gingen op pad en wisten bij een andere boer aan eten te komen. Terug bij de groep op de boerderij maakten ze met elkaar een maaltijd. De boer en boerin waren heel gastvrij ondanks het weinige dat ze konden bieden. Na het eten kon Chris zich zelfs wassen, hij knapte er heerlijk van op. 's Avonds werd er gekaart, Chris musiceerde op zijn mondorgel. De boer en boerin legden stro op zolder zodat ze daar konden slapen, Chris was erg vermoeid en viel spoedig in slaap.

Dag 6. Zondag 1 juli 1945: omgeving Radibor - Arnsdorf

Ondanks dat het zondag was wilde de hele groep verder trekken en daarom stonden ze om zes uur op. De vriendelijke boerin had pap gemaakt, ze lieten het zich goed smaken en om acht uur vertrokken Chris, Carel, George en de Duitsers. De landweg was door de langdurige regenval zeer slecht begaanbaar, dat maakte het trekken van de karren extreem zwaar, bovendien zakten de wagens herhaaldelijk weg in het slijk. Toen ze een asfaltweg bereikten leken die zorgen voorbij maar helaas, deze weg was zwaar beschadigd door bombardementen; overal zaten enorme gaten in het wegdek.

Het waren niet de enige hindernissen die dag. Ze bereikten een rivier, de brug erover was verwoest. In de verte zagen ze een andere brug, maar de route ernaartoe betekende een hele omweg. Daarom besloten Chris en Carel een stuk af te snijden over een zandvlakte. George en de Duitsers besloten dat niet te doen en namen de omweg voor lief. De beslissing van Chris en Carel bleek een slechte want ze waren enkele tientallen meters op weg toen er naar hen werd geroepen en gebaard dat ze zich in een mijnenveld bevonden. George en de Duitsers waren een bord met de tekst 'Achtung, Minen!' gepasseerd en probeerden hen te waarschuwen.

"Het angstzweet brak ons uit, één verkeerde stap en we waren er geweest. Wat moesten we doen? Iedereen hield ons in de gaten. De hevige regenval van de vorige dag was onze redding, daardoor waren de sporen van ons karretje en onze voetstappen goed zichtbaar in het zand. Voorzichtig wisten we het karretje te keren en in het spoor te plaatsen, toen dat was gelukt moesten we heel voorzichtig, voetje voor voetje terug zien te komen op de doorgaande weg waar onze groep stond te wachten en aanwijzingen gaf. Hoe lang we erover hebben gedaan weet ik niet meer maar het leek uren te duren voordat we weer bij de weg waren. We waren enorm opgelucht en namen de omweg voor lief."

De opluchting was van korte duur want in de verte doemden wagens van het Poolse leger op. Soldaten waren nietsontziend bezig passerende vluchtelingen van hun schaarse bezittingen te beroven. Zodra de wagen vol was vertrok deze en werd een lege voorgereden en begon de ellende opnieuw; het beloofde niet veel goeds:

We naderen steeds meer en zijn bang dat ze onze bagage ook zullen afnemen. Als we vlakbij de auto zijn richt een van de soldaten z'n pistool op ons en gebaart: 'Halt!' We stoppen, hij komt op ons af. We zeggen dat we geen Duitsers zijn maar daar trekt hij zich niets van aan. Plotseling komt een van de andere soldaten erbij staan en zegt dat hij ons moet laten gaan. Dat gebeurt, wij zijn opgelucht. Wat was het geval? De man was een van de Poolse soldaten waarvan wij een lift in Reibnitz hadden gekregen. Van hem hadden we sigaretten gehad. Hij had ons herkend en wilde niet dat we werden beroofd. We hadden absoluut geluk gehad.

Nadat Chris en Carel door de soldaten waren doorgelaten waren George en de Duitsers aan de beurt, ook zij hadden geluk, dankzij George. Hij had zijn weinige bagage op de handkar van de mensen uit Berlijn, Hamburg en Maagdenburg mogen laden en daaroverheen had hij een Engelse vlag vastgebonden, zo leek het of zij allen Britten waren en ontsprongen de dans.

Voor de zoveelste maal in de afgelopen jaren had Chris geluk gehad: "Ik slaakte een diepe zucht, ik was erg bang geweest dat we niet alleen onze bagage kwijt zouden raken maar vooral ook mijn dagboek. Twee jaar lang had ik het gekoesterd, het was me ongelooflijk dierbaar, ik moest er niet aan denken het alsnog kwijt te raken. Lang kon ik er niet bij stil staan want we moesten verder, veel wanhopige mensen achterlatend die wel alles kwijt waren geraakt."

Het volgende obstakel diende zich spoedig aan: een Russische controlepost bij een noodbrug. De officier had snel in de gaten dat Chris, Carel en George buitenlanders waren en liet hen passeren. Hoe het voor het groepje van de acht Duitsers afliep, weet Chris niet meer maar later reisden ze weer samen verder. Het was gelukkig de laatste hindernis van die dag want hun zenuwen waren enorm op de proef gesteld. Ze kwamen aan in het dorp Demitz tussen Bautzen en Bischofswerda, waar ze hoopten hun reis per trein te kunnen vervolgen. Bij een boer mochten ze uitrusten, daarna meldden zij zich bij de Russische commandant. Weer kwam hun verklaring uit Reichenbach van pas: er werd eten voor hen geregeld, ditmaal vlees met enkele hompen brood en later nog pap. Terug bij de boer lieten zij zich kersen goed smaken.

In de namiddag zochten ze het station op, om zeven uur 's avonds vertrok de trein, hoe lang zou deze reis duren en waar zouden ze terecht komen? Het werd een reis van ongeveer een uur, toen stopte de trein in het dorp Arnsdorf in de omgeving van Dresden, het eindpunt van die dag.

Chris bleef bij de bagage, Carel en George gingen op zoek naar slaapplaatsen. Die nacht sliepen ze in een woning op divans. Chris en Carel moesten er samen een delen. Omdat Chris aan de buitenkant lag en er telkens dreigde af te rollen, liet hij zich op een gegeven moment maar op de grond vallen, trok zijn deken over zich heen en viel in slaap.

Dag 7. Maandag 2 juli 1945: Arnsdorf - Kühren

Na een nacht op de grond te hebben geslapen werd Chris om vier uur zo stijf als een plank wakker, ze moesten vroeg opstaan want de trein zou om vijf uur vertrekken. Lang duurde de tocht niet, ze stopten in Klotzche, vlak boven Dresden. Iedereen moest uitstappen. Bij het verlaten van het station waren er enige problemen; Chris en Carel moesten een spoorkaartje laten zien maar dat hadden zij uiteraard niet. Gescheld over en weer, de jongens hadden er maling aan. Na dit incident verzamelde de groep zich weer en ging lopend richting Dresden. Spoedig werden ze geconfronteerd met de enorme verwoesting van de stad als gevolg van de bombardementen van februari 1945 waarbij ruim twintigduizend mensen om het leven waren gekomen: "Vanuit Klotzche liepen we richting Dresden waar we op het station met de trein verder hoopten te reizen. Maar er was weinig over van het station en ook van het centrum van de stad restten slechts puinhopen. De geallieerde aanvallen hadden enorm veel schade veroorzaakt, het was de zoveelste keer dat we de gevolgen van de oorlog zagen. We reisden door een land in puin."

Reizen per trein was onmogelijk maar ze zouden wel met een boot van de Weiße Flotte, die een dienst over de Elbe tussen Dresden en Riesa onderhield, mee kunnen. Of de boot volgens een dienstregeling voer, wisten ze niet. Bij de steiger waar de boot vertrok heerste grote drukte van vooral Duitsers. Iedereen hoopte op een plaatsje. De jongens vreesden dat er voor hen geen plek meer zou zijn als zij zich aansloten in de lange rij. Brutaal drongen ze voor en hadden maling aan het gescheld van de wachtende Duitsers. Als laatsten lukte het ze om gratis aan boord te komen, ze betaalden nooit voor vervoersbewijzen. Als de betreffende Duitse beambten moeilijk deden dreigden ze gewoon met de Russen of Polen en daarvoor waren de Duitsers erg bang.

Een vijf uur durende tocht over de Elbe bracht hen naar Riesa: "Aan boord waren vooral Duitse vluchtelingen, met name vrouwen en kinderen. De zitplaatsen op de boot waren zoveel mogelijk voor de vrouwen. Onderweg hadden we een prachtig uitzicht op de omgeving maar aan boord heerste een gelaten stemming. De Duitsers hadden het over de verloren *Krieg*, hun Heimat en hun toekomst, ze waren erg bang voor de Russen en Polen en wilden naar de Amerikanen want ze verwachtten daar betere omstandigheden. Carel en ik hoorden het allemaal aan, de rollen waar nu omgekeerd. Vijf jaar hadden wij het slecht gehad. Nu waren de Duitsers aan de beurt."

In Riesa gingen ze van boord. Ze namen afscheid van de Duitsers die richting Berlijn moesten en bleven over met een ploegje van zeven mensen. Vanuit Riesa reisden ze met de trein naar het nabije plaatsje Dahlen. "Het was een korte rit. Maar dat maakte niet uit. We kwamen steeds dichter bij de Amerikaanse zone, we schatten nog ongeveer vijfentwintig kilometer en hoopten dat het ons de volgende dag zou lukken daar te zijn."

Ze waren zeven dagen onderweg en al goed opgeschoten maar na die zware week stak de moeheid de kop op. Chris had verschillende nachten slecht geslapen, dat eiste z'n tol.

"We verlieten Dahlen en liepen in westelijke richting. We waren erg moe en hadden blaren op onze voeten maar we zetten door. Het werd wel steeds lastiger ons te oriënteren, omdat we nu door Saksen reisden konden we de kaart die Adelheid Teepe ons had meegegeven, niet meer gebruiken. Op een gegeven moment hoorden we muziek, het was een muziekkorps, gevolgd door Russische troepen, onderweg naar Leipzig en Halle. Toen bleek ook dat we verder van de grens tussen de Russische en geallieerde zone vandaan waren dan we hadden verwacht. De grens lag kennelijk nog steeds niet helemaal vast. Als we een dag eerder waren geweest, hadden we dit probleem niet gehad maar nu waren we ongeveer zestig kilometer van de grens verwijderd. Het was of we een klap in ons gezicht kregen."

Ze lieten zich niet ontmoedigen. Moe en afgemat bereikte het groepje reizigers het volgende dorp op hun route: Kühren, ongeveer twintig kilometer ten oosten van Leipzig.

Alhoewel Chris amper kon lopen vanwege blaren, ging hij met een van de mensen uit Hamburg naar de burgemeester die hen hielp aan een overnachtingsadres en voedselbonnen voor brood, boter en worst. Ze werden hartelijk ontvangen op een boerderij, de boerin verzorgde een warme maaltijd. Die nacht sliep Chris in een prima bed en maakte een goede nacht. Gelukkig, want deze dag had hem behoorlijk uitgeput.

Dag 8. Dinsdag 3 juli 1945: Kühren - Wurzen

Uitgerust verlieten ze de volgende ochtend om acht uur Kühren richting de stad Wurzen. Het was druk op de weg die via Wurzen naar Leipzig leidde, tientallen Russische tanks en honderden auto's waren onderweg naar Leipzig en Halle. Ze zagen het gelaten aan vanuit een schuur waar ze moesten schuilen wegens hevige regen. Rond de middag arriveerden ze in Wurzen na een voettocht van ongeveer zeventien kilometer:

Bij de brug over de Mulde worden we tegengehouden, we mogen er niet over, ook al laten wij onze Russische papieren zien. We moeten terug maar waar moeten we nu naartoe? We horen dat we zo'n vijftien kilometer noordelijker wel de Mulde kunnen oversteken. We besluiten het te proberen maar na een paar kilometer komen we een Duitser tegen die ons vertelt dat het ook daar niet zal lukken. Ik verzet meteen geen voet meer en ga languit in het gras liggen. De anderen willen verder, maar ik niet. Na nog wat gepraat te hebben met de Hamburgers nemen we afscheid van elkaar en gaan Carel en ik terug naar Wurzen.

Vanaf dat moment reisden Chris en Carel met z'n tweeën verder want George ging voorlopig nog met de Duitsers mee.

Het tegenhouden door Russische militairen bij de Mulde was het begin van een periode vol tegenslag, maar gelukkig hadden ze daar op dat moment geen weet van. Terug in Wurzen kwamen Chris en Carel terecht in een school waar meer buitenlanders waren ondergebracht, waaronder Hollanders. Ze kregen een kamer toegewezen waar ze tijdelijk konden verblijven, het was namelijk de bedoeling dat over een paar dagen een transport onder begeleiding van een Russische officier de Mulde zou worden overgezet. Vervolgens zou de groep per trein naar de Amerikaanse zone worden gebracht. Het leek Chris en Carel een prima vooruitzicht, daar hadden ze wel enkele dagen wachten voor over, bovendien was het verstandig wat rust te nemen. Hun vertrouwen werd gesterkt door geruchten dat een dag eerder buitenlanders met Amerikaanse auto's waren opgehaald. Ze betreurden het dat ze ook wat dat betreft kennelijk een dag te laat waren. Het zou echter allemaal heel anders lopen...

In de school waar ze werden ondergebracht was het een drukte van belang. Onder de vele buitenlanders waren ook tweehonderd soldaten uit Letland. De jongens kregen een ongemeubileerde kamer toegewezen, dat werd slapen op de grond. Er werd eten geregeld, maar veel was het niet. Er heerste een bijzondere sfeer vooral omdat in verschillende vertrekken werd gemusiceerd en zelfs gedanst. Rond elf uur besloten Chris en Carel te gaan slapen tussen hun dekens met hun jassen als kussen. Chris hoopte dat de nacht spoedig voorbij zou zijn.

Dag 9. Woensdag 4 juli 1945: Wurzen

Het werd een kort nachtje want Chris werd om vijf uur wakker van de pijn, hij kon zich met moeite bewegen en hij was niet de enige. Iedereen in de kamer stond vroeg op, behalve Carel. Die sliep zoals gewoonlijk als een os. Maar toen Carel wakker werd had ook hij last van zijn gewrichten, ook hij had niet goed geslapen. Ze kregen een ontbijt in de school, daarna gingen ze de straat op om te proberen aan eten te komen, hun eigen voorraad was inmiddels namelijk op. Hun tocht langs verschillende winkels in Wurzen leverde welgeteld een snee brood op. Het lukte om aan voedselbonnen voor brood, vlees en boter te komen maar verder was het een dag van weinig doen en vervelen. 's Avonds werd er weer gedanst in de school, in de kamer naast die van Chris en Carel.

Dag 10. Donderdag 5 juli 1945: Wurzen

Chris sliep zowaar iets beter en dat op de grond. Wat zou de donderdag brengen? Wellicht nog een dag in Wurzen, al werd gezegd dat alle buitenlanders zich de volgende ochtend om tien uur moesten melden voor transport naar de Amerikaanse zone. En dat gaf hoop, veel hoop:

Morgen eindelijk vrij want zolang ik in de Russische zone ben voel ik me dat niet.

Ondanks dat vooruitzicht werd het een erg lange, saaie dag. Chris en

Carel verveelden zich dood. Zowel op straat als in de school viel niets te beleven.

Dag 11. Vrijdag 6 juli 1945: Wurzen - Halle

Toen Chris wakker werd was er een gevoel van opluchting, ze zouden vandaag verder reizen naar de Amerikanen. Weer zou het anders lopen want toen iedereen om tien uur klaar stond voor vertrek werd het transport afgeblazen. Teleurgesteld werden de kamers weer opgezocht. Gelukkig smaakte de erwtensoep die tussen de middag werd geserveerd, heel goed.

Ze waren net uitgegeten toen een Russische luitenant meldde dat iedereen zich moest verzamelen op de binnenplaats van de school. Wat nu? Chris was weinig hoopvol. Ten onrechte ditmaal want honderdtachtig mensen werden onder begeleiding van een Russische luitenant te voet de Mulde overgebracht. Aan de andere kant van de rivier stonden veel Duitse vluchtelingen die de brug naar Wurzen wilden oversteken, ze mochten dat niet.

In Bennewitz werden ze op de trein gezet. Het was een lange trein want er werden extra wagons aangekoppeld. En toen vertrokken ze voor wat naar hun gevoel het laatste gedeelte van hun reis door de Russische zone zou worden. Na enkele dagen gedwongen rust waren ze eindelijk weer onderweg naar huis:

We voelen ons uitgelaten want vandaag zullen we bij de Amerikanen zijn. In Leipzig moeten we een uur wachten op het station. Ik zeg 'station' maar dat is het eigenlijk niet meer want het is een grote ruïne. Ooit had Leipzig het grootste station van Europa met achttien perrons, nu is het een puinhoop. Na lang wachten mogen we eindelijk een trein instappen. We rijden van Leipzig naar Halle, daar moeten we allemaal uitstappen. Wat nu? We gaan op zoek naar onze Russische begeleider, maar vonden hem niet. Waar was hij gebleven? In Leipzig. Wat moesten we nu doen, want zonder begeleiding werden we niet aan de Amerikanen overgedragen. Dit was weer één van die Russische streken, ze hadden ons lelijk te pakken genomen en aan ons lot overgelaten.

Na de eerdere teleurstellingen van de laatste dagen nam hun vertrouwen in de Sovjets zienderogen af. Daar stonden ze in Halle, terwijl het al donker begon te worden. Oké, ze waren vandaag wel een stuk opgeschoten, een kilometer of zestig, zeventig. Maar bij de

Amerikanen waren ze nog niet en niemand gaf hen op een briefje wanneer het zover zou zijn. Wat moesten ze doen, waar moesten ze slapen de komende nacht? In de puinhopen van Halle zou het lastig worden een slaapplaats te vinden. Van de honderdtachtig man van hun transport waren er nog maar dertig over, waaronder Chris en Carel. De rest was op eigen houtje verder getrokken, sommigen wilden proberen via Kassel de grens te passeren, volgens anderen was dat een onmogelijke missie en weer anderen wilden het via Maagdenburg proberen. Chris en Carel hadden vooralsnog geen idee hoe ze de volgende dag verder wilden gaan. Eerst maar slapen, het werd een lege goederenwagon, hen aangewezen door een spoorwegbeambte, er zat niets anders op.

Later die avond informeerden Chris en Carel op het station hoe zij bij de grens konden komen. Richting Halberstadt, werd geadviseerd; de volgende ochtend zou een trein vertrekken. Met die gedachte viel Chris in slaap op de harde bodem van een goederenwagon op het station in Halle. Ze waren nu elf dagen onderweg en bevonden zich in midden Duitsland.

De grens

Dag 12. Zaterdag 7 juli 1945: Halle - Ilsenburg

Weer een 'fijne' nacht gehad. Ik had redelijk geslapen ondanks de harde planken van de wagon. Gewassen hebben we ons niet; er was geen druppel water te vinden. Zo stapten we om acht uur in de trein en gingen richting Harzgebergte. Hier was veel verwoest door het oorlogsgeweld. Maar het ergste was het station van Halberstadt, een en al puin en een grote verwrongen ijzermassa. Een enorme personenwagon was door de druk van een luchtmijn op een van de loodsen gesmeten waar het gevaarte nog bovenop lag. In Halberstadt hadden we oponthoud van drieënhalf uur. We besloten de stad in te gaan en probeerden aan eten te komen. Een Hollandse vrouw ging met ons mee. Halberstadt is behoorlijk gehavend, overal zien we puin. We klauteren over puinhopen naar het Wirtschafts-amt (distributiekantoor), daar krijgen we bonnen voor twee dagen. We gingen terug naar het station waar we door de stromende regen kletsnat aankwamen. Spoedig vertrok de trein en reden we bij Wernigerode de Harz binnen.

Het landschap van de Harz maakte indruk op de jongens: *geweldig grote bossen en hoge bergen.* Na Wernigerode reisden ze naar Ilsenburg waar ze uitstapten, ze wilden proberen in deze plaats de grens te passeren.

"Toen we in Ilsenburg informeerden zei men dat het onmogelijk zou zijn de grens te passeren. We wilden het niet meteen opgeven, misschien lukte het de volgende dag en besloten onderdak te zoeken. We bezochten de Russische commandant en stelden hem twee vragen: mogen we morgen hier de grens over en waar kunnen we vannacht slapen. Op de eerste vraag volgde een kort 'Njet'. Voor slaapgelegenheid werden we naar de burgemeester doorverwezen die ons naar een jeugdherberg stuurde waar helaas geen plaats meer bleek te zijn. Toen probeerden we het bij een boer, dat lukte, we mochten in een schuur slapen in een wagen met stro. Dat was in elk geval beter dan de laatste dagen."

Dag 13. Zondag 8 juli: Ilsenburg - Stapelburg

Chris voelde zich uitgerust toen hij en Carel om zes uur opstonden. Ze konden zich wassen en kregen een ontbijt op de boerderij en vertrokken daarna lopend, hun karretje meezeulend. Na vijf minuten bereikten ze een eerste controlepost. Hun verklaring van de Russische commandant van Reichenbach werd geaccepteerd. Dat was hoopvol, als het zo doorging, waren dit hun laatste uurtjes in de Russische zone.

"Na een paar kilometer was er weer een controlepost, ook hier werden we doorgelaten. We werden steeds optimistischer en bereikten het dorp Stapelburg waar de grens zou zijn. Maar ons optimisme werd getemperd toen we mensen uit de tegenovergestelde richting spraken. 'Jullie komen de grens niet over!', riepen ze naar ons. We trokken ons er niets van aan want we hadden immers de verklaring van de Russische commandant uit Reichenbach en waren al twee controleposten gepasseerd. We naderden de grenspaal en zagen in de verte de wachten lopen. Maar toen we op een paar meter afstand waren gekomen, richtte een van de wachten zijn geweer op ons. We probeerden duidelijk te maken dat we Hollanders waren en wezen op onze armbanden. Het hielp niets. We mochten de grens niet over. Hij maakte ons met handgebaren duidelijk dat we terug moesten. We keken elkaar aan, wat moesten we doen? Carel stelde voor dat hij naar de Russische commandant zou gaan, ik bleef bij onze bagage, we wilden het niet zomaar opgeven. We stonden op ongeveer dertig meter van de grens met de Engelse zone en zagen in de verte Engelse soldaten lopen. Zo dichtbij. Na een half uur kwam Carel terug met slecht nieuws: we mochten de grens echt niet over. Met tranen in onze ogen keerden we om, we konden wel janken. Zo dicht bij het vrije westen en dan dit..."

Mopperend en vloekend op de Russen keerden ze terug naar Stapelburg. Alle buitenlanders moesten zich melden in een school, daar troffen ze Belgen en Fransen, net als zij dwangarbeiders. Ze moesten wachten tot er een transport was samengesteld om als groep de grens te passeren. De commandant in Stapelburg mocht pas een transport de grens overzetten na toestemming van de commandant uit het nabije Osterwieck.

Met het vooruitzicht te moeten slapen op houtwol besloten Chris en Carel 's avonds nog een poging te wagen, zonder resultaat overigens. Toen ze terug wilden keren naar de school in Stapelburg arriveerde een Amerikaanse legerauto met soldaten. Ze keken elkaar aan, hoe was dit mogelijk? Het bleek dat twee dagen eerder alle Amerikaanse en Engelse troepen zich achttien kilometer richting het westen uit de Harz hadden moeten terugtrekken. Deze wagen had motorpech gekregen, was gerepareerd en wilde terugkeren naar de Engelse zone. Ze keken alles gelaten aan toen de Russen de Amerikanen ontwapenden en daarna in hechtenis namen. "We begrepen er helemaal niets meer van. De Russen en Amerikanen waren toch bondgenoten?"

Er zat voor de jongens niets anders op dan terug te keren naar de school in Stapelburg, misschien hadden ze de volgende dag meer geluk.

Dag 14. Maandag 9 juli 1945: Stapelburg

Om hun kansen te vergroten besloten de jongens de volgende dag zelf naar de Russische commandant in Osterwieck te gaan, misschien lukte het hem over te halen? Het was een wandeling van zo'n dertien kilometer heen en terug. Ze gingen met z'n drieën, een Belg of Fransman ging ook mee. In Osterwieck was het druk bij de verblijfplaats van de commandant, er stonden wel dertig Duitsers voor de deur. Een Duitse politieagent hield de wacht bij de deur:

Als wij aan komen lopen vliegt hij in de houding, was dat vanwege onze rood-wit-blauwe armbanden? Hij houdt de deur voor ons open en laat ons tot grote verwondering van de Duitsers binnen. De commandant vertelt ons dat we op 16 juli de grens over mogen. We moeten wachten totdat de commandant in Stapelburg ons hierover informeert.

"We waren zowel tevreden als teleurgesteld. Tevreden dat er

duidelijkheid was, teleurgesteld omdat we een week moesten wachten. En geloof me, een week wachten, leek voor ons wel een maand. Geen prettig vooruitzicht, in de school van Stapelburg te moeten blijven. We moesten erop vertrouwen dat de Russen ons nu zouden helpen, maar dat was moeilijk, we waren de laatste dagen herhaaldelijk door hen teleurgesteld. Het was een grote chaos in de Russische zone, dat was ons inmiddels wel duidelijk."

Ze keerden terug naar de school in Stapelburg, er zat niets anders op. Daar hadden Chris en Carel een zeer verrassende ontmoeting, ze kwamen Isaäc Cohen tegen:

"Carel en ik waren enorm verbaasd dat we in Stapelburg Isaäc Cohen weer zagen. Wij hadden hem in Reichenbach leren kennen toen we bij Hagenuk werkten. Hij was een van mensen van de Philipsgroep die daar gedwongen tewerkgesteld waren en zat in een, wat later bleek, Außenlager. Isaäc was één van de joden die 9 juni waren opgehaald om via Praag naar Nederland terug te keren. Wij hadden ook mee gemogen, maar hadden die dag onze vriend Bart Laan in Langenbielau begraven en hadden daardoor een kans gemist om naar huis te gaan. We snapten er niets van, wij wisten niet beter of Isaäc was met de bus meegegaan. Hij vertelde wat er was gebeurd, we kregen het er koud van. Ze waren inderdaad uit Reichenbach vertrokken nadat ze eerst hadden geprobeerd ons op te halen. De groep was langs de Uferstraße gegaan, maar daar waren we natuurlijk niet. Toen waren ze vertrokken richting Praag. De reis ging voorspoedig tot vlak vóór Praag toen de bus via een noodbrug een ravijn moest oversteken, en daar ging het gruwelijk mis. Was de brug niet sterk genoeg? Halverwege sloeg het noodlot toe, de brug hield het niet en de bus stortte in het ravijn. Volgens Isaäc waren er slachtoffers gevallen, hoeveel, dat wist hij niet, hij was bewusteloos geraakt en kwam pas bij in een ziekenhuis. Hij had veel geluk gehad. Na enkele dagen wilde hij het ziekenhuis verlaten maar toen bleek zijn kleding gestolen te zijn. 's Avonds had hij in het donker in zijn ondergoed het ziekenhuis verlaten en wist ergens aan kleding te komen. Zonder dat hij wist wat er met de andere mensen in de bus was gebeurd, ging hij alleen op pad, richting Holland. En zo was hij, net als wij, in Stapelburg terecht gekomen. Carel en ik beseften dat we van geluk mochten spreken dat we die dag niet met de bus mee konden omdat wij afscheid moesten nemen van onze vriend Bart. Het was wrang, maar zijn dood had ons misschien wel het leven gered."

Dag 15. Dinsdag 10 juli 1945: Stapelburg

De volgende dag bleven ze in Stapelburg, en als vanzelfsprekend had Isaäc Cohen zich bij hen gevoegd. De dag stond in het teken van eten vinden want de vorige dag hadden ze geen eten gekregen. Ze besloten naar de burgemeester te gaan en kregen voedselbonnen, extra zelfs, want ze hadden gejokt door te zeggen dat ze deel uit maakten van een groep van acht personen en dat werd geloofd. Ze hadden nu ruim voldoende bonnen voor brood, boter en vlees.

's Avonds aten ze bij de Russische militairen in Stapelburg:

Nadat we plaats hebben genomen aan een smoezelige tafel wordt er soep geserveerd. Niet in een pan maar in een emmer van twintig liter. Ondanks de verroeste pannetjes waaruit we het moeten eten smaakt de soep best. Bijna alles vlees en we krijgen er een homp brood bij. Als we voldaan zijn komen er diepe borden op tafel. Wat zullen we nu weer krijgen? De 'kok' komt aanlopen met een emmer waaruit hij thee in de borden schenkt. We zetten de borden aan onze mond en drinken deze leeg.

Dag 16. Woensdag 11 juli 1945: Stapelburg

Chris, Carel en Isaäc hadden besloten het georganiseerde transport af te wachten, dus bleven ze in Stapelburg. Eigenlijk beviel het ze wel, ondanks dat de reis stillag. Ze kregen ruim voldoende te eten. Even kon de zorg voor reizen, overnachtingsadressen en voldoende eten opzij worden gezet, ze konden wat tot rust komen na twee intensieve weken en dat was niet verkeerd.

Dag 17. Donderdag 12 juli 1945: Stapelburg - ?

Opnieuw waren de jongens de hele dag in Stapelburg in afwachting van het samengestelde transport. Een week zou het duren, maar wie weet hadden ze geluk en werd eerder een groep de grens overgezet. Stiekem proberen was zinloos, ze wisten inmiddels dat soldaten in het bos langs de grens zich in diepe kuilen hadden verschanst. Wie de grens illegaal probeerde over te steken kon rekenen op een kogel of het gevang.

Er was nog geen zicht op een transport, helaas. *Uit verveling plunderen we hier en daar een kersenboomgaard.* Van de burgemeester kregen ze nog steeds voldoende levensmiddelenbonnen dus aan eten was geen gebrek.

Toen ze het die dag niet meer verwachtten, kwam er beweging in hun zaak, nota bene 's avonds om acht uur.

De Russische commandant bezocht met een tolk de school. Om negen uur, zo werd meegedeeld, moesten alle buitenlanders zich melden bij de commandant. Vervolgens zouden ze worden overgedragen aan de Amerikanen. Dat was niet tegen dovemans oren gezegd! Binnen vijf minuten waren Chris, Carel en Isaäc reisvaardig. De Duitse vluchtelingen zagen het gelaten aan, want zij moesten achterblijven.

Vlak voor het vertrek kreeg iedereen een pond boter en een brood voor onderweg. Toen vertrok de groep:

Er kwam een vrachtwagen voorrijden en daar moesten wij, eenendertig man, met bagage op plaatsnemen. De wagen was afgeladen, dus zitten was er niet bij, maar dat maakte ons niet uit want over een uurtje waren we toch bij onze vrienden aan de overkant. Om halftien vertrokken we en reden richting de grens. We waren in een uitstekende stemming maar die sloeg spoedig om want ook nu weer bleek dat we de Russen niet konden vertrouwen. We werden namelijk helemaal niet naar de grens gebracht want de wagen sloeg af en reed in oostelijke richting. Wat waren we kwaad. Het was al behoorlijk donker geworden en wij werden moe van het staan. Eten lukte ook niet, want we konden niet bij onze bagage.

Na een rit van een paar uur kwamen we midden in de nacht aan bij een kazerne met Russische soldaten. We moesten uitstappen en even wachten, maar er gebeurde niets. Uiteindelijk kwam er een soldaat aanlopen die zei dat we maar het beste een paar uur konden gaan slapen wat we zouden 's morgens vroeg pas vertrekken.

Dag 18. Vrijdag 13 juli 1945: ? – Maagdenburg

Ze hadden geen flauw idee in welke plaats ze waren. Waar moesten ze slapen? Een Rus gebaarde richting een boom, ga maar in het gras slapen. Dat deden ze niet, in plaats daarvan bleven ze wakker en liepen maar wat heen en weer tot de dag zich aandiende. Ze zagen de zon opkomen en vroegen zich af wat deze dag weer brengen zou, de geallieerde zone? Zouden ze vandaag eindelijk de grens over worden gebracht? Chris hoopte het vurig maar had twijfels.

Om acht uur die ochtend verlieten ze het legerkamp, niet per militaire auto maar met paard en wagen, begeleid door een Russische officier.

Heuvel op, heuvel af, stapvoets, het schoot niet op. Rond twee uur 's middags kwamen ze in een dorpje, Dingelstedt, waarschijnlijk Dingelstedt am Huy, hemelsbreed misschien een kilometer of twaalf van Stapelburg en de grens met de geallieerde zone. Het paard stopte bij een school waar buitenlanders, waaronder zeer veel Polen en Oekraïners waren ondergebracht. De jongens zetten hun karretje aan de kant van de weg en wachtten af op wat gebeuren ging. Chris was doodmoe, hij pakte zijn deken, ging liggen en viel op straat in slaap. Het kon hem niets schelen, overmand door slaap als hij was. Na enkele uren werd hij wakker en waste zich bij een pomp.

Pas 's avonds om tien uur kwam er weer actie, drie tractoren met elk twee aanhangwagens reden voor waar de groep van eenendertig mensen plaats op moest nemen. Het was al donker toen de kolonne Dingelstedt verliet. Het werd een lange rit die hen naar een Russische kazerne bij Maagdenburg voerde waar ze 's nachts om drie uur aankwamen. Tot hun grote teleurstelling, want ze waren niet dichter, maar veel verder van de grens met de geallieerde zone, ze schatten wel zestig kilometer, een bittere pil. Ondanks de teleurstelling was Chris erg blij dat de rit ten einde was, hij was niet alleen doodmoe, maar had ook erge honger en dorst. Het maakte hem op dat moment niet uit waar hij terecht kwam:

We reden onder een erepoort door van rode sterren, hamers en sikkels en schilderijen en belandden opnieuw in een kazerne. Weer uitstappen en hoe ik dat heb gedaan weet ik niet meer, want ik was op van de slaap. Automatisch zetten we onze bagage neer, pakten onze dekens en vielen ter plekke in slaap.

Dag 19. Zaterdag 14 juli 1945: Maagdenburg

Toen Chris, Carel en Isaäc 's morgens wakker werden was het tien uur. Ze lagen op straat en werden verbaasd aangekeken door passerende Russische en Poolse soldaten. Het slapen op de harde keien eiste zijn tol: ze waren stijf en hadden erge hoofdpijn. Ze konden zich opfrissen in een gebouw waarin een paar centimeter water stond. In droge hoeken van hetzelfde gebouw sliepen Russische soldaten. De jongens vonden het maar een smerige bende, hopelijk was hun verblijf hier van korte duur. De commandant vertelde dat ze 's middags zouden vertrekken, het wachten was op auto's. Die waren er om vijf uur echter nog steeds niet. Ze informeerden naar eten, dat kregen ze: anderhalve liter soep die gedeeld moest worden met eenendertig mensen. Ze gaven de soep aan één van hen, een ondervoede Hollandse vrouw, zij had het harder nodig dan de overige dertig mensen van de groep.

Het wachten duurde ze te lang, ze vroegen de commandant of ze niet op eigen gelegenheid konden vertrekken maar dat werd geweigerd. De jongens trokken zich er niets van aan en wisten op slinkse wijze te ontsnappen: "We liepen richting de uitgang, daar zagen we dat de grote toegangspoort regelmatig werd geopend om legervoertuigen of soldaten door te laten. Toen de wachten op een gegeven moment bij de poort een wagen controleerden zagen we onze kans schoon en wisten ongezien met ons karretje het kamp te verlaten. Buiten de poort liepen we snel verder en namen de eerste de beste zijstraat, toen waren we tenminste uit het zicht van de Russen."

Chris, Carel en Isaäc gingen Maagdenburg in. Carel en Isaäc gingen op zoek naar het Polizei Presidium om te informeren of er een kamp was voor buitenlanders die door de Amerikanen opgehaald zouden worden, Chris bleef met enkele andere Hollanders bij hun bagage. Omdat hij al enkele dagen veel last had van jeuk trapte hij van een nabije, door de bewoners verlaten woning de deur in, kleedde zich uit en kwam tot de ontdekking dat hij onder de luizen zat. Hij nam een bad; uit de linnenkast eigende hij zich schoon ondergoed toe, toen hij klaar was zocht hij zijn vrienden weer op.

Andere buitenlanders sloten zich bij het groepje aan, waaronder Fransen en Belgen. Carel en Isaäc kwamen terug met een adres van een kamp. Om hen rust te gunnen, ging Chris met een Fransman en een Belg poolshoogte nemen. Het bleek om een kamp vol Russen te gaan: zowel mannen als vrouwen en kinderen die daar werden bewaakt.

Chris heeft nooit begrepen waarom al die Russen in het kamp waren en werden bewaakt. De drie mannen vertrouwden het absoluut niet en wilden terugkeren naar hun groep, maar het ging helemaal mis want toen ze terug wilden gaan stopte een luxe wagen waar een Russische officier uitstapte die zijn wapen op hen richtte: "Hij dacht waarschijnlijk dat we net uit het kamp waren ontsnapt. We protesteerden, maar dat hielp niets, hij begreep ons natuurlijk niet. Het resultaat was dat wij gedwongen werden het kamp in te gaan. Daar zaten we dan: opgesloten. We werden gelukkig niet in de gaten gehouden en besloten te kijken of er een mogelijkheid was te ontsnappen. We liepen het kamp door, en aan de achterkant lukte het om over een met prikkeldraad afgezet hek te klimmen. Snel keken we om ons heen of iemand ons had gezien. Nee, het leek veilig. We waren in een weiland terechtgekomen en zetten het op een lopen, in de verte was het talud van een spoorlijn, als we dat konden bereiken waren we veilig. Plotseling klonken er schoten, een wacht had ons gezien. We lieten ons meteen in het gras vallen en bleven roerloos liggen, geschrokken als we waren. Zo bleven we een poosje liggen maar toen er verder niets gebeurde kwamen we weer overeind en gingen verder. De spoorlijn was enkele tientallen meters verder, we holden voor ons leven en bereikten hem ongedeerd."

Voor de zoveelste keer had Chris een hachelijke situatie overleefd maar tijd om er bij stil te staan had hij niet. Want de drie mannen wilden zo snel mogelijk naar hun groep terugkeren; de achterblijvers waren vast ongerust waar ze bleven.

Eenmaal herenigd kwamen de drie mannen in een ander kamp terecht dat tot voor kort was gebruikt door Engelsen. Het was netjes ingericht, er brandde zelfs licht. Hun avondmaal bestond uit kersen, frambozen, aalbessen en aardbeien die ze plukten in een boomgaard. Ze moesten toch eten? Iets anders hadden ze niet. Na enkele dagen konden ze eindelijk weer slapen in een echt bed. Chris hoopte op een goede nacht en met die gedachten viel hij rond een uur of elf in slaap.

Dag 20. Zondag 15 juli 1945: Maagdenburg - Harbke

Na een prima nacht werd Chris om negen uur wakker. Hij was nu bijna drie weken onderweg en de moeheid sloeg herhaaldelijk toe, dus een goede nacht was mooi meegenomen. Het was heerlijk om een bad te kunnen nemen. Omdat ze nog steeds geen eten hadden, scharrelden ze hun ontbijt net als hun avondeten van de vorige dag in een boomgaard bij elkaar.

's Middags om drie uur verlieten ze het voormalige Engelse kamp en trokken hun bagagewagentje naar het hoofdstation van Maagdenburg. Over deze wandeling deden ze een uur. Rond halfvijf zou een trein in westelijke richting vertrekken. Hoe lang zou het nog duren voor ze in de geallieerde zone zouden zijn? De vorige dag was het in dat weiland na de ontsnapping uit het kamp bijna misgegaan. Het was niet de eerste gevaarlijke situatie tijdens zijn terugreis geweest, ook de tocht over de zandvlakte met de mijnen was erg riskant geweest. Maar hij, Carel en Isaäc bleven hoopvol.

In het centrum van Maagdenburg zagen ze de gevolgen van geallieerde aanvallen: niet alleen het station maar ook de omgeving was veranderd in puinhopen. Maar er waren ook minder getroffen stadsdelen waar zelfs de tram al weer reed.

Ondanks het feit dat het station zwaar beschadigd uit de oorlog was gekomen, was treinverkeer, wellicht op beperkte schaal, mogelijk. Precies om halfvijf vertrok de trein, afgeladen met vluchtelingen en buitenlanders zoals Chris, Carel en Isaäc, opgelucht dat ze weer onderweg waren. Al kon niemand hen vertellen hoe ver ze met deze trein zouden komen maar ze gingen in elk geval richting de grens:

Om halfzes stopte de trein in Mariënborn. Hier was het laatste station in het door het Rode Leger bezette gebied en zou de Russisch-Amerikaanse grens zijn. Iedereen moest dus uitstappen. Carel en Isaäc bleven achter en ik zou hier en daar informeren waar de grens was. Ik kwam erachter dat het helaas onmogelijk was om in Mariënborn de grens te passeren want de Russen lieten niemand langs. Toen ik dat hoorde veranderde mijn houding; het was nu of nooit, ik moest en zou hier over de grens. Ik wilde mijn leven in de waagschaal werpen, dood of levend, ik wilde het proberen, met mijn vrienden. Want ik wilde hen natuurlijk niet in de steek laten. Ik wilde niet langer met me laten spelen, in het bijzonder door de Russen want die begon ik steeds meer te haten. Waarom mochten wij als vrije mensen niet naar ons vaderland terugkeren? We waren toch bondgenoten van elkaar?

Dat Chris opstandig werd, was niet zo vreemd. De jongens hadden al zoveel tegenslag gehad. Voor het eerste gedeelte van hun reis was de verklaring van de lokale Russische commandant in Reichenbach waardevol geweest. Toen hadden ze vertrouwen gehad in het Rode Leger, maar de laatste week hadden ze hun mening bijgesteld. Ze waren zwaar teleurgesteld in de beloften van verschillende Russische militairen. Nog steeds verbleven ze in de Russische zone, en de drang om die te verlaten werd met het uur groter.

Met het slechte nieuws ging Chris op weg naar Carel en Isaäc. Onderweg ontmoette hij echter een Belg waarmee hij aan de praat raakte en die hem vertelde dat hij stiekem de grens was overgestoken. Chris kon het bijna niet geloven en vroeg hem waar dat kon.

'Goed', zei hij, 'ik zal het je vertellen, maar ik zeg je erbij, je speelt met je leven. Het is erg gewaagd, want als je wordt gesnapt, dan is het met je gebeurd. Maar als je geluk hebt, ben je aan de overkant'.

De Belg legde uit hoe het hem was gelukt en met dat nieuws kwam Chris bij Carel en Isaäc terug. Alle drie wilden ze proberen op deze manier de Amerikaanse zone te bereiken; ze waren helemaal klaar met de beloften van de Russen. "We besloten meteen een poging te wagen. We moesten door een bos; we slopen er als een stelletje boeven door en kwamen toen in het gehucht Harbke, op ongeveer vierhonderd meter van de grens. In het dorp vroegen we aan enkele mensen waar we het beste de grens konden oversteken. Ze vertelden het ons, maar we kregen het advies om het de volgende ochtend vroeg te proberen."

Dat leek hen verstandig, maar waar moesten ze slapen? In Harbke was onmogelijk, het was de bewoners door de Russen namelijk ten strengste verboden onderdak aan vluchtelingen te verlenen. Iemand stelde voor in de kerk, althans wat daarvan over was, te overnachten. Het dak en de ramen waren kapot, de vloer lag bezaaid met puin en glas. Moesten ze in deze ruïne de nacht doorbrengen? Er was geen alternatief. Ze aten enkele sneden droog brood en draaiden een sigaret van bukshag.

Die nacht sliepen ze tussen het puin in de kerk van Harbke. Chris en Carel op een grote tafel, Isaäc vond een plek achter het gekantelde altaar. De grens met de geallieerde zone was dichtbij, zou het eindelijk lukken om de grens te passeren? Met die gedachten probeerde Chris wat te slapen, maar dat lukte amper.

Dag 21. Maandag 16 juli 1945: Harbke - omgeving Hannover

Nee, Chris had niet goed geslapen, hij werd om vier uur wakker van de kou en de hoofdpijn, maar ook emoties speelden hem parten. Ze waren nu drie weken onderweg, het zou een spannende dag worden, zou het lukken illegaal de grens te passeren? Of zouden ze 's avonds, opgepakt door de Russen, weer in een kamp terecht zijn gekomen? Of nog erger: zouden ze worden neergeschoten? Er ging van alles door hem heen. Hij moest zich vermannen. Gelukkig werden Carel en Isaäc spoedig wakker. Zodra ze naast de tafel stonden waren ze klaar voor vertrek:

We hoefden ons niet aan te kleden, want we hadden met ons kleren aan geslapen. Wassen konden we ons niet, want er was geen water. Met honger, dorst, ongewassen gezicht en ongekamde haren vingen we onze reis aan.

Ze gingen op pad, de zware bagagewagen meetrekkend. In Harbke kwamen ze langs een huis, ondanks het vroege uur zag een oude vrouw hen langs trekken. Ze bood de jongens koffie aan, *wat ons goed bekwam*. Daarna verlieten ze Harbke en liepen over een landweg, geflankeerd door korenvelden, richting de grens. Dat laatste woord had inmiddels een magische klank voor hen; zou het vandaag lukken in de geallieerde zone te komen? Die gedachte overheerste tijdens de voettocht door het korenveld naar de grens. Toen ze naar schatting honderd meter van de grens waren, hadden ze een groot probleem. Ze realiseerden zich dat het onmogelijk was al hun bagage mee te nemen. Ging het onderweg om wat voor reden dan ook mis, dan zouden ze niet snel kunnen vluchten met het karretje:

Wat we niet dringend nodig hadden, gooiden we weg want we wilden zo weinig mogelijk bagage meenemen. Een aktetas met inhoud verdween, twee paar schoenen, een kist waar nog wat boter in zat, een broek en ten slotte ook onze trouwe wagen. Alles lieten we achter in het korenveld. Niemand mocht het zien, want als het ons niet lukte over de grens te komen dan zouden we alles weer ophalen. Carel had z'n koffer en een rugzak, Isaäc alleen maar een zak met wat kleren (omdat hij uit het concentratiekamp kwam, had hij niet zoveel) en ik droeg een grote en een kleine koffer.

"We voelden de spanning in ons lichaam toen we ons daar in het korenveld gereed maakten om richting de grens te gaan. Voor ons was het een kwestie van leven of dood. Zelden ben ik zo nerveus geweest. We keken als angstige dieren om ons heen om te zien of er geen soldaten waren, alles leek veilig. Isaäc stelde voor om vooruit te gaan, hij had de minste bagage en zou - indien nodig - sneller kunnen vluchten. Hij zou ons in dat geval uiteraard waarschuwen.

We waren de grens op pakweg vijftig meter genaderd toen Isaäc gebaarde dat we moesten gaan liggen; Carel en ik doken meteen naar beneden. Op handen en voeten kroop Isaäc naar ons terug; hij had een grenswacht gezien. Met kloppend hart wachtten we af of er iets ging gebeuren. We hoorden iemand naderen, mijn hart ging als een gek tekeer. Plotseling keken we in de loop van een Russisch geweer, we stonden op, bang voor wat komen ging. De soldaat vroeg wat we hier deden, althans dat maakten we op uit zijn woorden. We lieten hem het document van de Russische commandant uit Reichenbach zien en wezen op onze rood-wit-blauwe armbanden. 'Hollandsky!', probeerden wij. Hij las de verklaring en mompelde iets waaruit we opmaakten dat we terug moesten gaan in de richting van Harbke. Natuurlijk waren we erg teleurgesteld dat het niet was gelukt om de grens over te komen. Maar we waren blij dat we ook nu weer geluk hadden gehad, want voor hetzelfde geld had hij ons neergeknald. Hadden we ons leven te danken aan onze door Maria Hellenberg gemaakte armbanden? Want Duitsers, dat wisten we inmiddels, werden meteen gevangen genomen."

De jongens keerden terug naar de landweg. Na overleg besloten ze het nog niet op te geven. Ze volgden de landweg verder, na een paar honderd meter zouden ze dan opnieuw via het korenveld een poging wagen. Ze ontmoetten een groepje van zes Duitse vluchtelingen, zij waren onderweg naar huis en moesten ook de grens over. Ze hadden een boer ontmoet die aan beide kanten van de grens over land beschikte en hen wilde helpen naar de overkant te komen.

De boer ging met zijn fiets voorop, op enige afstand volgden de zes Duitsers en daarna kwamen de jongens.

Weer ging het in de richting van de grens. Telkens keken we om ons heen of er geen wacht te zien was. We waren op ongeveer vijftien meter van de grens toen er een wacht aan kwam hollen, heftig met zijn geweer zwaaiend, hij schreeuwde van alles naar ons. De soldaat maakte aanstalten zijn geweer aan te leggen om op ons te schieten, maar wij gingen er zo snel mogelijk vandoor.

Opnieuw gedesillusioneerd trokken ze zich terug in een weiland waar het gras wel een halve meter hoog stond. De twee pogingen hadden veel van hun krachten gevergd en vooral van hun zenuwen. Ze moesten even bijkomen en zich herpakken, ondertussen hielden ze de omgeving scherp in de gaten want veilig voelden ze zich allerminst. Ze lagen daar wel anderhalf uur en zagen hoe Russische militairen het groepje Duitse vluchtelingen oppakten en afvoerden. De Russen zochten de hele omgeving verder af maar Chris, Carel en Isaäc werden niet gevonden. Toen ze ervan overtuigd leken te zijn dat er geen andere vluchtelingen meer in de buurt waren, vertrokken de Russen met de gevangen genomen Duitsers.

In de hoop dat de Russen voorlopig niet zouden terugkeren besloten ze een derde poging te wagen onder het motto: *Driemaal is scheepsrecht.*

Ze volgden de landweg nog een stuk verder, en kozen vervolgens een route door een suikerbietenveld. Aan de ene kant een gevaarlijke route want eventuele grenswachten zouden hen gemakkelijk kunnen opmerken maar aan de andere kant betekende het ook dat de jongens de grenswachten op grote afstand konden zien. Tenzij soldaten zich ook hier, net als in de omgeving van Stapelburg in diepe kuilen hadden verscholen. Ze liepen door het veld, op van de zenuwen:

Nerveus kwamen we steeds dichter bij de grens die gevormd werd door een weg. Het leek wel een magneet want we gingen steeds sneller lopen. En zo stonden we onverwachts voor de straat (grens). In de beschutting van een kapotgeschoten boom keken we gespannen om ons heen. We aarzelden, zouden we het wagen of niet? Het was een kwestie van leven of dood. Aan de andere kant van de weg wachtte de zo lang verwachtte vrijheid of... de dood. Ik zei tegen de jongens: 'Wat doen we? Gaan er erover of niet?' 'Ja, natuurlijk', zei Isaäc. 'Met z'n drieën tegelijk, er mag niemand achterblijven.' Ja, met elkaar tegelijk de dood in of de vrijheid tegemoet. En met een 'Ja, daar gaan we', van Carel staken we de grens over, we liepen zo hard als we konden met onze bagage. Zenuwachtig en met kloppend hart holden we voort terwijl we in de gaten hielden of we geen soldaten zagen want we waren bang dat we elk ogenblijk een schot konden horen en dan zou het met ons zijn gedaan. Ongeveer honderd meter voor ons was een korenveld. Als we dat konden bereiken waren we waarschijnlijk gered. Doodmoe en op van de spanning bereikten we godzijdank het korenveld. We lieten ons meteen neervallen want we konden echt niet meer. Maar we waren de grens over! Toen we wat op verhaal waren gekomen zei ik tegen de jongens: 'Ik moet zeker weten of dit geallieerd gebied is, eerder ben ik niet gerustgesteld'.

Een stukje verderop was een boer aan het hooien, Carel ging naar hem toe om het te vragen. 'Ja, jongens, we zijn vrij hoor!', riep Carel toen hij terugkwam. Eindelijk waren we vrij, we omhelsden elkaar en van blijdschap sprongen de tranen ons in de ogen. We konden bijna geen woord uitbrengen, zo erg geëmotioneerd waren we. Dit was het mooiste ogenblik in ons leven.

Al voelde het een beetje als thuiskomen nu ze in de geallieerde zone waren, thuis waren ze natuurlijk allerminst. Maar wat voelden ze zich bevrijd, daar in het korenveld vlakbij Helmstedt!

Het was ze gelukt om op een bijna historische locatie de grens tussen de bezettingszones te passeren want er vlakbij was Helmstedt-Marienborn sinds 1 juli 1945 de eerste controlepost op de scheidingslijn van de Britse en Russische bezettingszone. Het zou de belangrijkste grensovergang van de Duits-Duitse grens worden maar dat alles wisten de jongens op dat moment niet.

Geëmotioneerd trokken ze verder, ontspannen. Eindelijk waren ze van de Russen af. Hoe ze verder moesten? Ze zouden het wel zien, maar ze waren er nu van overtuigd dat ze hun familie zouden weerzien - wat zou er nu nog mis kunnen gaan?

De geallieerde zone

Spoedig kwamen ze in een dorp en klopten aan bij een barak waar enkele mensen zaten te eten. Ze vroegen om drinken en mochten zoveel koffie als ze wilden. De jongens aten wat brood en konden zich wassen: "We waren die ochtend ongewassen uit de kerk van Harbke vertrokken, hadden in het korenveld en het weiland gelegen en voelden ons erg vies. Het opfrissen was heerlijk, we knapten er enorm van op, we voelden ons weer mens worden."

Ze bleven wel een paar uur in de barak, 's middags om twee uur voelden ze zich voldoende uitgerust en trokken verder. Het drietal wilde graag nog wat opschieten, zo ver mogelijk van die vreselijke grens vandaan. Ze bereikten de Reichsautobahn van Berlijn naar Hannover, misschien lukte het hier een lift te krijgen. De jongens hoefden niet lang te wachten, een kolenwagen nam hen mee.

De rit ging door Helmstedt, daar zagen ze zowel Engelsen als Amerikanen, wat voelde dat goed! Na Helmstedt ging de kolenauto via Braunschweig richting Hannover. Het was prachtig weer, het werd een prettige rit, maar dat kwam vooral doordat ze zich vrij voelden.

Eindelijk, na bijna twee jaar voelde Chris zich weer een vrij man, ook al reden er honderden legerauto's voorbij. Het waren ditmaal geen Russische maar Engelse en Amerikaanse wagens en dat voelde heel anders. De herinneringen aan hun gedwongen vervoer in de Russische legerauto vanuit Stapelburg, slechts enkele dagen geleden, lag nog vers in het geheugen.

De lift eindigde een kilometer of zes ten oosten van Hannover, de kolenauto moest toen een andere richting op dan zij. Daar stonden ze, aan de kant van de weg. Omdat het was begonnen te regenen besloten ze te schuilen bij een benzinestation. Daar voelde Chris zich niet goed worden, hetgeen hij weet aan de spanningen en de slechte nacht. Hij haalde zijn deken tevoorschijn, zocht een geschikte plek en probeerde op de grond wat te slapen, wat niet lukte.

Het regende langdurig, ze waren niet de enigen die schuilden bij het benzinestation want er arriveerde een jeep met Amerikaanse soldaten. Ze raakten met elkaar aan de praat, in het Engels, want Carel en Isaäc spraken het een beetje. En verder communiceerden ze met handgebaren.

De soldaten vertelden dat ze met verlof naar Holland gingen omdat ze Holland zo mooi vonden en omdat ze het hadden bevrijd. Eén van hen had ingekwartierd gelegen in Amstelveen en sprak zelfs wat Hollands.

Het slechte weer belette hen verder te trekken, ze besloten daarom te overnachten in het benzinestation. Wederom op de grond, tussen hun dekens met hun jassen als kussen. Doodop was Chris, maar wel ontspannen, hij viel spoedig in slaap.

Dag 22. Dinsdag 17 juli 1945: Hannover

De volgende ochtend werden ze vroeg wakker. Ook nu waren ze snel klaar want er was geen water om zich te wassen. Ze probeerden een lift te krijgen naar het nabije Hannover en dat lukte vlot. Net als Dresden was ook Hannover zwaar getroffen, zo'n negentig procent van de stad was verwoest door ruim tachtig geallieerde aanvallen van medio 1940 tot begin 1945. Daarbij waren meer dan zesduizend mensen omgekomen.

Chris en Carel waren ook niet op de hoogte van het feit dat die dag, 17 juli 1945, een historisch overleg begon: de Conferentie van Potsdam, die zou duren tot en met 2 augustus. Potsdam, waar voor Chris en Carel de ellende was begonnen in Durchgangslager Rehbrücke. De 'Big three', de geallieerde leiders Churchill, Truman en Stalin, kwam bijeen in Cecilienhof waar de toekomst van Duitsland, ruim twee maanden na de capitulatie, werd besproken. Het was feitelijk een vervolg op de Conferentie van Jalta eerder dat jaar tussen 4 en 11 februari toen Churchill, Roosevelt en Stalin zich alvast hadden gebogen over de toekomst van de wereld na beëindiging van de Tweede Wereldoorlog. Een van de agendapunten in Jalta waren de nieuwe grenzen van bezettingszones in Duitsland en die in Oost-Europa. En die grenzen, met name van de bezettingszones in Duitsland, waren voor Chris, Carel en Isaäc behoorlijke obstakels geweest. Letterlijk en figuurlijk.

Hannover maakte herinneringen los bij Chris. Toen hij uit Kwadijk was vertrokken had hij zijn eerste gedwongen nacht in Duitsland doorgebracht in een schuilkelder onder het station in Hannover. Het was er benauwd geweest en vol met stinkende buitenlanders. In 1943 moesten ze schuilen voor luchtalarm, en nu zag hij waartoe de geallieerde aanvallen hadden geleid.

De jongens trokken door het verwoeste centrum en zagen dat er van het Haupt-Bahnhof slechts een puinhoop resteerde. Wat zou er van die schuilkelder over zijn, zouden ook daar slachtoffers zijn gevallen? Er werd overigens hard gewerkt de bende te ruimen.

Ze gingen op zoek naar het kantoor van de Amerikaanse commandant, daar werd hen verteld dat ze zich moesten melden bij de Hollandse delegatie in een groot verzamelkamp. De jongens werden er met een grote legertruck naartoe gebracht en ingeschreven, vervolgens kregen ze een etenskaart en een pakje shag.

Het eten was goed: eerst een warme maaltijd en daarna brood, boter en worst. In het kamp waren veel buitenlanders ondergebracht, vooral Polen en Oekraïners, waarschijnlijk vluchtelingen die terug moesten naar het oosten. Omdat ze alle drie erg moe waren besloten ze vroeg te gaan slapen, ditmaal in een echt bed. Ze waren nog ongeveer vierhonderd kilometer van huis.

Dag 23. Woensdag 18 juli: Hannover - Diepholz

Ze hadden een uitstekende nacht en werden om acht uur wakker. Twee uur later werd bekendgemaakt dat een groep met vijfenzestig Franse krijgsgevangenen op transport zou worden gezet. Chris, Carel en Isaäc kwamen terecht in een legertruck met Nederlandse politieke gevangenen. Voor vertrek kreeg iedereen vijf sigaren.

Toen vertrok de kolonne die uit zes Canadese militaire wagens bestond waarvan elke auto was getooid met een Nederlandse vlag. De stemming onder de passagiers was uitstekend en de verhalen kwamen spoedig los. De groep bestond uit mannen, vooral politieke gevangenen die uit verschillende kampen waren bevrijd. De tocht duurde een paar uur met als eindbestemming het stadje Diepholz. Daar werd de groep ondergebracht in een fabriek en begon feitelijk het proces van repatriëring dat startte met een politiek onderzoek door een luitenant van het Nederlandse leger:

Wij hebben helemaal geen last maar er zijn bij onze groep enkele NSB'ers. Zij worden naar een aparte kamer afgevoerd. Daarna worden we met wit

poeder behandeld tegen de luizen. Dit wordt met een soort blaasbalg in de
kleren en in de koffers geblazen.

Toen dat alles achter de rug was kregen ze een heerlijke, warme maaltijd
en meer *rookwerk*. Ze moesten overnachten in de fabriek die door de
Engelsen met bedden was ingericht.

Dag 24. Donderdag 19 juli 1945: Diepholz - Rheine

Ontspannen vertrokken ze de volgende morgen uit Diepholz. Chris,
Carel en Isaäc zaten ditmaal in een wagen met Franse krijgsgevangenen.
Voor onderweg kregen ze weer sigaren mee.

Na een prima rit van ruim tachtig kilometer stopten de wagens in Rheine,
wat waren ze nu dichtbij hun vaderland! Ook hier werden ze
ondergebracht in een doorgangskamp waar de procedure van de vorige
dag werd herhaald: een politiek onderzoek en een behandeling tegen
luizen.

Hierna kregen ze een diner in de kantine waar lange, keurig gedekte
tafels klaar stonden, ze mochten zoveel eten als ze wilden. Na het eten
werden pakjes Amerikaanse Marvels sigaretten en sigaren uitgedeeld. 's
Middags rond een uur of vier zou het transport verder reizen naar
Holland, daarom waren ze in een prima stemming. Nog even en ze
zouden na ruim twee jaar afwezigheid weer voet zetten op Hollandse
bodem!

De jongens hadden met enkele politieke gevangenen al plaatsgenomen in
een Canadese militaire wagen toen Chris en Carel tot hun grote
verbazing en teleurstelling moesten uitstappen. Wat was er aan de hand?
Het bleek dat ze eerst nog een medisch onderzoek zouden krijgen al hield
dat weinig in. De dokter tekende alleen hun identiteitsbewijs af maar
hierdoor misten ze helaas wel het transport. Wat ze het meest betreurden
was dat Isaäc verder was gereisd want hij had de controle al gehad. Ze
hadden geen afscheid van elkaar kunnen nemen, dat vonden ze erg
spijtig. Ze hadden zoveel meegemaakt samen.

Omdat er die dag geen ander transport meer naar Enschede zou
vertrekken, moesten ze overnachten in Rheine, een tegenvaller, dat wel.
In een van de barakken van het doorgangskamp kregen ze een kamer
toegewezen. De avondmaaltijd bestond uit een rijkelijk met vlees gevulde
soep, brood en worst. Rond negen uur vonden ze het welletjes en zochten

hun bedden op. Morgen zouden ze eindelijk dan in Holland zijn. Met een geluksgevoel viel Chris die avond in slaap, het werd vast en zeker zijn laatste nacht in Duitsland.

Terug in Nederland

Dag 25. Vrijdag 20 juli 1945: Rheine - Enschede

Toen ze opstonden waren ze ervan overtuigd dat dit hun laatste uurtjes in Duitsland waren en dat was gelukkig ook zo. "We waren onuitsprekelijk blij dat we Duitsland gingen verlaten, wat voelden we ons weer vrij!"

Bij Glanerbrug arriveerden ze in Nederland, een bijzonder emotioneel moment. Na twee jaar was Chris weer terug in Holland. Er ging heel wat door hem heen. Zijn gedachten gingen terug naar 24 juni 1943, toen hij zeer tegen zijn zin het land had verlaten en bij Oldenzaal de grens was overgegaan. Hij hoopte toen met een week of zes, hooguit acht, weer thuis te zijn. Maar nu was het ruim twee jaar later, twee jaar, vijfentwintig maanden. Hij was blij dat hij dat van tevoren niet had geweten. Het was een zware tijd geweest waarin hij volwassen was geworden, hij was 18 toen hij vertrok, nu was hij 21.

Bij de grens controleerde de douane. Chris glimlachte in zichzelf, dit was de zoveelste controle tijdens zijn terugreis. Maar wel de eerste die hij met een ontspannen gevoel onderging want natuurlijk had hij niets te vrezen, ook om zijn dagboek maakte hij zich geen zorgen meer. Zijn koffers werden gecontroleerd op politiek getint materiaal, dat had hij natuurlijk niet:

Van mij hebben ze alleen maar m'n gasmasker afgenomen. 'Want', zeiden de heren, 'de oorlog is voorbij en dat ding heb je niet meer nodig.'

Het gasmasker had Chris gestolen van Organisation Todt. Hij moest aan het einde van de oorlog met joden en Carel een treinwagon met allerlei militaire materialen legen. Chris en Carel hadden daar toen gasmaskers achterovergedrukt, er was gerede angst geweest voor een gasaanval, het had hen verstandig geleken zich de gasmaskers toe te eigenen.

Nee, Chris en Carel hoefden zich geen zorgen te maken maar dat gold niet voor iedereen van hun transport. Vier NSB'ers, een SS'er en een lid van de Kriegsmarine werden aangehouden en meteen afgevoerd. Naast hun gasmaskers moesten Chris en Carel hun Duitse geld inleveren. Toen ze aan deze formaliteiten hadden voldaan was het tijd voor een maaltijd, verzorgd door het Nederlandse Rode Kruis.

Glanerbrug was niet hun eindpunt, dat was Enschede. Ze werden er met een touringcar naartoe gebracht en in een fabriek ontvangen:

We kregen brood met boter en worst en werden welkom geheten door middel van een circulaire. In de paar uur die we in Holland waren voelde alles allemaal nog erg vreemd.

In zijn dagboek nam Chris de circulaire op die hij in Enschede ontving:

Welkom in "Nederland"

Repatrieerende landgenoten!

Allereerst: hartelijk welkom op den vaderlandschen bodem, die U, na maanden- of jarenlange afwezigheid weer hebt betreden.

In uw harten leeft slechts één verlangen, één brandende begeerte: naar huis! De eerste étappe is achter de rug nu gij weer aan de goede kant van de grens zijt gekomen. Maar nu laat de volgende stap nog even op zich wachten. Nederland is niet meer hetzelfde als toen gij het verliet en gij zijt niet meer dezelfde als toen gij Nederland verliet. Er is veel gebeurd met U en met ons. Deze beide omstandigheden remmen uw thuisreis en op die beide leest u hier een korte toelichting.

Nederland is door de Duitschers "uitgewoond". Er is weinig eten en er zijn weinig vervoermiddelen, de wegen zijn stuk en het woningvraagstuk is beangstigend. De bezetter schakelde jarenlang velen van onze beste burgers uit.

In die enkele weken van onze Vrijheid was van deze verwoesting geen gladloopende machinerie te maken. Uw reis naar huis wordt georganiseerd, maar in het licht van het bovengeschrevene zult gij begrijpen dat uw gedachten sneller zijn dan de technische mogelijkheden. En wat U betreft: Hoe is uw kleeding, uw gezondheid, uw reinheid en hoe zijt gij zelf? Want allen zijn wij in deze jaren veranderd.

Zonder aanzien des persoons sleepte de slavenhaler u weg. Hij gaf niet om uw lichamelijke toestand, om uw huiselijke omstandigheden, om uw karakter. "Herrijzend Nederland" geeft daar wél om en zelf geeft gij er óók om. Want Nederland gaat niet "zoomaar" herrijzen: het zal herrijzen zooals wij het doen herrijzen.

Wij kunnen niet "zoomaar" duizenden menschen over het Westen verspreiden. Gij wordt schoongemaakt en gekeurd: u wordt tevens geregistreerd en u ontvangt een kaart die voorloopig dient als persoonsbewijs. Er moet worden gezorgd voor middelen van vervoer, en in een woonplaats moeten voorzieningen worden getroffen. Gij gáát naar huis en wel zoo spoedig mogelijk. Maar samen zijn wij verplicht onze verlangens niet met ons verstand op den loop te laten gaan.

In wederzijdsch begrijpen en in een sterk verantwoordelijkheidsbesef jegens onze gezinnen, ons land en ons volk doen wij ons plicht.

Nederland is vrij: voor óns. Onze hersens en onze handen, onze idealen en ons geloof gaan bouwen aan het land onzer vaderen. Gij kunt hier even diep ademhalen (al ging u liever meteen op pad naar huis!) en daarna zijt gij ook weer volledig ingeschakeld.

Het Vaderland wacht u en ontvangt u met open armen. Het heeft u noodig en het rekent op u.

Hoofd Dienst der Repatrieering, Grensvak II (Overijssel).

In juli 1945 was het hoogtepunt van de repatriëring al voorbij want die lag in de maanden april en mei. Elke repatriant doorliep een vaste procedure; eenmaal de grens gepasseerd werden zij opgevangen in speciale ontvangstcentra van het Bureau voor Evacuerings-, Repatriërings- en Verzorging van Oorlogslachtofferszaken van het Militair Gezag. Deze instantie vormde het dagelijks bestuur van de in 1944 en 1945 bevrijde delen van Nederland in naam van de Nederlandse regering in Londen. Het zojuist genoemde bureau was verantwoordelijk voor zowel opvang en verzorging als het vervoer naar huis van *Displaced Persons,* de mannen en vrouwen die korte of langere tijd in Duitsland waren geweest. De belangrijkste opvangcentra lagen rond Breda, Eindhoven, Enschede, Groningen, Maastricht en Nijmegen.

In Enschede vond opnieuw een politiek onderzoek plaats. Collaborateurs, NSB'ers en degenen die vrijwillig naar Duitsland waren gegaan of na Dolle Dinsdag, werden meteen door Hollandse soldaten overgebracht naar een interneringskamp.

Chris en Carel werden in Enschede geregistreerd. Ze kregen beiden een kaart namens het *SHAEF* (Supreme Headquarters Allied Expeditionary Force), het hoofdkwartier van de Opperbevelhebber (de Amerikaanse generaal en latere president Dwight D. Eisenhower) van de geallieerde troepen in noordwest Europa. De SHAEF werd eind 1943 ingesteld en bleef operationeel tot het einde van de oorlog. De instantie was in een groot gedeelte van Europa verantwoordelijk voor de repatriëring van Displaced Persons, waarvan het grootste gedeelte als dwangarbeider in nazi-Duitsland terecht was gekomen.

Op de kaart waren naast persoonlijke ook medische gegevens opgenomen en werd in ontvangstcentra verder bijgehouden en gebruikt om de familie van de betreffende repatriant te informeren.

Dag 26. Zaterdag 21 juli 1945: Enschede

De dag stond uiteraard in het teken van Chris' en Carels repatriëring. Ze waren dan wel terug in hun vaderland, maar nog niet thuis.

Na het ontbijt werden ze in een fabriek die daarvoor speciaal was ingericht, met DDT ontluisd. Ze moesten al hun kleding inleveren en zelf ongeveer een kwartier in bad, daarna werden ze met behulp van warme lucht gedroogd en onderzocht door een arts. De medische dienst werd bijgestaan door medewerkers van het Nederlandse Rode Kruis. Vervolgens konden ze hun kleding weer ophalen. Voor Chris en Carel verliep de procedure onverwachts anders. "Nadat ik was onderzocht zei de arts: 'Ga maar naar boven'. 'Naar boven?', vroeg ik. 'Wat moet ik daar doen?' Ik was toch niet ziek? 'Nee', zei de dokter. 'Maar je hebt een ziekte meegebracht die veroorzaakt is door de luizen. Met een dag of twee ben je er van af.' Ik ging naar boven en trof daar Carel, hij bleek hetzelfde te hebben. Dat was een enorme tegenvaller want nu moesten we een paar dagen hier blijven terwijl we zo hadden gehoopt verder te kunnen reizen, misschien zelfs wel naar huis maar dat zat er dus niet in.

We moesten ons insmeren met zalf, daarna kregen we een bed toegewezen en moesten onze kleren ophalen. Toen terug naar de ziekenafdeling. We kregen te eten en een pakje sigaretten en vijf sigaren. We staken een sigaret op en praatten wat over de pech die we hadden want het viel ons zwaar tegen. Het enige positieve van de situatie was dat we allebei ziek waren. Natuurlijk keken we terug op onze terugreis. We waren nu al zover gevorderd en hoopten dat we over een paar dagen echt naar huis konden. In ieder geval waren we weer in Nederland! Voor we gingen slapen schreven we een briefkaart naar onze ouders om te laten weten dat alles goed met ons was en dat we al in Holland waren, maar pas over enkele dagen naar huis konden komen. Iemand van de repatriëringsdienst bracht de kaarten naar de post."

Dag 27. Zondag 22 juli 1945: Enschede

De hele dag moeten we op de 'Ziekenafdeling' blijven. We vervelen ons dood, de enige afleiding die we hebben is wat lezen of roken. Eten krijgen we voldoende en goed. Gisteren moesten we ons helemaal insmeren met zalf, vandaag moeten we het nog een keer doen en hopelijk zijn we dan morgen 'schoon'. We liggen gelukkig niet alleen op de ziekenzaal, maar met ongeveer dertig mannen. Hiervan zijn er zeven die net als wij scabiës hebben, de rest ligt hier met geslachtsziekte, sommigen liggen hier al acht weken.

Dag 28. Maandag 23 juli 1945: Enschede

De dag begon met een ontsmettend bad voor alle scabiës-patiënten, waarna ze werden onderzocht door een arts. Het was spannend voor Chris en Carel, hoe stonden ze ervoor? De genomen maatregelen hadden gewerkt; ze waren hersteld.

's Middags kregen ze de bevestiging toen hun namen werden omgeroepen. De bagage van de jongens werd op een wagen geladen. Een groep van ongeveer honderd mensen mocht het ontsmettingsgebouw verlaten en werd overgebracht naar een fabriek in Enschede die als zogenoemde 'Verzamelplaats Vertrekkenden' was ingericht.

Chris was na twee jaar Duitsland kennelijk zo gewend geraakt aan het woord Lager, dat hij het nu ook gebruikte voor de opvang in de fabriek. De jongens werden in afwachting van verder transport in de fabriek ondergebracht, maar mochten gaan en staan waar ze wilden. Eerst bekeken ze de stad, daarna zaten ze urenlang langs het Twentekanaal en genoten van de tientallen zeilboten op het water. Oorlog en chaos leken hier ver weg. Het was een heerlijk, ontspannen gezicht.

Chauvinisme stak de kop op:

Hoe mooi was het Hollandse landschap vergeleken bij het Duitse. Hier is alles netjes en schoon en daar is het rommelig en smerig.

Chris relativeerde zijn uitspraak meteen want zijn gedachten gingen terug naar de prachtige natuur van het Uilengebergte. Ondanks de omstandigheden had hij genoten van het landschap. Hij dacht aan het skiën, de wandeling naar de Bismarckturm, dat waren fijne herinneringen die de vreselijke oorlog wat compenseerden.

Dag 29. Dinsdag 24 juli 1945: Enschede

Het werd zijn vijfde dag in Enschede, als hij geen scabiës had gehad, was hij ongetwijfeld al thuis geweest. Maar hij begreep dat hij en Carel niet de enigen waren. Hij had een lange reis achter de rug en zijn persoonlijke verzorging was er meestal bij ingeschoten of onvoldoende geweest omdat er geen water was. Er was ook geen gelegenheid geweest om zijn kleding te wassen en de bedden waarin hij onderweg had geslapen waren ook niet allemaal even fris geweest. Hij had last van luizen gehad. In Maagdenburg had hij toen gelukkig schoon ondergoed kunnen aantrekken. Hoe langer hij erover nadacht des te begrijpelijker het was dat hij scabiës had opgelopen.

De jongens verveelden zich absoluut niet in Enschede. Ze mochten gebruik maken van een bibliotheek, verder wandelden ze veel of speelden een potje voetbal om de tijd te doden. Ze werden goed verzorgd:

Eten krijgen we genoeg en degene die slecht in z'n kleren zit wordt zelfs van nieuwe voorzien. Ik krijg een nieuw kostuum dat ik kan afhalen bij C&A in Enschede. De kleren en het schoeisel worden ons geschonken door het Amerikaanse Rode Kruis.

En daarmee hadden ze geluk want tijdens de piektijd van de repatriëring was er een groot tekort aan kleding en schoenen geweest, pas in juni was er voldoende voorraad om aan repatrianten te verstrekken.

's Avonds werden hun reisdocumenten (of waren dat de SHAEF-kaarten geweest?) uitgedeeld want de volgende dag zouden ze vertrekken. Eindelijk naar huis, de laatste etappe van een lange reis.

Dag 30. Woensdag 25 juli 1945: Enschede - Kwadijk

Alle repatrianten die zouden vertrekken moesten om zes uur opstaan. Na het ontbijt maakten ze hun bagage in orde, daarna werd iedereen in een groep ingedeeld: Amsterdam, Rotterdam, Groningen, enzovoorts.

Om halfnegen vertrok onze groep met een autobus naar Amsterdam. Onze bagage ging in een aparte vrachtauto.

Onderweg werden we ook in eigen land geconfronteerd met de gevolgen van het oorlogsgeweld want we zagen verschillende verwoeste bruggen; de meeste waren moedwillig door de moffen vernield.

In de omgeving van Amersfoort stopte de bus bij een hotel, we konden hier

even uitrusten en wat eten en drinken. Na een half uur vervolgden we
onze reis. Om twee uur arriveerden we in de stad van waaruit we twee jaar
eerder waren vertrokken: Amsterdam. Het was vreemd en gewoon tegelijk,
heel tegenstrijdig. We werden naar het Centraal Station gebracht waar we
door een welkomscomité hartelijk werden ontvangen. We werden onthaald
op warm eten, melk en koek.

Chris en Carel waren in Amsterdam aangekomen. De bus had alle
passagiers achter het Centraal Station, een van de speciaal aangestelde
centrale plekken, afgezet. Daar werd de verdere begeleiding
overgenomen door de Inspectie voor de Repatrieeringswerkzaamheden,
ingesteld door de gemeente Amsterdam.

Chris was terug op de plaats waar ruim twee jaar geleden zijn gedwongen
reis naar Duitsland was begonnen. Herinneringen welden op, van de
trein die langzaam het station uitgleed, het emotionele afscheid van
velen. Het *Wilhelmus* en *Oranje boven* dat ze uit volle overtuiging
hadden gezongen. Boze en ook machteloze gevoelens, het verlangen naar
huis dat met elke kilometer groter werd.

Nu was Chris terug in de hoofdstad, een stad die tijdens de oorlog was
veranderd. Een stad met vele wonden al had hij daar op dat moment nog
weinig weet van. Zijn gedachten waren vooral bij zijn familie; hadden ze
zijn briefkaart uit Enschede ontvangen? Hij voelde zich onzeker.

Er vond nogmaals een politiek onderzoek plaats, iedere repatriant werd
ook nu weer ondervraagd door een hoge militair. Het was hetzelfde type
onderzoek als hij al eerder had gehad. De militair stelde allerlei vragen
over de afgelopen paar jaar, zijn antwoorden moesten duidelijk maken of
hij gedwongen of vrijwillig naar Duitsland was gegaan. Maar ook waar
hij in Duitsland had gezeten en wat hij had gedaan. Hij onderging het
gelaten, het hoorde erbij, ook deze laatste ondervraging verliep
vlekkeloos.

Uiteindelijk kreeg Chris documenten waarmee hij recht had op
voedselbonnen want bepaalde producten waren nog altijd op de bon.

Om vijf uur was aan alle formaliteiten op het Centraal Station voldaan
en mocht iedereen naar huis. De Amsterdammers waren de eersten die
het station verlieten, een vrouwelijke motorordonnans ging vooruit om de
familieleden te informeren; de Amsterdamse mannen werden vervolgens
met auto's naar huis gebracht.

Omdat Chris de enige repatriant uit Purmerend en omgeving was, moest hij wachten. Hij was niet alleen want Carel moest ook nog wachten omdat hij zijn beurt voorbij had laten gaan, al meende Chris zich vaag te herinneren dat Carel had gewacht in de veronderstelling dat zijn vader hem op kwam halen vanaf het Centraal Station.

Om halfacht konden zowel Carel als ik vertrekken. Voor ons stonden twee auto's klaar. We omhelsden elkaar en namen met een stevige handdruk afscheid; ik keek de auto waarin hij zat na tot hij uit het zicht was verdwenen. En daarmee was er een einde gekomen aan onze gezamenlijke, zware reis huiswaarts. Een reis van ongeveer twaalfhonderd kilometer waar we precies een maand over hadden gedaan.

Chris reflecteerde over de laatste maanden die hij met Carel had doorgebracht; de tijd in Reichenbach, de bevrijding door het Rode Leger, de chaos in de stad en vooral de reis. Het waren meer dan enerverende maanden geweest. Maar er was een band ontstaan die bijna voelde alsof ze broers waren die samen veel moeilijkheden hadden getrotseerd en overwonnen, niet alleen in Reichenbach maar vooral ook tijdens de terugreis. Zijn gedachten gingen ook naar Isaäc Cohen die ze na hun bizarre kennismaking in Reichenbach onverwachts in Stapelburg weer hadden ontmoet en hoe ze met hun drieën verder waren gereisd met als apotheose de grenspassage bij Harbke.

Chris was enorm dankbaar dat hij niet alleen zijn dwangarbeiderschap had overleefd, maar ook de reis terug. Hij zou de vriendschap van Carel missen:

Ik had hem leren kennen als een van m'n beste vrienden, eerlijk en betrouwbaar. Maar nu waren we teruggekeerd in ons geliefde vaderland en zou ieder z'n eigen weg gaan zoals het hoorde. Vaarwel Carel, het ga je goed, eens hoop ik je weer te zien. De tijd die we samen hebben doorgebracht en overleefd zal ik nooit vergeten.

De auto, een soort bestelwagentje, verliet Amsterdam en reed via het Schouw, Watergang en Ilpendam naar Purmerend. Chris zat voorin naast de chauffeur maar had weinig oog voor het landschap. 'Bijna thuis!' ging het constant door hem heen. Op de briefkaart die hij vanuit Enschede naar huis had gestuurd, had hij gevraagd of iemand hem in Purmerend bij het tramstation zou kunnen ophalen, maar dat was niet nodig: de chauffeur reed via Beemster naar Kwadijk: "Ik vroeg de chauffeur of hij wilde stoppen bij de watertoren want ik wilde niet onverwachts thuiskomen. Ik wilde namelijk niet dat mijn ouders erg zouden schrikken maar eerst informeren of zij wisten dat ik thuis zou komen, of zij mijn briefkaart uit Enschede hadden ontvangen. Ik stapte uit. De eerste bekende die ik tegenkwam was de vrouw van onze burgemeester. Daarna zag ik mijn vrienden Dries Buiten, Hendrik Bosman en Wim de Jong die ik in Rehbrücke was tegengekomen en die al eerder was teruggekeerd. We begroetten elkaar hartelijk. Toen vroeg ik: 'Weten jullie of mijn ouders mijn briefkaart hebben ontvangen? Weten jullie of thuis alles in orde is?' 'Ja hoor, Chris', zeiden ze, 'je kunt rustig naar huis gaan want ze zitten al op je te wachten'."

Chris stapte weer in de auto en werd voor de deur van zijn ouderlijk huis afgezet:

Ik stapte uit met m'n bagage, bedankte de chauffeur hartelijk en ging mijn ouderlijk huis binnen. Het weerzien met m'n ouders was onbeschrijflijk. Eindelijk, na twee jaar zagen we elkaar weer.

Als een lopend vuurtje ging het door het dorp: 'Chris Lenstra is ook weer thuis!' Mijn broers en zusters die niet thuis waren, kwamen meteen naar huis en ook tussen ons was een hartelijk weerzien. Om acht uur was ik thuis en om halfnegen was het druk met bezoek van buren, vrienden en kennissen, die ons allemaal feliciteerden met mijn behouden thuiskomst.

Toen brak een moeilijk moment aan want ik moest vertellen over mijn verblijf in Duitsland en de reis terug. En steeds kwamen er weer belangstellenden die mij, mijn ouders, broers en zusters gelukwensten. Tijd om te eten had ik bijna niet want ik vertelde aan één stuk door. Onze huiskamer was spoedig een bloemenzee. De bloemen waren ook bedoeld voor mijn broer Jan, die vijf weken eerder uit Duitsland was teruggekeerd.

Om elf uur was ik zo moe van het vertellen, dat ik besloot ermee op te houden en om twaalf uur verlieten de laatste mensen ons huis. Ik dook meteen in bed, een echt bed, geweldig! Want een maand lang had ik meestentijds moeten slapen op stro, hout en stenen.

Na 763 nachten sliep Chris weer thuis in zijn eigen, vertrouwde bed. Ontzettend dankbaar en enorm opgelucht dat hij eindelijk weer thuis was bij zijn ouders, broers en zusters. En bij Tommy, want hij leefde nog steeds...

Donderdag 26 juli 1945: Kwadijk

De volgende ochtend stond ik om halfacht op. Om negen uur stapte ik op de fiets om mijn distributiebescheiden te halen in Edam. Toen ik op straat kwam zag ik dat ter gelegenheid van mijn behouden thuiskomst overal vlaggen wapperden. De tranen schoten me in de ogen want ik vond het erg ontroerend dat iedereen zo meeleefde met mijn thuiskomst. Onderweg moest ik regelmatig stoppen, want iedereen wilde me begroeten en vroeg hoe het met me was. Elbert Kastelein, mijn allerbeste vriend die me zo trouw had geschreven toen ik in Duitsland was, trof ik gelukkig ook in goede gezondheid.

Nu braken er voor mij dagen van rust aan. Werken mocht ik nog niet van m'n ouders, maar dat wilde ik trouwens zelf ook niet. Drie weken heb ik rust genomen en toen ben ik weer aan het werk gegaan. Niet zoals in Duitsland met saboteren, maar als een behoorlijk mens, niet meer met dwang en tucht. Nee, die tijd lag gelukkig achter mij.

En met deze woorden sluit ik mijn dagboek.

Het was een opgelucht en dankbaar gevoel, het dagboek over zijn gedwongen periode in Duitsland af te kunnen sluiten. Het dagboek dat hem die twee jaar heel dierbaar was geworden als een soort onzichtbare vriend, waaraan hij zijn gedachten en gevoelens kwijt kon. Het dagboek waarover hij herhaaldelijk in angst had gezeten, dat dagboek was veilig thuis aangekomen, zoals hij altijd had gewild.

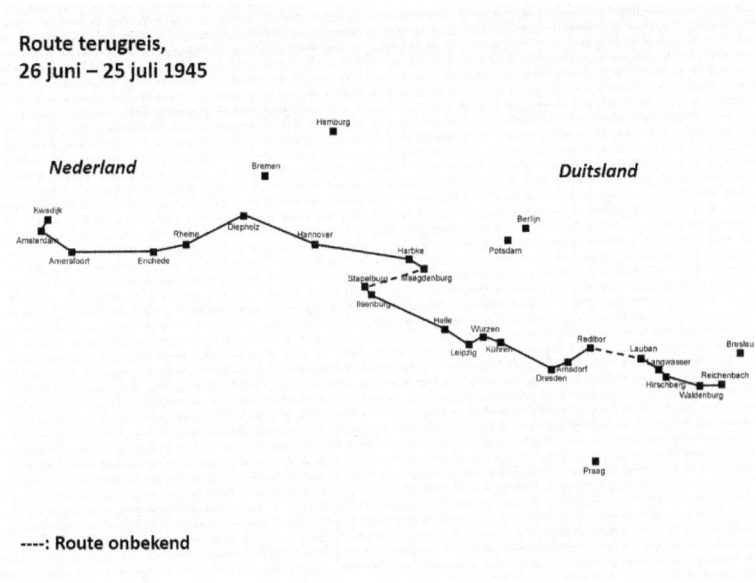

Kaartje: Jelle Koopman.

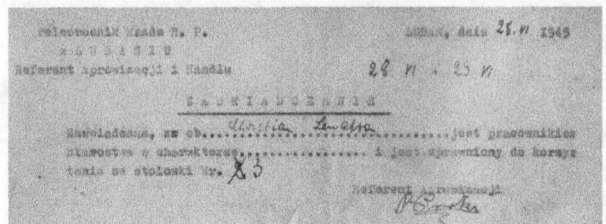

Poolse verklaring die recht gaf op drie maaltijden per dag in Lauban, 28 juni 1945.

Voedselkaart die Chris in Hannover kreeg. Waarschijnlijk klopt de datum niet want hij arriveerde 17 juli 1945 in genoemde stad.

ALLIED EXPEDITIONARY FORCE

955 **D. P. INDEX CARD**

G0 3600667

1. _____
   (Registration number)   16—35306-1

   SLEN GTRB   CHRISTIAN

2. (Family name)   (Other given names)
   _____

3. _____
   (Signature of holder)   D. P. 1

Voorkant van de D.P. (Displaced Persons) Index Card. Chris kon zich niet meer herinneren wanneer hij de kaart had gekregen. De kaart is gestempeld 18 juli 1945.

Keep this card at all times to assist your safe return home. The Registration Number and your name identify you and your Registration Record.

GPO   16—35306-1

Achterkant van de D.P. (Displaced Persons) Index Card.

235

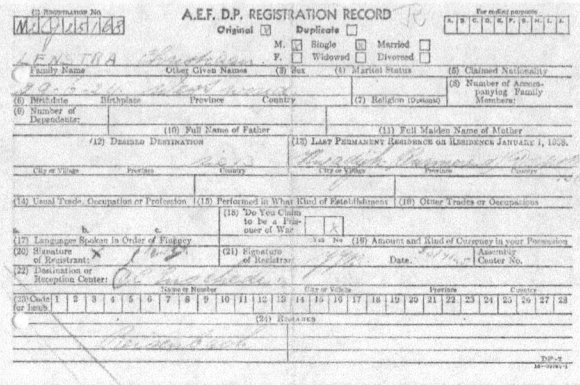

Voorkant van Chris' registratiekaart van de SHAEF (Supreme Headquarters Allied Expeditionary Force).

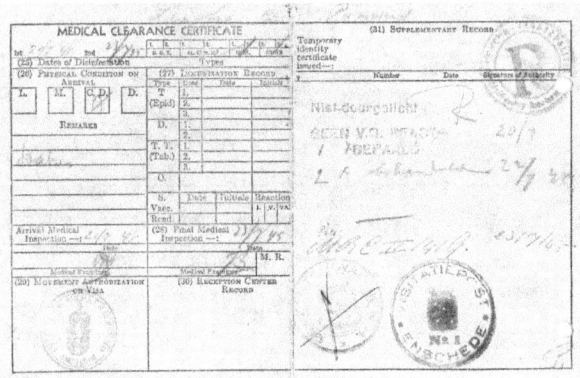

Achterkant van Chris' registratiekaart van de SHAEF (Supreme Headquarters Allied Expeditionary Force).

INSPECTIE DER REPATRIEERING AMSTERDAM

AANMELDINGSKAART VOOR GEREPATRIEERDEN

Gemeente van aanmelding: AMSTERDAM.

Naam:

Voornamen:

Woongemeente

Adres:

No.

Geboren:

,,W"   G 2/

Melding voor	Stempel en paraaf	Aanteekeningen
1. Volksgezondheid		
2. Politie.		
3. Bevolking	Bevolkingsregister Amsterdam	
4. L. H.		
5. Arbeidsbureau		
6. Distributie		
7. Steunorgaan.		

Datum afgifte.   25 JULI

*Aanmeldingskaart van de Inspectie der Repatrieering Amsterdam,
25 juli 1945.*

*Het gezin Lenstra, gefotografeerd na de terugkomst van Chris in
juli 1945. Staand van links naar rechts: Eef, Jan, Lien, Joop en
Chris; zittend: moeder Grietje Lenstra-Pluijlaar, Gré en vader
Ebbel Lenstra.*

237

EINDNOTEN

1 RM: Rijks Mark.

2 Peterswaldau: Na WO II Pieszyce, Polen.

3 Breslau: Na WO II Wrocław, Polen.

4 D.A.F.: Deutsche Arbeitsfront.

5 Liegnitz: Na WO II Legnica, Polen.

6 Reichenbach: Na WO II Dzierżoniów, Polen.

7 Wünschelburg: Na WO II Radków, Polen.

8 Silberberg: Na WO II Srebrna Góra, Polen.

9 Steinseifersdorf: Na WO II Rościszów, Polen.

10 Friedrichshain: Na WO II Lasocin, Polen.

11 Auschwitz: Na WO II Oświęcim, Polen.

12 Groß-Rosen: Na WO II Rogoźnica, Polen.

13 Langenbielau: Na WO II Bielawa, Polen.

14 Peiskersdorf: Na WO II Piskorzów, Polen.

15 Militsch: Na WO II Milicz, Polen.

16 Roesskaja Osvoboditelnaja Armija: Russische Bevrijdingsbeweging.

17 Leutmannsdorf: Na WO II Lutomia Górna, Polen.

18 Faulbrück: Na WO II Mościsko, Polen.

19 Zobten: Na WO II Sobótka, Polen.

20 Schulstraße in Reichenbach: Na WO II Szkolna in Dzierżoniów, Polen.

21 Tratenau: Na WO II Trutnov, Tsjechië.

22 Waldenburg: Na WO II Wałbrzych, Polen.

23 Schweidnitz: Na WO II Świdnica, Polen.

24 Altwasser: Na WO II Stary Zdrój, Polen.

25 Hirschberg: Na WO II Jelenia Góra, Polen.

26 Reuzengebergte: Na WO II Karkonosze, Polen.

27 Reibnitz: Na WO II Rybnica, Polen.

28 Langwasser: Na WO II Chmieleń, Polen.

29 Greiffenberg: Na WO II Gryfów Śląski, Polen.

30 Lauban: Na WO II Lubań, Polen.

31 Kohlfurt: Na WO II Węgliniec, Polen.

NAWOORD

Na twee zware jaren was mijn vader teruggekeerd in Kwadijk, enorm dankbaar dat hij vele moeilijke omstandigheden en momenten had overleefd door geluk en wilskracht, want daaraan had het hem niet ontbroken. Zijn positieve instelling had hem herhaaldelijk door zware momenten heen gesleept.

Eenmaal terug moest hij verder met zijn leven, dat, waar hij zo lang naar had verlangd. Tijd voor verwerking was er amper, voorwaarts, was het credo. Niet achterom, maar naar de toekomst kijken. Er werd weinig gesproken over de oorlog en de Hongerwinter die nog vers in het geheugen lag. Na de bevrijding was de vreugde groot geweest, maar mijn vader was toen nog in Neder-Silezië. In Nederland probeerde iedereen zijn of haar leven zo goed mogelijk weer op te pakken, er moest hard worden gewerkt om niet alleen de oorlogsschade en het bestuur te herstellen maar ook de samenleving weer op te bouwen.

Mijn vader, die als laatste Kwadijker dwangarbeider eindelijk was thuisgekomen, plaatste met zijn broer Jan een dankbetuiging in de *Noordhollandsche Courant* van 18 augustus 1945. Hij bewerkte zijn oorspronkelijke dagboek; het schrift waarin hij twee jaar lang nauwgezet allerlei wetenswaardigheden en gevoelens noteerde, is bewaard gebleven. Het dagboek van zijn terugreis niet, dat was onmogelijk want feitelijk was dit geen dagboek maar een verzameling van allerlei uiteenlopende stukjes papier waarop hij het verloop van zijn reis vluchtig had beschreven.

Verder kon hij zijn verhaal en emoties over zijn gedwongen verblijf in Duitsland niet echt kwijt. Wellicht werkte het uittypen van zijn oorlogsaantekeningen en het verder uitwerken ervan therapeutisch?

Decennialang rustte een smet op de arbeidsinzet, overheerste de gedachte dat vele Nederlanders vrijwillig hun land hadden verlaten. Dat deed verdriet en geen recht aan de niet zelden traumatische ervaringen van honderdduizenden Nederlanders. En al helemaal niet aan de dwangarbeiders die in Duitsland waren omgekomen. Daardoor bleef de arbeidsinzet lang onderbelicht in de geschiedschrijving van de Tweede Wereldoorlog. Gelukkig is een kentering opgetreden, historici hebben onderzoek gedaan en hun resultaten gepubliceerd. Daaraan voorafgaand heeft de in 1987 opgerichte Vereniging Ex-Dwangarbeiders Nederland goed werk gedaan. Kortom, na de jarenlange ontkenning volgde eindelijk erkenning.

In de eerste jaren na de oorlog heeft mijn vader met enkele ex-dwangarbeiders contact gehad. Met Cees Bodegraven bezocht hij Carel Steegeman in Amstelveen, met z'n drieën brachten zij een bezoek aan Joost Broekman in Haarlem en begin jaren vijftig bezochten Carel Steegeman en Cees Bodegraven hem in Kwadijk. Daarna verwaterde het contact.

In 1947 bezocht hij de familie Speelman. Hij was benieuwd hoe het Willem was vergaan nadat hij in augustus 1944 in Steinseifersdorf door de Grünen was gearresteerd. Tot zijn grote verdriet vertelden zijn ouders dat Willem in mei 1945 was overleden in een Duits tuchthuis ten gevolge van ontbering, uitputting en mishandeling. Mijn vader had het er moeilijk mee, Willem was na Simon Bordewijk, Nico Beusekom en Bart Laan de vierde vriend die slachtoffer was geworden van de nazi's. Uit onderzoek is gebleken dat zowel Willem Speelman als Simon Bordewijk na de oorlog in Nederland zijn herbegraven.

Begin jaren negentig vorige eeuw, plaatste mijn vader een oproep in het blad van de Vereniging Ex-Dwangarbeiders Nederland. Leo Michielse reageerde waarna een afspraak volgde. De oorlog lag ver achter hen, maar het weerzien na zoveel jaren was bijzonder. Het was ook de laatste maal dat mijn vader een van zijn Nederlandse mededwangarbeiders heeft gezien en gesproken.

Wel heeft hij tot op hoge leeftijd contact gehouden met ex-dwangarbeider Michel Mertens uit België, niet alleen schriftelijk maar er werden over en weer ook bezoeken gebracht.

Tot begin jaren vijftig was er af en toe schriftelijk contact met de Tsjech Josef Šimek. De ondertrouwkaart van Josef en zijn bruid uit 1951 is een van de stille getuigen van deze oorlogsvriendschap die naderhand eveneens teloorging.

De vriendschappen die mijn vader met Neder-Sileziërs had opgebouwd, koesterde hij. Tot op de dag van vandaag, al is het groepje mensen van daar inmiddels door overlijden behoorlijk uitgedund. Sinds zijn terugkeer in 1945 heeft hij met diverse leden van de families Hellenberg en Teepe gecorrespondeerd. Niet alleen in briefvorm, ik herinner me kerstkaarten die elk jaar trouw op de mat vielen en die in mijn jeugd veel indruk op mij maakten. Prachtige kaarten, vaak met afbeeldingen van besneeuwde berglandschappen, waarop hartelijke woorden en de beste wensen.

Bezoek aan de families Hellenberg en Teepe was jammergenoeg jarenlang onmogelijk want verschillende leden van deze families woonden achter het IJzeren Gordijn in de DDR. Na de oorlog werden de bewoners van Reichenbach en omgeving namelijk verdreven door de Poolse overheid, de grote *Vertreibung*, waar miljoenen Duitsers na de oorlog de dupe van zijn geworden. In 1945 was de oorlog weliswaar ten einde, maar voor hen hield het daarmee niet op, integendeel. Zoals mijn vader in zijn dagboek beschreef moesten vele inwoners van Reichenbach en omgeving in 1945 evacueren. Wat zij op grote schaal deden, uit angst voor het Rode Leger en terecht want de haat van de Russen jegens de Duitsers was groot. De nazi's hadden veel Russische slachtoffers gemaakt, niet alleen tijdens de Slag om Stalingrad, al was die wond wellicht de diepste in de ziel van de Sovjets. Tijdens de opmars van het Rode Leger hielden zij op grote schaal huis in de veroverde Duitse gebieden. Mijn vader noteerde roof, verkrachting en moord en wilde er op een gegeven moment zelfs niet meer over schrijven in zijn dagboek, al zijn deze vreselijke herinneringen altijd gebleven. Geen wonder dus dat de Duitsers probeerden te vluchten.

Na de bevrijding verschoven als gevolg van de Conferentie van Jalta definitief de grenzen in Midden- en Oost-Europa. De Russen droegen het bestuur in Neder-Silezië, dat inmiddels (opnieuw) Pools grondgebied was geworden over aan de Polen maar ook zij zaten vol wrok ten opzichte van de achtergebleven Duitsers in onder andere Neder-Silezië. Het werd deze mensen praktisch onmogelijk gemaakt in hun Heimat verder te leven. In de jaren die volgden werden miljoenen Duitsers min of meer gedwongen te vertrekken, al werd ook wel gesproken over repatriëring. Het was niet het enige volk op drift, ook in het oosten van Polen en Oekraïne werden als gevolg van gewijzigde grenzen velen gedeporteerd. Van deze groep ontheemden kwamen talloze terecht in Neder-Silezië waar zij de huizen in beslag namen van de al dan niet verdreven Duitsers. De nog achtergebleven Duitsers woonden vaak als gevangenen in hun eigen huis. Beneden woonden de uit West-Oekraïne afkomstige evacuees met een Poolse achtergrond, de Duitsers moesten genoegen nemen met verbanning naar boven, in veel gezinnen een vernederende en onhoudbare situatie. Ondanks de band met de Heimat verlieten steeds meer Duitsers de streek, niet zelden moesten ze in overhaast hun woonplaats verlaten om mee te kunnen met een georganiseerd transport richting het westen. Ze mochten en konden slechts weinig bezittingen meenemen en kwamen vaak berooid aan in de Bondsrepubliek Duitsland. Daar moesten zij maar zien hoe zij een nieuw leven opbouwden, voor velen een zware opgave, ook voor de autochtone West-Duitsers om gedeporteerden op te vangen.

Maria en Heinrich Hellenberg kwamen in eerste instantie terecht in Diepholz of Rheine. Mijn vaders herinneringen lieten hem hier in de steek. Maar hij wist wel dat zij vervolgens bij hun zoon, die mijn vader nooit had ontmoet maar waarvan hij meende dat hij Wilhelm heette, terecht waren gekomen. Tot aan hun overlijden woonden zij in Halle, nota bene de plaats waar mijn vader tijdens zijn terugreis een nacht in een lege goederenwagon had geslapen.

Lise Hellenberg en haar familie bouwden na hun deportatie een nieuw bestaan op in Thüringen terwijl de familie Teepe terecht kwam in Saksen, niet ver van de Poolse en Tsjechische grens. Het leven in de hen opgedrongen nieuwe Heimat was niet altijd even gemakkelijk.

Het meeste contact, maar dat had ongetwijfeld met leeftijd te maken, had mijn vader jarenlang met Lise Hellenberg en Adelheid Teepe. Lise trouwde na de oorlog en kreeg twee kinderen, terwijl Adelheid ongehuwd bleef. Ze vertelde dat het voor veel Duitse vrouwen erg moeilijk was geweest om na de oorlog een geschikte man te vinden, er waren namelijk zoveel mannen gesneuveld dat dit tot een vrouwenoverschot had geleid.

In 1974 reisden mijn ouders en ik voor de eerste maal naar de DDR. We logeerden bij Lise Hellenberg en haar dochters, haar man was inmiddels overleden. Op 7 juli bezochten we met elkaar Claus Hellenberg, de broer van Lise en zijn gezin waar we de welhaast legendarische voetbalfinale Duitsland-Nederland bekeken. We werden gastvrij ontvangen door Claus en zijn vrouw Hannelore in hun afgelegen dienstwoning langs het spoor. Ik herinner me niet alleen de wedstrijd, maar vooral de tafel, feestelijk gedekt met de lekkerste, door Hannelore en haar dochter Susanne gebakken taarten. We zaten met z'n allen om de grote tafel, aten taart en volgden ondertussen de wedstrijd die door de Mannschaft in hun voordeel werd beslecht.

Vervolgens waren we enkele dagen te gast bij Adelheid Teepe, die dankbaar in haar *kleines Reich* woonde in de prachtige Ober-Lausitz. Haar ouders leefden niet meer, Adelheid was op haar oude dag tevreden met haar kleine woning en rustige bestaan. Ook bij haar was het onthaal zeer gastvrij. Het werden bijzondere ontmoetingen, niet alleen voor mijn vader en de Duitsers, ook voor mijn moeder en mij.

Manfred, de broer van Adelheid Teepe die mijn vader in de oorlog overigens nooit had ontmoet omdat hij aan het front diende, leerde in de nieuwe woonplaats van zijn familie zijn vrouw Hilda kennen. Het stel vluchtte in de jaren vijftig naar West-Duitsland. Mijn ouders bezochten hen voor de eerste maal in 1959, een paar jaar later bezochten zij ons. En die bezoeken herhaalden zich enkele malen.

Eind jaren tachtig groeide bij mijn vader het verlangen zijn *lieux de mémoires* in Neder-Silezië te bezoeken. Met elkaar reisden wij naar zuidwest Polen. Het werd een bliksembezoek van twee dagen, we bezochten het vroegere Reichenbach, Peterswaldau en Steinseifersdorf. Het waren buitengewone dagen, vooral voor mijn vader die herinneringen van het verleden zocht en vond, er kwamen vele verhalen en emoties los. Op de terugweg bezochten wij Adelheid Teepe. Zij had reikhalzend uitgekeken naar onze komst en was benieuwd naar onze indrukken van haar vroegere Heimat.

Zomer 2016 bezocht ik nogmaals Neder-Silezië. De vroegere Duitse provincie, sinds 1999 Dolnośląskie, is één van de zestien Poolse *woiwodschappen*. Er is aan de ene kant ongetwijfeld veel veranderd, aan de andere kant nog verbazingwekkend veel herkenbaar aan de hand van door mijn vader bewaarde foto's en documenten die ons, evenals foto's genomen in 1989, tot leidraad dienden. Grootste verandering en barrière was evenals in 1989, de taal. De plaatsen van toen dragen sinds 1945 Poolse namen, lastig om te onthouden. Dat gold met name voor straatnamen waarnaar wij op zoek waren al vond ik naderhand op internet een lijst met de Duitse en Poolse straatnamen.

Dzierżoniów (Reichenbach) is tegenwoordig een stad met ongeveer 35.000 inwoners. Nadat de oorspronkelijke bewoners na de oorlog waren verjaagd, werden hun huizen ingenomen door vluchtelingen die op hun beurt waren weggejaagd uit hun geboortestreek Oost-Polen/Oekraïne. Mensen met hun eigen geschiedenis en cultuur die zich, evenals de verdreven Duitsers, ook opnieuw moesten *settelen*. Is dat misschien een van de redenen dat zij minder mogelijkheden en gevoel hadden om de oorlogsschade te herstellen, of is dat een te simpele aanname? Hoe dan ook, anno 2016 is Dzierżoniów een plaats vol contrasten wat het straatbeeld betreft. Prachtig gerestaureerde of nieuwgebouwde woningen tegenover verwaarloosde of zelfs nog niet van oorlogsschade herstelde huizen. Naast de vele verwaarloosde panden zijn er oude, vooroorlogse woningen. Zo waren we verbaasd het huis aan de vroegere Uferstraße 113 (nu Brzegowa) terug te vinden. Er had zelfs geen vernummering plaatsgevonden. In deze woonkazerne woonden mijn vader en Carel Steegeman de laatste maanden van de oorlog in de woning van Maria en Heinrich Hellenberg. De Rynek (Ring) van Dzierżoniów is eveneens contrastrijk. Het oude, gerestaureerde stadhuis, een aantal eveneens prima gerestaureerde panden maar ook eigentijdse nieuwbouw op locaties waar in de oorlog als gevolg van bombardementen panden werden verwoest.

Oud en nieuw gaat ook op voor bedrijven. Moderne winkels tegenover oude, kleine winkeltjes en hedendaagse bedrijfsgebouwen tegenover oude, verwaarloosde, vooroorlogse panden. In de vroegere Schulstraße, tegenwoordig Szkolna, staat op nummer 3 nog altijd de fabriek waarin Hagenuk was gevestigd. Bij het treinstation van Dzierżoniów, waar mijn vader begin november 1943 arriveerde, lijkt de tijd te hebben stilgestaan. Mijn eerste indruk was dat het zwaar verwaarloosde station buiten gebruik was maar de twijfel sloeg toe. Weliswaar was het perron uitgestorven maar het moderne stationsbord lijkt een aanwijzing dat de trein nog altijd stopt in Dzierżoniów.

Mijn vader heeft in Neder-Silezië contact gehad met verschillende Poolse en Nederlandse joden bij zowel Preschona in Peterswaldau als bij

Hagenuk in Reichenbach. Hij had begrepen dat zij in de buurt in een kamp gevangen werden gehouden en dwangarbeid voor genoemde bedrijven moesten verrichten. Waar dat kamp was, heeft hij nooit geweten. Onderzoek leerde dat rond Reichenbach enkele sub- of satellietkampen van concentratiekamp Groß-Rosen waren geweest, ook wel buitenkampen (Außenlager) genoemd. Via internet kwam ik achter enkele locaties van deze kampen waarvan we het kamp Langenbielau 1 hebben gevonden. Het is de zogenoemde oorspronkelijke Sportschule, vanaf 1935 in gebruik als zomerkamp voor de Hitlerjugend maar in september 1944 omgebouwd tot subkamp van Groß-Rosen. In eerste instantie werden er vooral joden uit Polen, Nederland en Hongarije gevangengehouden, maar vanaf januari 1945 ook vele niet-joden, waaronder opgepakte verzetsmensen. De gevangenen, de *Häftlinge*, werden gedwongen tewerkgesteld in verschillende fabrieken in de omgeving, onder andere in Peterswaldau en Reichenbach. Onder vreselijke omstandigheden werden hier velen, ook Nederlanders gevangengehouden. De vroegere barakken leken nog redelijk intact maar verwaarloosd en maakten deel uit van een boerderij. Het deed pijn deze locatie, waar zoveel is geleden, waar mensen om het leven zijn gekomen, in die respectloze staat te zien. Gelukkig houdt een in de nabijheid opgericht monument voor dertien omgekomen en daar begraven Nederlandse joden de herinnering enigszins levend. Onder deze slachtoffers helaas geen verwijzing naar de joodse jongen die tewerkgesteld was bij Preschona en die betrapt werd toen hij door mijn vader en zijn vrienden verstopt voedsel uit de afgesproken schuilplaats wilde meenemen.

Acht november 1943 stapte mijn vader na de vermoeide reis uit Berlijn destijds over op de Eulengebirgsbahn. Helaas, van het regionale treintje is letterlijk en figuurlijk geen spoor meer te bekennen, anders had ik graag het ritje naar Peterswaldau willen maken. Peterswaldau, waar mijn vader voor Preschona moest werken en heel kort woonde in Lager Biermann, de Polen hebben de plaatsnaam vertaald in Pieszyce. We gingen er kijken. Doel was het gebouw van de katoenspinnerij waar fabriek Preschona in 1943 werd ondergebracht nadat het wegens de vele bombardementen in Berlijn naar Neder-Silezië was overgebracht. De fabriek hebben we niet kunnen vinden. In eerste instantie dachten we het juiste gebouw met behulp van enkele vriendelijke Polen gevonden te hebben, maar na zorgvuldige vergelijking met oude afbeeldingen en naderhand de herinneringen van mijn vader, bleek het niet te kloppen; in 1989 had mijn vader het adres moeiteloos teruggevonden en maakten we foto's van de oude fabriek.

Mijn vader woonde van 8 november 1943 tot begin april 1945 in Steinseifersdorf, in het Pools Rościszów. We reden ernaartoe over de weg die mijn vader dagelijks aflegde, lopend of met de postbus. Bij goede weersomstandigheden een wandeling van een half uur; wij waren vanuit Pieszyce binnen enkele minuten in Rościszów, een langgerekt dorp langs de dorpsbeek. Er staan verschillende mooie, nieuwe of keurig gerestaureerde huizen, maar ook nog oude, soms vervallen woningen. Lager Weber, waar mijn vader moest wonen, staat er nog en ziet er netjes uit. In het linker gedeelte zit een klein kruidenierswinkeltje; dezelfde locatie waar destijds een vergelijkbare nering werd gerund. Verder zit er een bibliotheek in het pand en wordt het bewoond.

Tegenover het vroegere Lager is de weg naar Lasocin, het vroegere Friedrichshain waar mijn vader regelmatig de familie Hellenberg bezocht. Het huis dat de Hellenbergs moesten verlaten staat er nog maar ziet er verwaarloosd uit al lijkt een poging tot restauratie te zijn gedaan. Dit is het huis waar aan het einde van de oorlog Heinrich en Maria Hellenberg en Frau Teepe met haar dochter Adelheid uit Reichenbach naartoe waren gevlucht, het is ook het huis waar Chris en Carel uit voorzorg een deel van hun spullen onderbrachten toen zij in Reichenbach woonden en het daar te gevaarlijk werd. In het bos op de heuvel, direct achter het huis werd een schuilhut gemaakt voor de vrouwen van de families Hellenberg en Teepe. Mijn vader hielp de familie Hellenberg kostbaarheden te verbergen, uit angst voor het oprukkende Rode Leger.

Eenentwintig mei 1944 beklom mijn vader met enkele vrienden de Hohe Eule en bezocht de Bismarckturm. Wij maakten in 2016 een vergelijkbare wandeling naar de in 1904 gebouwde toren, in het Pools de Wieze Bismarcka op de Wielka Sowa. Eenvoudig was het niet om de route naar de toren te vinden. Het navigatiesysteem van de auto liet ons in de steek, ook nu was de taal onze grootste handicap. Maar uiteindelijk kwamen we na een kilometerslange tocht met de auto over haarspeltbochten door de bergen bij het gehucht Rzeczka (voorheen Dorfbach) waar een wandelroute naar de Wielka Sowa stond aangegeven. We parkeerden onze auto op een privéparkeerplaats en raakten in gesprek met de eigenaresse, een oudere, redelijk Duitssprekende vrouw. Volgens haar een pittige wandeltocht van twee kilometer waarvoor we ongeveer een uur moesten uittrekken. Het werd inderdaad een beste klim maar na een uur stonden we aan de voet van de toren, kennelijk volgens recentere meting tegenwoordig op 1015 meter hoogte. Inmiddels hoosde het, gelukkig konden we schuilen maar het was een bijzonder gevoel daar te zijn waar mijn vader in 1944 had gestaan. De Bismarckturm, waar hij over had verteld. Over de wandeling die veel indruk had gemaakt op hem en zijn vrienden en altijd een mooie herinnering was gebleven aan een zorgelijke, zware tijd die een grote stempel heeft gedrukt op zijn leven.

Omslag van het na de oorlog, thuis door Chris overgetypte en uitgewerkte oorlogsdagboek Mijn belevenissen in Duitsland, 1945.

*De fabriek in Pieszyce (Peterswaldau) waarin Preschona was
gevestigd, mei 1989.*

*Chris voor het vroegere Lager Weber, Rościszów
(Steinseifersdorf), mei 1989.*

Brzegowa in Dzierżoniów, de vroegere Uferstraße in Reichenbach. Hier woonde Chris vanaf voorjaar 1945 tot aan zijn vertrek in juni in de woning van de familie Hellenberg op de eerste etage. (Foto Dirk Koopman)

De Rynek in Dzierżoniów (Reichenbach) met in het midden het stadhuis, 2016. (Foto Dirk Koopman)

De Rynek in Dzierżoniów (Reichenbach), 2016. Links na de oorlog gebouwde woningen, rechts gerestaureerde panden. (Foto Dirk Koopman)

Het vroegere pand van de firma Hagenuk, in Dzierżoniów (Reichenbach), 2016. (Foto Dirk Koopman)

De weg tussen Rościszów (Steinseifersdorf) en Pieszyce (Peterswaldau) die Chris aflegde van en naar Preschona, 2016. (Foto Dirk Koopman)

Rościszów (Steinseifersdorf), 2016. Het pand waarin (rechts, eerste etage) Lager Weber was gevestigd. Links op de begane grond was de kruidenierswinkel van Neumann. (Foto Dirk Koopman)

*Het huis van de familie Hellenberg in Lasocin (Friedrichshain),
2016. (Foto Dirk Koopman)*

*De Wieże Bismarcka (Bismarckturm) op de Wielka Sowa in 2016.
(Foto Dirk Koopman)*

WOORD VAN DANK

In de ruim twee jaar waarin 764 *Dagen* tot stand is gekomen, heb ik op de steun van enkele mensen mogen rekenen, waarvoor ik hen graag wil bedanken. Ik begin met mijn vader. Altijd weer was hij bereid herinneringen op te halen en erover te vertellen, wat niet altijd gemakkelijk voor hem was. Maar hij was en bleef enthousiast over dit project. Verder wil ik bedanken Laurens Wisman uit Berlijn die met zijn vrouw en een vriend enthousiast op zoek is gegaan naar het Durchgangslager Rehbrücke in Potsdam en in Berlijn naar de vroegere locaties van het Barakkenlager Neukölln en van de firma Preschona Werk B en van alle locaties foto's heeft gemaakt. Mathijs van Dijk uit Uciechów in Polen heeft mij op weg geholpen om in Dzierżoniów de vroegere Uferstraße en het pand waarin de fabriek van Hagenuk gevestigd was, te vinden alsmede het Außenlager Langenbielau 1. Belangrijk voor het schrijfproces was Christien Pauw die mij aanmoedigde het verhaal van mijn vader te voltooien terwijl haar man Teun Pauw mij van begin af aan heeft voorgehouden dat het boek er vast en zeker zou gaan komen. Een belangrijk woord van dank aan mijn gezin, niet alleen voor hun hulp en advies maar vooral ook hun meeleven. Ten slotte wil ik Liesbeth Heenk van Amsterdam Publishers bedanken voor haar vertrouwen, meedenken en zeer prettige samenwerking. Liesbeth, dank je wel dat je mij de kans hebt gegeven van 764 *Dagen* een echt boek te maken!

www.ingramcontent.com/pod-product-compliance
Lightning Source LLC
Chambersburg PA
CBHW061610120626
46550CB00004B/1676